사랑의 학습지도법

박 영 태 저

학지사
www.hakjisa.co.kr

개정판 머리말

『사랑의 학습지도법』을 쓰고 난 뒤 나는 무척 행복함에 젖어 있었다. 사랑이라는 단어는 생각만 하고 있어도 사람을 행복하게 해 주는 마력을 지니고 있었다. 그러나 그보다 더 나를 행복하게 한 것은 사랑의 의미를 이해하면서 나 스스로 이전보다 더 사랑의 마음을 베풀고 싶어졌다는 것이다. 그리고 나는 모든 인간의 능력이 사랑으로부터 샘솟듯이 흘러나온다는 것을 느끼기 시작했다. 바람직한 인성은 사랑의 마음이 없으면 형성되지 않는다. 창의성 역시 사랑의 마음이 없으면 발휘되기 어렵다.

흔히 창의적인 사람은 괴짜로 여겨지기도 한다. 그래서 이웃과 충돌이 있고, 잘 어울리지 못하는 사람으로 묘사되는 경우도 있으나, 그들은 자연을 사랑하고 자기가 하는 일을 사랑하고 있다. 거기에서 창의성이 나온다. 학생들이 개별적으로 가지고 있는 능력도 모두 사랑에서 나온다. 야구를 사랑하면 야구에 대한 해박한 지식을 가지게 되고, 영어를 사랑하면 영어를 열심히 공부하게 된다. 사랑은 능력을 쌓는 최상의 도구인 것이다.

『사랑의 학습지도법』을 쓰고 난 후 사랑에 대하여 강의를 하는 일이 빈번해졌다. 그러한 강의 과정에서 나는 새로운 사실을 깨달았다. 일전에 어느 어머니가 이런 말씀을 하셨다.

아이에게 무슨 간섭을 하니까 중학생인 아이가 하는 말이 "엄마 사랑의 학습지도법 책 좀 더 읽어 보세요."라고 말하더란다. 그래서 자신도 모르게 가슴이 뜨끔하고 자녀에 대한 자신의 행동을 다시 한 번 짚어 보게 해서 참 좋았다고 했다.

나는 그 말씀을 들으면서 순간적으로 매우 듣기 좋았으나 곰곰이 생각해 보니 그 어머니의 숨은 뜻이 있음을 나중에야 느꼈다. 아이들이 '사랑이란 주는 것이야' 하는 말을 이용하고 있다는 것을 느꼈다. 동시에 '클리프 행어'라는 영화에서 자신을 사랑하는 여인을 자기 대신 죽음으로 몰아버리면서 '사랑이란 희생이야'라고 말한 악당이 생각났다. 여기서 나는 사랑이란 하는 것도 중요하지만 사랑을 받을 수 있도록 하는 것도 중요하다는 사실을 깨달은 것이다. "사랑이란 상대방의 잠재능력을 계발해 주는 것이다."라는 프롬의 멋진 말이 나를 한동안 감싸고 있었다. 그 가운데서 나는 "사랑은 주는 것이다."라는 사고의 고정 틀에 박혀 있었다. 그 결과 나는 사랑을 주는 사람들에게 너무나 힘든 과업을 강조하고 있었다는 생각이 들었다. 즉 선생님, 부모, 지도자 등 주로 사랑을 주어야 하는 분들에게 과도한 부담을 주었다고 여겨진다.

자연은 일정한 법칙에 따라 움직인다. 이른바 자연법칙에 따라 움직인다. 자연법칙에서 가장 중요한 것은 주고받는 것이다. 주는 것이 자극이라면 받는 것은 그 자극에 대한 피드백이다. 피드백에 따라서 그다음 자극이 달라진다. 따라서 사랑이 지속되기 위해서는 상대방이 그 사랑을 받을 수 있는 자세가 되어 있어야 한다. 주는 사랑을 받기 위해서는 사랑을 받을 수 있는 자신의 행동이 중요하다. 상대방은 사랑을 받지 않으려고 하는데도 불구하고, 계속적으로 주어야 한다면 사랑을 하는 사람의 능력적 낭비는 심각할 것이다. 밑 빠진 독에 물을 붓는 사람의 고통을 생각해 보면 쉽게 이해할 수 있다.

그러나 사랑을 받을 수 있는 자세를 중시한다고 하여 사랑은 주는 것이라는 사랑의 참 의미를 변화시킬 수는 없다. 사랑은 여전히 주는 것이다.

이것이 이 책의 개정판을 내는 데 결정적으로 작용한 나의 마음의 변화이다. 학생이나 자녀가 선생님이나 부모에게 사랑을 강요하지 말고, 자신의 행동이 정말 사랑을 받을 수 있는 행동인지 스스로 점검할 수 있도록 사랑의 의미를 재점검해 보아야 한다. 사랑을 받기 위해서는 상대방에게 사랑을 요구하지 말고 자신이 사랑을 받을 수 있는지 스스로 먼저 생각해 보는 마음을 가지는 것이 필요하다.

따라서 이번 개정판은 사랑은 주는 것이라는 관점과 동시에 사랑을 받기 위해서 자녀는 무엇을 해야 할 것인가라는 관점을 동시에 고려하였다. 또 개정하면서 종전에 이해하기 힘들었던 부분을 되도록 용이한 말로 수정하고자 하였다. 학문적인 내용으로 너무 딱딱하고 어려운 부분은 쉬운 말로 변형시키려고 노력하였다.

이 책은 모두 9장으로 구성되어 있다. 1장에서는 교육현장에서의 모순된 사랑의 표현을 기술하고 있고, 2장에서는 참다운 사랑이 무엇인지를 설명하고, 3장에서는 교육이 무엇이며, 그 교육은 어떤 방법으로 실시하는 것인지를 기술했다. 4장에서는 사랑과 교육방법을 접목하여 사랑을 통한 교육방법의 모형을 정립하였고, 5장부터 8장까지는 사랑을 통한 교육방법의 구체적인 방안을 제시하였다. 마지막으로 9장에서는 가르치는 사람의 모습을 기술했다.

이 책은 자녀를 지도하는 부모님들도 쉽게 읽을 수 있도록 썼으며, 주변에서 경험한 예들을 삽입하여 이론과 교육현장이 접목되도록 노력하였다.

이 책을 다시 개정하도록 끊임없이 자극을 주시고 출판해 주신 학지사 김진환 사장님과 교정을 담당해 주신 정영석 선생님께 진심으로 감사를 드린다.

2004년 1월
박 영 태

초판 머리말

학업을 비관하여 생을 마감하는 학생, 공부로부터의 고통에서 벗어나기 위해 부탄가스를 마시거나 탈선하는 학생들에 관한 기사를 신문에서 볼 때마다 우리는 가슴 아픔을 느낀다. 동시에 학교교육의 잘못, 가정교육의 잘못을 탓하면서 인성교육과 전인교육의 중요성을 강조한다. 그리고 이러한 교육이 안 되고 있는 모든 책임을 현 교육제도로 곧잘 돌리고 있다. 물론 입시 위주, 경쟁위주의 교육제도 속에서 전인교육의 꿈은 요원할지도 모른다. 그러나 필요한 인원보다 공급 인원이 많은 사회에서 입시위주의 교육은 쉽게 바뀌기 어렵다. 이러한 와중에서 제도만 탓하고 있으면 이러한 안타까운 현상은 반복해서 나타날 수밖에 없다. 그러므로 우리는 한편으로는 바람직한 교육제도를 모색하면서, 또 한편으로는 교육에 관련하고 있는 모든 사람들의 자기성찰이 필요하다.

사실 학생들은 외롭다. 학교에 가서도 공부! 공부! 시험! 시험! 가정에서도 공부! 공부! 시험! 시험! 가정에서는 부모의 욕심으로, 학교에서는 학교의 욕심으로, 자녀와 학생들은 자신을 위한 공부가 아니라 부모를 위한, 학교를 위한 공부를 하고 있다. 그들은 왜 공부하는지도 모르고 선생님과 부모에 떠밀려 공부의 홍수 속에서 허우적거리고 있다. 그들은 마치 수영 못하는 아동이 물을 두려워하듯이 공부라는 단어를 두려워하고 있다.

사실 공부라고 하는 것은 미성숙한 아동이 보다 능력 있는 성숙자가 되기 위하여 반드시 행해야 할 학습행위이다. 그럼에도 불구하고 아동은 공부와의 친밀감보다 적대감을 쌓고 있고, 공부로부터 탈출하기 위해 전전긍긍하고 있는 모습들을 보이고 있다. 이는 공부가 자신을 위한 것이고, 공부를 통하여 자신의 능력이 점차 향상되고 있는 즐거움을 아동에게 심어 주지 못한 어른들의 잘못이다. 어른들은 아동의 입장을 고려하지 않고 어른의 입장에서 아동에게 공부를 강요하고 있었다. 아동의 입장을 고려하지 못한 이러한 어른의 행동은 참다운 사랑의 행동이라고 볼 수 없다.

사랑은 우리에게 아무리 힘든 고통도 기쁘게 극복할 수 있도록 만들어 준다. 사랑이 있는 곳에는 사랑을 하는 사람이나 사랑을 받는 사람이나 모두 어려운 일을 기꺼이 극복할 수 있다. 그렇다고 하면 교육현실에서 나타나는 부정적인 현상들은 우리의 교육현장에 사랑이 부재하고 있음을 보여주는 것이다. 공부라고 하는 것이 아무리 어렵고 힘든 것이라고 하더라도 교육을 하는 어른이나 교육을 받는 아동이나 모두 즐겁게 극복하여야 할 것이다. 그럼에도 불구하고 어른은 분노하고, 아동은 좌절하고 도피하는 현실을 보여 주고 있다.

나는 이 책에서 교육열은 높지만 참다운 사랑의 결핍에서 오는 이러한 교육의 모순점들을 사랑을 통해 극복해 보고자 한다. 사랑하는 자녀를 둔 많은 부모님들과 교육의 일선에서 수고하시는 선생님들이 아동을 교육하는 데 참고가 된다면 그것으로 이 책을 쓴 보람이 있으리라고 생각된다. 나아가 앞으로 교육현장에 뛰어들기를 희망하는 예비 선생님들에게 참고가 되기를 바란다.

이 책은 모두 9장으로 구성되어 있다. 1장에서는 교육현장에서의 모순된 사랑의 표현을 기술하고 있고, 2장에서는 참다운 사랑이 무엇인지를 설명하고, 3장에서는 교육이 무엇이며, 그 교육은 어떤 방법으로 실시하는 것인지를 기술했다. 4장에서는 사랑과 교육방법을 접목하여 사랑을 통한 교육방법의 모형을 정립하였고, 5장부터 8장까지는 사랑을 통한 교육방법의 구체적인 방안을 제시하였다. 마지막으로 9장에서는 가르치는 사람의 모습을 기술했다.

이 책은 자녀를 지도하는 부모님들도 쉽게 읽을 수 있도록 썼으며, 주변에서 경험한 예들을 삽입하여 이론과 교육현장이 접목되도록 노력하였다.

이 책을 정리하는 데 수고해 주신 김정순 선생님, 일일이 읽으며 교정에 구체적 도움을 준 최순화 님, 책이 빛을 볼 수 있도록 출판해 주신 학지사 김진환 사장님께 진심으로 감사를 드린다.

1994년 겨울
박 영 태

차 례

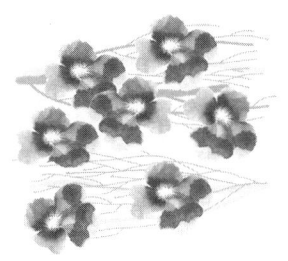

1

사랑과 교육

운명을 쥔 절대자와 아름다운 부모님, 아름다운 선생님

아이들은 자신의 모습을 보고 흔히 부모 탓으로 잘 돌린다. 그로 인해 부모들은 예기치 못한 부부싸움을 하기도 한다. 우리 아이들이 사춘기 일 때의 일이다. 언제부턴가 용모에 관심을 기울이고 자기들끼리 농담을 잘 하더니 하루는 자기들끼리 내 다리는 롱다리고 너 다리는 숏다리라고 주고받다가 갑자기 "아이구, 내다리 숏다리네! 이건 엄마 탓이야." 하고 엄마에게 불평을 늘어놓았다. 그러자 평소에는 "그게 어디 엄마 탓이고? 너의 아버지 탓이지." 하고 아버지에게 화살을 돌려놓더니만 그 날은 자못 진지한 표정으로 "그래 그거 모두 엄마 탓이다." 하고 말하였다. 이에 나는 속으로 이제야 애엄마가 철들었구나라고 생각하면서 흐뭇해하였다. 그러나 그 흐뭇함도 일순간이고 그 다음에 아이 엄마가 하는 말이 나의 자존심을 긁어놓았다. "그래, 다 엄마가 못나가지고 저렇게도 못난 아버지를 만났으니 그럴 수밖에……."라고 말을 돌리는 것이었다. 그러면서 부부싸움(?)은 시작되는 것이었다.

아이들이 자주 말하는 엄마 탓, 아빠 탓이라는 빈정댐으로 인해 부모들은 싸울 필요가 없다. 부모 모두의 탓이기 때문이다. 사실 아이들의 현재 모습은 부모들이 만들어 놓은 것이다. 아이들의 성장에서 유전과 환경이 영향을 주며 이 둘 중에서 어느 요인이 더 중요한가 하는 문제가 학문적인 논쟁거리이지만 이는 학문적으로 의미가 있을 뿐이지 실제로 그러한 논쟁은 무의미하다. 유전도 부모가 100%, 환경도 부모가 100% 만들어 주니 결국 부모의 책임이다. 이 말은 부모는 아이 운명을 쥐고 있는 절대자라는 말이다. 아이가 어떠한 부모를 만났는지에 따라 자신의 운명이 결정되는 것이다. 부

모를 잘못 만나면 아이는 가혹한 운명을 만난 것이고, 부모를 잘 만나면 아이는 행복한 운명을 만난 것이다. 우리 부모님들은 아이에게 가혹한 운명을 제공하고 있는지 아니면 남들이 부러워하는 행복한 운명을 제공하고 있는지 물어 보고 싶다.

아이에게 행복한 운명은 아름다운 부모님을 만나는 것이다. 우리는 아름다운 사람과 같이 있으면 그냥 우쭐해진다. 아름다움이란 바라보는 사람에게 즐거움을 준다. 그러므로 부모님은 아름다움을 위해 노력해야 한다.

아름다움에는 세 가지 종류가 있다. 가장 먼저 생각나는 아름다움은 외모의 미이다. 외모의 아름다움을 위해 항상 깨끗하고 단정한 용모를 가져야 한다. 외모보다 더 아름다움은 내면에서 우러나오고 있다. 이른바 지성미이다. 지성을 갖춘 사람의 모습에서 우리는 진정 아름다움을 느낀다. 지성미를 위해 많은 책을 읽고 교양을 쌓을 필요가 있다. 그러나 지성미보다 더 아름다운 미가 있다. 그것은 사랑의 미이다. 사랑의 미는 남을 도와주는 데서 나타나는 능동적 아름다움이다. 사랑의 미를 위해 항상 남을 위하는 마음을 가지려고 노력하여야 한다.

아이의 가혹한 운명은 이러한 미 중에서도 사랑의 미가 없는 부모와의 만남이다. 사랑이란 상대방의 잠재능력을 계발시켜 주는 것이다. 그러므로 사랑의 미가 없는 부모는 아이의 잠재능력을 계발시켜 주려고 노력하지 않을 것이다.

나는 부모로서 사랑의 미를 갖추고 있을까? 다음 질문에 스스로 답해 보자.

1. 어디 다녀와서 자녀와 만나면 자녀가 숨가쁘게 반가워합니까?
2. 자녀에게 조언이나 충고해 줄 때 눈이 초롱초롱합니까?
3. 자녀는 부모가 원하는 일은 무엇이든 할려고 노력합니까?
4. 자녀는 때로 부모의 팔짱을 끼고 매달립니까?
5. 자녀는 부모님을 자랑스럽게 여기고 있습니까?

만일 그렇지 않다면 자신의 사랑을 점검해 보아야 한다.

자녀에 대한 부모의 사랑은 어느 순간에도 나타난다. 부모가 자녀와 함께 있는 거의 모든 시간은 자녀양육과 관련된다. 이른바 교육이 대화의 모든 시간을 차지하고 있다. 그러므로 교육할 때 사랑을 표현하지 못하면 자녀는 사랑을 느끼지 못할 것이다.

아이들은 성장하면서 부모님보다도 선생님과 보내는 시간이 더욱 많아진다. 따라서 선생님은 또 하나의 부모님이다. 동시에 아이의 운명을 쥐고 있는 또 다른 절대자이다. 유태인은 부모님과 선생님이 동시에 곤경에 빠지면 선생님을 먼저 구한다고 한다. 선생님은 학생들에게 있어 이렇게 소중한 위치에 있다.

교육은 곧 사랑

사랑으로부터 벗어나고 싶은 아동들

교육은 상대방의 발달을 위하여 상대방을 계획적으로 변화시키는 것이다. 그러므로 교육에는 교육을 시키는 사람의 이기심이 끼어들 수 없다. 오로지 가르치는 아동의 발달을 위하여 자신을 희생하는 거룩함이 있을 뿐이다. 이에 따라 교육은 언제나 스승과 제자 간에, 부모와 자녀 간에 서로가 서로를 위해 주는 사랑으로 충만하여 교육이라는 단어가 떠오르면 행복과 즐거움이 연상되어야 한다. 그러나 우리의 교육현실은 아동의 능력향상이라는 교육 그 자체의 본질적인 목적으로 인해 아동에게 행복과 즐거움보다는 부담스러움과 고통을 안겨 주고 있다. 교사와 부모들은 왜곡된 교육의 관념에 의해 사랑이 희생되고 있는 현실을 알아채지 못하고 그들 나름대로의 교육을 강요하는 것을 사랑이라고 착각하고 있다. 그들은 교육을 강조함으로써 사랑이 희생되고 있다는 것을 생각하지 못하고 있다.

> "이건 다 너를 위한 것이다."
> "지금은 하기 싫어도 해 놓으면 미래에 다 도움이 되는 거야."
> "공부는 원래 하기 싫은 거야. 그래도 참고 해야 돼."
> "내가 지금 누굴 위해 이 고생을 하는 줄 아니? 열심히 해!"
> "지금은 이 말이 듣기 싫어도 나중에는 나보고 고맙다고 할 거다."

등의 말로 학생들에게 공부를 강요하고 있고, 이 강요된 행위를 학생들로 하여금 교사(부모)의 학생(자녀)에 대한 사랑으로 받아들이도록 요구하고 있다. 그들은 교육을 강조하는 것이 바로 사랑인 것으로 생각하고 있다. 이 말을 역설적으로 표현하면 사랑하니까 행복과 즐거움보다는 부담스러움과 고통을 준다는 말이 된다. 이러한 사랑이라는 이름으로 행해지는 교육은 많은 학생들을 좌절과 실의 속에 빠지게 하고, 심하면 그들의 미래마저 빼앗아 버리고 만다. 사랑으로 도색된 이러한 교육에 대해 학생들은 아마도 속으로 이렇게 부르짖고 있을 것이다.

"선생님(부모님), 제발 저를 사랑하지 말아 주세요."라고 말이다.

사랑은 곧 교육이고 교육은 바로 사랑 그 자체이다.

사랑과 교육은 근본적으로 다른 것이 아니라 동일한 것이다. 이는 사랑과 교육의 의미와 그 실행 방법에서 쉽게 알 수 있다.

첫째, 그 둘의 의미에서 보면 사랑이란 자기 자신이나 혹은 타인의 정신적 성장을 도와줄 목적으로 자기 자신을 확대시켜 나가려는 의도이며,[1] 사랑이란 본래 주는 것이지 받는 것이 아니다.[2] 즉 참된 사랑은 상대방의 잠재능력을 계발시켜 주는 것이다. 이와 마찬가지로 교육도 인간 행동의 계획적 변화, 또는 교사와 학생 간의 상호작용을 통하여 학생의 능력 변화를 시도하는 것으로서, 결국 교사가 학생에게 받는 것도 아니고, 주고받는 것도 아니며, 오로지 학생의 잠재능력을 계발시켜 주는 것이다.

둘째, 그 실행방법에서 보면 우리는 사랑이나 교육이나 모두 능동적인 표현을 한다. 즉, 교육한다, 사랑한다라고 하지 교육받는다, 사랑받는다라는 수동적 표현은 하지 않는다. 이는 바로 교육이나 사랑이 모두 상대방의 잠재능력을 계발시켜 주는 행위자의 능동성을 내포하고 있음을 의미한다.

이와 같이 사랑과 교육은 인간의 변화를 위해 자신을 능동적으로 투자한다는 점에서 근본적으로 동일한 성격을 지니고 있음에도 불구하고 실제 교육현장에서는 두 요소가 연결되지 못하고 배척되고 있다. 교육을 위해 사랑이 희생되거나 사랑을 위해 교육이 등한시되는 모순을 초래하고 있는 것이다. 흔히 교사와 부모는 아동들에게 사랑을 베풀고 있다고 생각하고 있으나 아동들은 이러한 교사와 부모의 사랑을 느끼지 못하고 있다. 이러한 사랑과 교육의 모순된 현상은 교육현장에서 교육효과의 향상에 큰 저해요인으로 작용하고 있다.

교육과 사랑의 잘못된 실천

이러한 사랑과 교육의 불일치 현상은 사랑과 교육의 상이함에 연유하기보다는 이것에 대한 사람들의 잘못된 인식과 기술의 결핍에서 나타나고 있다. 우선 교사와 부모들은 사랑을 다음과 같이 잘못 생각하고 있는 것으로 보인다.

부모나 교사는 사랑하기보다 사랑받기를 원하고 있다.

부모나 교사는 아동의 성적이 떨어지면 아동만 탓하지 그 원인을 규명하여 자발적으로 도와주려고 시도하지 않는다. 이는 우리들이 사랑을 사랑할 수 있는 능력으로보다는 주로 사랑받는 것으로 생각하고 있다는 증거이다. 자녀를 사랑한다면 자녀의 능력신장을 위한 올바른 방안을 강구하고 함께 슬퍼해 주어야 함에도 불구하고,

"또 성적이 떨어졌어!"
"창피해서 남한테 말도 못하겠다."
"도대체 너는 누구 머리를 닮았니?"

등의 자신의 자존심만 먼저 내세우며 자녀를 구박하기에 바쁘다. 부모들은 자녀가 성적이 올라가 부모들을 기쁘게 해 줄 것으로 기대하고 있다.
또 부모들은 자녀들의 요구에도 자주 회피적이다.

"어머니, 이번엔 국어 문제집이 필요해요. 좀 사주세요."
"어머니, 이건 뭐예요? 잘 모르겠으니 가르쳐 주세요."

라는 자녀들의 요구에 부모들은,

> "또 책을 사 달라고 하니? 너는 공부는 안하고 매일 책이나 사
> 달라고 하니? 전에 책은 다 봤어?"
> "엄마 바쁘다. 혼자서 해라. 공부는 혼자 하는 것이지, 왜 엄마
> 를 귀찮게 하니? 엄마는 지금 무척 바쁘다."

등의 말로 자녀들의 요구에 대해 회피적이다 못해 도피적이다. 평소에
말로는 자녀교육보다 더 중요한 것이 없다고 하면서 막상 자녀가 공부
에 대해서 무엇을 요구하면 어머니는 이를 피하려고 하는 경우가 자주
있다. 이것은 바로 자녀에 대한 사랑이 주는 사랑이 아니라 받는 사랑
을 하고 있다는 큰 증거이다.

　부모들은 능동적이고 실천적이기보다는 수동적이며 의존적이 되고
있다. 그들은 자녀를 통하여 자신의 공허한 사랑의 충족에만 관심이 있
을 뿐이다.

　부모나 교사는 아동을 있는 모습 그대로 보아주지 않고 있다.

　부모나 교사는 자신의 관점에서 아동을 판단할 뿐만 아니라 나아가
그에 적합한 아동의 행동을 요구하고 있다. 아동은 부모의 이러한 요구
를 충족시킬 수 없어 좌절을 반복하고 있다. 이는 부모들이 사랑에 빠
지는 것이 진짜 사랑이라고 보고 있다는 증거이다. 사랑에 빠지면 나와
너의 합일현상에 의하여 나와 너의 구분이 되지 못하고 모든 것을 주관
적으로 생각할 위험이 있다. 진정한 사랑은 자신과 다른 사람 사이의
구분이 항상 유지되고 보존되어야 한다.3) 다시 말하면 아동을 있는 그
대로의 모습으로 받아들여 그들의 개성과 독특성을 인정하는 존경심을
가져야 한다. 그럼에도 불구하고 부모들은,

"내가 너만할 때는 안 그랬다."
"그것도 못하니?"
"아이구, 하는 꼬락서니 하고는?"

등 지금 성인이 된 자신의 능력에 비추어 자녀의 행동을 요구한다. 이른바 개구리 올챙이 적 시절을 생각하지 못하는 우둔한 행동을 서슴지 않고 행하고 있다. 이러한 존경의 결핍은 자녀로 하여금 심리적 안정감을 가지지 못하게 하고, 나아가 부모의 사랑을 느끼지 못하게 한다.[4]

부모나 교사는 사랑을 감정적인 것으로만 생각하고 있다.

부모나 교사는 아동에게 잘 해 주는 것으로만 만족하고 아동의 정신적 성장에는 관심을 가지지 않고 있다. 이는 사랑이 본질적으로 목적지향적인 의지의 행위[5]임에도 불구하고 사랑을 단순히 친밀한 느낌으로 보고 있다는 증거이다. 이에 따라 부모는,

"너 하고 싶은 대로 해라."
"갖고 싶으면 사 주마."
"그래, 어이구 내 새끼."

등 자녀의 욕구충족에만 급급하여 정작 자녀의 인내와 극기를 요구하는 훈련은 시키지 못하고 나약한 아이를 만들고 있다. 이러한 부모들은 흔히 사랑을 정서적·감정적인 것으로 생각하고, 사랑에 지적인 것이 내포되어 있다는 것을 잊고 있다.

사랑하기 위해서는 상대방에 대한 지식이 있어야 한다. 이러한 지식의 결핍에 의해 사람들은 이성적이기보다 감정적으로만 행동할 위험이 있다. 그 결과 자녀의 학습지도에서 이성적으로 생각하여 최상의 방법으로 실행하지 못하고, 감정적으로 바람직하지 못한 방법을 실시하여 부정적인 교육 결과를 낳기도 한다.

부모는 사랑을 자녀에 대한 자신의 지나친 요구를 만회하는 것으로 생각하고 있다.

부모나 교사, 특히 부모는 아동에게 많은 것을 요구하고 있다. 어릴 때는 기초능력을 길러 준다는 명목으로 피아노, 무용, 미술, 스포츠, 마술, 웅변, 한문, 영어, 컴퓨터 등 다양한 영역에 시간을 투자하도록 요구하고 있고, 아이가 자라면 학교교육의 모든 교과목을 열심히 하도록 요구하고 있다. 이러한 공부를 위해 아이의 사생활을 무시하기도 한다. 친구와 노는 시간, 가족과 함께 할 수 있는 TV 보는 시간, 스스로 생각할 수 있는 시간 등을 모두 앗아버리고 공부하라고 공부방으로 몰아붙여 버린다. 이러한 부모의 자녀에 대한 지나친 요구는 결국 자녀에 대한 부모의 마음을 약하게 만들고 나아가 자녀의 모든 요구를 들어주도록 만들어 버린다. 이른바 공부 이외의 자녀의 모든 욕구를 들어주도록 만들어 버린다. 이러한 속죄(?) 형태의 자녀에 대한 사랑은 올바른 사랑이 되기가 어렵다. 무분별적으로 아이의 요구를 들어주게 된다. 그 결과 자녀에게 가르쳐야 할 덕목도 무시하고 버릇없는 아이로 만들어 간다.

부모나 교사는 사랑을 통해서 나타나는 자기성장을 잊고 있다.

부모는 흔히 자녀를 위해 자기 자신이 희생한다고 여기고 있다. 이는 자녀의 정신적 성장이나 발전을 위해서는 부모 자신의 발전도 함께 이루어져야 한다는 사실을 모르고 있거나 잊어버리고 있다는 증거이다. 이에 따라 부모들은,

"내가 너를 공부시킨다고 먹을 것도 못 먹고, 입고 싶은 것도 못 해 입는다."
"너의 공부를 위해 엄마는 늘 이렇게 고통을 느끼고 있는데 너는 무엇을 하고 있니?"

등 자녀에게 한풀이하듯 꾸중하고 면박을 준다. 그러나 사랑의 의미에 내포된 정신적 성장이나 발전은 상대방뿐만 아니라 자기 자신의 성장도 내포하고 있다. 펙(Peck)은 우리가 자신들을 사랑하지 못하면 남을 사랑할 능력도 없고, 또 자기훈련이 되어 있지 않으면 아동들을 가르칠 능력도 없다고 했다.6)

이와 같이 사랑은 자기희생뿐 아니라 자기성장도 내포하고 있음에도 불구하고, 부모는 자기희생만 인식함으로써 상대방에게 자신의 욕구충족을 강요할 개연성이 있게 된다.

이상에서와 같이 사랑에 대한 곡해는 사랑을 주는 교사(부모)와 사랑을 받고 느껴야 하는 학생(자녀) 간의 거리를 더욱 크게 하고, 나아가 사랑과 교육 간의 관계를 더 멀게 만들고 있다.

부모나 교사는 공부를 많이만 시키면 좋은 줄로 알고 있다.

이러한 사랑의 왜곡된 표현은 교육에 대한 왜곡된 생각에 의해서도 나타난다. 사람들은 교육에 대해서도 잘못된 생각을 하고 있다.

교육의 방법 및 결과에는 효과적 측면, 효율적 측면, 매력적 측면이 있다. 효과적 측면은 보다 많은 교육목적을 달성하는 것, 즉 많은 내용을 학습하는 것을 말한다. 효율적 측면은 주어진 내용을 학습함에 있어 되도록 적은 시간을 투자하는 것, 즉 보다 짧은 시간에 주어진 내용을 학습하는 것이다. 매력적 측면은 학습을 재미있게 하는 것, 즉 그 내용을 다시 학습하고픈 충동을 느끼게 하는 것이다. 이와 같이 교육의 방법 및 결과에는 효과성, 효율성, 매력성의 측면이 있음에도 불구하고 대부분의 사람들은 효과적 측면만 고려하여 보다 많이 학습하기만 하면 된다고 보고 있다. 여기서 사람들은 개개인에게 적합한 여러 교육방법을 강구하여 재미있고 능률적으로 가르치려고 노력하기보다는 지시적이고 강요적인 방법을 사용하고 있다.

또 사람들은 모든 아동들에게 똑같은 시간 동안 공부를 시키면 모두 똑같은 결과가 나올 것이라고 생각하고 있다. 그러한 관점에서 여러 학습자조건과 교육방법을 무시하고 아동의 노력만 강요한다. 이러한 교육의 왜곡된 이해는 사랑의 왜곡된 표현을 조장하기도 한다.

이상에서 살펴본 바와 같이 사랑과 교육은 아동의 잠재능력을 계발시켜 준다는 의미에서 동일한 성격을 가지고 있으나, 그에 대한 왜곡으로 인하여 그 둘은 양립되지 못하고 상반되는 모순을 나타내고 있다. 따라서 우리는 진정한 사랑의 의미를 터득하고, 사랑을 통한 참다운 교육을 실현하여야 할 것이다.

주)

1) 신승철 · 이종만 역, 아직도 가야 할 길(The Road Less Traveled, M. Scott Peck), 서울: 열음사, 1991.
2) Fromm, E., The Art of Loving, 세기명작대역시리즈 4/사랑의 기술, 서울: 삼지사, 1975.
3) Fromm, E., Man for himself, Lowe & Brydone Printers Ltds., 1978.
4) 편영자, 후회없는 어버이의 길, 서울: 형설출판사, 1988.
5) Fromm, E., op. cit., 1975.
6) 신승철 · 이종만 역, 전게서, 1991.

2

사랑의 성격

사랑의 두 얼굴

동전에 앞 뒷면이 있듯이 사랑의 표현에도 두 얼굴이 있습니다. 그 두 얼굴을 이야기를 통해 느껴 봅시다.

장발장이 은혜를 입은 주교의 집에서 은그릇 여섯 벌을 훔쳐서 도망하다 경찰에 붙잡혀 왔을 때, 미리엘 주교는 온화한 얼굴로 말했습니다.

"다시 만나게 되어 반갑습니다. 그런데 왜 은촛대는 그냥 두고 가셨습니까? 은그릇과 함께 가져가시지 않고…… 모두 다 드린 것이니 가지고 가십시오."

그러면서 은촛대도 장발장에게 주었습니다.

도이췰란트의 초대 재상이었던 비스마르크가 친구와 함께 사냥을 나갔습니다. 산길을 정신없이 달리던 중 친구가 그만 늪에 빠져 버렸습니다. 그 친구는 살려 달라고 아우성을 쳤지만 비스마르크는 물끄러미 바라보고만 있었습니다. 친구는 계속 숨가쁘게 도와 달라고 했으나 비스마르크는 이러한 친구의 태도가 오히려 못마땅해 들고 있던 총을 친구에게 겨냥하면서 말했습니다.

"이봐! 내가 너를 구해 줄 것이라고 믿는 모양이지만 천만의 말씀이다. 나는 오래 전부터 네가 미웠어. 기회가 없어서 너를 여태껏 살려 두었지만 오늘은 각오해라."

그러자 그 친구는 깜짝 놀라며 절친한 친구가 이럴 수가 있냐고 했으나 비스마르크는 차가운 냉소를 흘리며 방아쇠를 당기려고 했습니다. 그러자 친구는 "잠깐만 기다려 다오. 죽더라도 늪에서 나가 그 이유나 알고 죽겠다." 하며 허우적거리다 늪에서 빠져 나왔습니다. 이때 비스마르크는 총을 버리고 숨을 헐떡이는 친구를 껴안으

며 말했습니다.

"이봐! 자네를 정말 죽이려고 한 것은 아닐세. 자네 스스로의 힘에 의해서 살아 나올 수 있다는 사실을 깨닫게 해 주기 위해서 일부러 그래 본 걸세."

사랑의 의미

사랑에도 음식과 마찬가지로 좋은 사랑과 불량사랑이 있다.

음식에는 좋은 음식과 불량음식이 있다. 부모와 교사들은 아이들이 불량음식을 먹을까 봐 항상 걱정이다. 그리고 불량음식을 판매하는 사람들에게는 국가 차원에서 제재가 가해진다. 음식은 우리의 신체건강에 바로 직결되기 때문이다.

사랑에도 좋은 사랑과 불량사랑이 있다. 그럼에도 불구하고 부모와 교사들은 자신의 사랑이 항상 좋은 사랑인 것으로 생각한다. 사랑에는 좋은 사랑만 존재하지 불량사랑이 존재한다는 사실은 망각하고 있다. 이는 불량사랑이란 사랑이 아니라고 간주하고 사랑이란 이름을 붙이기도 싫어하기 때문일 것이다. 그러나 불량음식도 음식이라고 제공되지만 신체에 해롭기 때문에 붙여진 이름이다. 마찬가지로 불량사랑도 사랑이라고 제공되지만 정신에 해롭기 때문에 붙일 수 있다. 불량사랑은 사람의 정신을 해친다.

불량음식은 색, 맛, 냄새 등으로 불량음식이라고 용이하게 판단할 수 있으나 불량사랑은 무색, 무미, 무취로 이를 쉽게 판단할 수가 없다. 그러므로 많은 부모와 교사들이 자신의 사랑이 좋은 사랑이라는 착각 하에 불량사랑을 부지불식간에 표출하고 있을 것이다. 이로 인해 많은 아이(학습자)들의 정신이 망가지고, 나아가 바람직한 발달이 이루어지지 못하고 있다. 우리는 흔히 정신과 육체 중에서 정신이 더 중요하다고 생각하고 있다. 그럼에도 불구하고 육체를 망가뜨리는 불량음식에는 법으로써 제재가 가해지지만 정신을 망가뜨리는 불량사랑에는 아무런 제재가 가해지지 않는다. 오로지 스스로 조절하고 통제할 수 있을 뿐이다.

사랑의 의미는 개인이 처한 상황에 따라 다양하게 느껴진다.

사랑이란 모든 생명체의 생존과 관련하여 가장 중요한 것이다. 톨스토이는 인간은 사랑을 먹고산다고 하였다. 인간은 부모의 사랑의 행위에 의해서 태어났고, 동시에 부모의 사랑에 의해서 하나의 인간으로 성장해 간다. 그러므로 부모의 올바른 사랑의 표출은 한 아동의 존재 모습을 결정한다.

그러나 '사랑'이라는 단어를 생각하면서 모두가 똑같은 느낌을 갖는 것은 아니다. 한창 무르익고 있는 사랑을 하는 사람들은 이른바 깨가 쏟아지는 달콤함을 느낄 것이고, 실연하였거나 뜻이 맞지 않는 사람들은 살을 에는 듯한 고통을 느낄 것이다. 이러한 극단적인 사랑의 느낌 차이는 사랑의 의미조차 다르게 생각하도록 만든다.

사랑에서 고통과 괴로움을 느끼는 사람들은 "사랑은 질병 또는 신경증이다."라고 말할 것이고, 사랑에서 즐거움, 그리움 등 애틋한 기쁨을 느끼는 사람들은 "사랑은 친밀감이요, 인간관계를 결합시켜 주는 힘이다."라고 말할 것이다. 또 사랑에서 내가 가지고 있는 모든 것을 다 주어도 아깝지 않은 그 무엇을 느끼는 사람들은 "사랑은 상대방의 잠재능력을 계발시켜 주는 것이다."라고 말할 것이다.

이와 같이 사랑은 다양하게 말해지고 있어 사랑의 성격을 획일적으로 말하기는 어려우나 일반적으로 다음과 같이 생각해 볼 수 있다.

사랑은 받는 것이 아니라 주는 것이다.

흔히 사랑은 주고받는 것이라고 한다. 그러나 사랑을 주고받는 것이라고 할 때 상거래적인 의미의 주고받는 관계는 아니다.[1] 사랑은 우선적으로 주는 것이다.[2] 받는 것은 의도된 것이 아니라 반사적으로 나타날 뿐이다.

사랑을 주는 것이라고 할 때 무엇을 주느냐가 중요하다. 흔히 사랑은

마음을 주는 것이라고 말하는 사람이 많다. 그러나 마음만 주면 불량사
랑일 위험이 높아진다. 올바른 사랑은 마음과 몸을 함께 주어야 한다.
마음은 몸에 담겨 있다. 따라서 몸과 분리된 마음이란 존재하기 어렵
다. 마음을 주는 경우에 몸은 항상 따르기 마련이다. 주변에서 보면 자
녀에 관해 생각하는 시간을 전혀 가지지도 않고, 오로지 자기 일만 열
심히 해 놓고도 '마음으로 너를 얼마나 사랑하는데' 하는 표현을 쓰는
사람을 많이 본다. 실제로는 몸과 마음을 모두 자기를 위해서 이용하였
으면서 말로만 마음을 준다고 하고 있는 것이다. 다음의 예를 보면서
사랑에서 마음과 몸을 함께 주어야 한다는 의미를 새겨 보자.

> 설거지를 하고 있는 어머니에게 딸아이가 왔다.
> "엄마, 오늘 있잖아요. 학교에서……"
> 엄마는 설거지를 하느라고 딸아이를 쳐다보지도 않고
> "뭔데, 얘기해 봐."라고 말했다.
> 딸아이는 엄마의 등을 바라보면서
> "엄마, 있잖아……"
> 엄마는 계속 설거지를 하면서
> "글쎄 얘기를 해 보라니까."
> 딸아이는 여전히 엄마의 등을 바라보고 있다.
>
> 설거지를 하고 있는 어머니에게 딸아이가 왔다.
> "엄마, 오늘 있잖아요. 학교에서……"
> 엄마는 설거지를 하면서 고개를 돌려 딸아이를 쳐다보면서
> "뭔데, 얘기해 봐."라고 말했다.
> 딸아이는 엄마의 눈을 바라보면서
> "엄마, 있잖아……"
> 엄마는 설거지를 그만두면서

"글쎄 무슨 얘긴지 엄마도 궁금하네, 얘기를 해 봐."
딸아이는 진지한 엄마의 얼굴을 바라보고 있다.

사랑은 상대방의 잠재능력을 계발시켜 주는 것이다.

사랑을 주는 것이라고 생각할 때, 그것은 맹목적으로 주는 것이 아니라, 인간의 성장이라는 목적을 가지고 있다. 프롬(Fromm)은 사랑에서 주는 것은 다름 아닌 상대방의 잠재능력을 계발시켜 주는 것이라고 했다.3) 펙(Peck)은 참사랑과 거짓사랑을 분별하는 중요한 기준 중 하나는 사람의 마음속에 있는 의식적이거나 무의식적인 목적에 있다고 보았다.4) 그러므로 참다운 사랑을 하기 위해서는 상대방의 잠재능력을 계발시켜 준다는 목적을 가지고 있어야 한다.

이러한 사랑의 목적을 달성하기 위해 사랑은 자신의 시간을 주는 것이다. 시간은 두 번 다시 자기에게 돌아올 수 있는 것이 아니다. 그러므로 그 시간은 자기에게 하나밖에 없는 가장 고귀한 것이다. 시간에는 자신의 모든 능력이 담겨 있고, 자신의 발전 가능성이 담겨 있다. 시간을 다른 말로 표현하면 자신의 생명이다. 삶의 시간은 바로 생명의 순간인 것이다. 따라서 사랑이란 자신에 있어 가장 소중한 것을 주는 것이다. 그래서 사랑이란 고귀한 것이다.

사랑은 아무나 할 수 있는 것이 아니다. 상대방의 잠재능력을 계발시켜 줄 수 있는 능력이 있는 사람만이 사랑을 할 수 있다.

사랑은 주는 것이다. 그러므로 사랑하기 위해서는 '줄 거리'가 있어야 한다. 이 '줄 거리'는 힘(power) 또는 실력이다.5) 사랑을 하기 위해서는 스스로 힘과 실력을 갖추어야 한다. 사랑하는 자는 힘이 있는데 반하여 사랑을 받는 자는 힘이 없다. 사랑은 상대방의 잠재능력을 계발시켜 주는 것이다. 따라서 사랑을 하려고 하면 상대방의 잠재능력을 계발시켜 줄 수 있는 강한 힘과 실제적 능력을 가지고 있어야 한다.

다음의 이야기는 사랑하는 사람이 갖추어야 할 능력의 중요성을 보여 주고 있다.

> 어미게가 새끼게를 불러 놓고 "너희들은 왜 앞으로 가지 못하고 옆으로만 가느냐?"고 호통치면서 앞으로 가라고 열심히 가르친다. 그러면서도 자신은 옆으로만 간다. 이것은 바로 어미게가 새끼게에게 앞으로 가도록 해야겠다는 목적은 있으나, 앞으로 가는 것을 가르쳐 줄 수 있는 능력이 자신에게 없음을 의미한다. 자신이 그러한 능력이 없음으로 인하여 새끼게에게 앞으로 가는 방법을 가르쳐 주지 못하고 단지 옆으로 가는 방법만을 가르쳐 주고 있다. 그러므로 새끼게는 어쩌다 자신과는 다른 세계에서 앞으로 가는 방법을 배워 오지 못하는 이상 영원히 옆으로만 갈 것이다.

여기서 부모(교사)는 아동(학습자)을 정말 사랑하기 위해서는 아동(학습자)에게 무엇인가를 줄 수 있도록 자신의 능력을 쌓아 가야 한다는 것을 알 수 있다. 자동차를 운전하기 위해서 운전기술을 배워야 하듯이 사랑을 하기 위해서는 그에 필요한 능력을 갖추어야 한다.

사랑이 지속되기 위해서는 받을 거리도 있어야 한다. 그러나 받을 거리는 줄 거리와 성격이 다른 것이다.

다음으로 사랑은 '받을 거리'가 있어야 한다. 받을 거리가 없는 사랑은 지속할 수가 없다. 주는 것이 있으면 받고 싶은 마음이 생기고, 받는 것이 있어야 주고 싶은 마음이 생기기 때문이다. 사실 모든 자연법칙도 반드시 주고받는 형태로 이루어져 있다. 물의 움직임을 예로 들어 보면, 물은 위에서 아래로 떨어진다고 알고 있다. 그러나 위에서 아래로 떨어지는 물만 존재하고 아래에서 위로 올라가는 물이 없다면 물이 위에서 아래로 떨어진다는 법칙은 성립하기 어렵다. 이러한 법칙이 성립되기 위해서 물은 아래에서 위로 올라가야 한다. 실제로 물은 수증기의 형태로 아래에서 위로 올라가고 있는 것이다. 비록 똑같은 형태는 아니지만 많은 양의 물이 위로 올라가고 있는 것이다. 여기서 물은 위에서 아래로 내려간다는 법칙이 성립되고 있는 것이다. 부모의 자녀에 대한 사랑도 마찬가지이다. 부모의 자녀에 대한 올바른 사랑이 성립되기 위해서는 자녀가 부모에게 되돌려 주는 것이 있어야 한다. 따라서 사랑에 받을 거리도 있어야 한다. 그러나 그 받을 거리는 부모가 자녀에게 베푸는 사랑과 동일할 수는 없다. 물이 내려갈 때는 액체였으나 올라갈 때는 수증기의 형태로서 서로 다른 형태인 것처럼, 사랑 역시 부모가 자녀에게 준 형태와 자녀가 부모에게 되돌려 주는 형태가 다른 것이다. 여기서 부모는 자녀로부터 되돌아오는 사랑의 받을 거리를 잘 생각해 보아야 한다. 펙은 무엇이든지 우리가 할 때에는 우리 자신이 그것을 하기로 선택한 결과이고, 우리가 그러한 선택을 한 것은 그것이 우리를 가장 만족시켜 주는 것이기 때문이라고 했다.[6] 스스로의 만족 이외에 타인으로부터 어떠한 것을 받기를 기대한다면 그것은 올바른 사랑이 될 수 없다. 자녀는 아직 미성숙자이다. 미성숙자이기에 부모에게 사랑을 받는 것이다. 그러므로 부모는 자녀로부터 구체적으로 무엇을 받을 것이라는 기대를 가져서는 안 된다. 단지, 자녀의 변해 가는 모습 그 자체를 받을 거리로 생각하고 거기서 항상 기쁨과 만족을 느껴야 한다.

참다운 사랑에는 정말 고귀한 받을 거리가 자연적으로 따라온다.

참다운 사랑에는 기대를 하지 않더라도 그 대가가 자연스럽게 따라온다. 공을 벽에 던지면 되돌아오듯이, 돌을 호수에 던지면 잔잔한 물결의 미소가 되돌아오듯이, 사랑의 대가는 반드시 되돌아온다. 사랑에는 상대방이 존재하므로 허공에 던지는 공과는 다르다. 그 대상은 반드시 반응하게 되어 있다. 이에 따라 사랑하는 사람의 기대여부와는 관계 없이 사랑에는 반드시 되돌아오는 것이 있다. 그 되돌아오는 것을 다음 과 같이 세 가지로 볼 수 있다.

첫째, 사랑은 사랑하는 사람을 능력자로 만들어 준다. 이는 사랑하기 위해서 스스로 줄 거리를 갖추는 과정에서 능력자가 되는 것이다. 사 랑이란 스스로 부족함을 느끼게 만들고, 그 부족함을 채우기 위해 노 력하도록 만든다. 교사가 학생을 사랑할 때 학생들을 보다 더 잘 가르 치기 위해 열심히 연구하고 노력하는 과정에서 자신은 능력자가 되는 것이다. 부모가 자녀를 사랑할 때 자녀에게 보다 좋은 교육기회를 제 공하기 위해 열심히 일하는 과정에서 부모 자신은 풍족한 경제력을 가 지게 된다.

둘째, 사랑은 상대방에게 필요한 존재가 되도록 만들어 준다. 이를 위해 저자와 관련된 일화를 하나 소개하고자 한다.

딸아이가 고 3학년일 때의 일이다. 나는 매일 아침 아이를 등교시켜 주면서 대화를 잘 나누었다. 매일같이 내가 던지는 말 중의 하나가 "I love you."이다. 그러면 딸아이도 박자를 맞추어 "I love you, too."라 고 말하곤 했다. 그런데 어느 날, 내가 평상시와 같이 "I love you."라 고 말하자 아이는 새침하게 "I don't love you." 하고 말했다. 난 어이 가 없지만 농담인 줄 여기고 "그래도 아빠는 널 사랑해."라고 말했다. 이에 아이는 더욱 새침해지며, "그래도 난 아빠 사랑 안 해."라고 말했 다. 이러자 분위기는 점차 험악해지기 시작하면서 나도 감정이 상했다. 그래서 화가 난 목소리로 "난 그래도 널 사랑하는데!"라고 고함치다시 피 말했다. 그러자 아이는 날 흘낏 보더니만 진지하게 "Father, I don't love you, really." 하면서 분위기를 더 험악하게 만들었다. 그 순간 나 의 감정은 엉망으로 찌그러지고 마음속에는 배신당한 듯한 분노가 타 올랐다. 그래서 얼굴을 찡그리고 말도 않고, 아이를 쳐다보지도 않았다.

그러자 아이는 나의 팔에 자신의 팔을 짝 끼우면서, 아주 정답게 "아빠, but I need you. I need your love. 아빠가 없으면 난 못살아. 아빠는 나에게 없어서는 안 되는 사람이야. 아빠! 난 아빠가 필요해."라고 말했다.

난 그 순간 멍해지면서 딸아이의 농담에 넘어 간 것을 알았다. 하지만 동시에 아주 큰 것을 깨달았다. "그래 맞다. 넌 아빠가 필요할 뿐이야. 네가 어떻게 아빠의 잠재능력을 계발하기 위해 모든 시간을 투자할 수 있겠니. 그러나 넌 이미 아빠의 잠재능력을 계발해 주었구나. 난 너의 이 말로 인해 사랑의 대가 중에 필요한 존재가 된다는 의미를 하나 깨달았으니까. 너는 아빠를 사랑하는구나."라고 생각했다.

사랑을 하면 학생들은 자신의 발전을 위해 선생님이 반드시 필요하게 된다. 그래서 선생님은 학생들에게 필요한 존재로서 남게 된다. 한 집단 내에서 필요한 존재가 되는 것만큼 신나는 일은 없다. 학생을 사랑하면 그 선생님은 학생들에게 필요한 존재가 된다. 그만큼 수업은 더욱 재미있어진다. 교실에 들어갈 때마다 선생님이 필요해서 열심히 기다리고 있는 학생들을 상상하면 그냥 행복해진다.

셋째, 사랑은 사랑하는 사람에게 아름다움을 선물한다. 이전보다 더 예뻐진 사람을 보고 흔히 "너 요즘 사랑하는구나." 하는 말을 예전부터 하고 있다. 사랑하면 실제로 예뻐진다. 사람의 신체는 60조의 세포로 이루어져 있다. 이 60조 중에서 하루에 500억의 세포가 죽고 다시 태어난다고 한다. 그러면 10일이면 5000억 100일이면 5조, 1000일이면 50조의 세포가 바뀌게 된다. 세포가 건강하면 자연 우리의 몸은 건강하게 된다. 건강한 몸은 우리에게 아름다움을 선물해 준다. 사랑을 하면 매일 새로 태어나는 500억의 세포를 건강한 세포로 태어나게 만들어 준다. 그러나 미움과 증오와 시기로 얼룩진 마음에서는 그 500억의 세포가 병들고 문제가 있는 상태로 만들어질 것이다. 그러므로 사랑을 하면 아름다워지는 것이다.

이상과 같이 사랑을 주면 스스로 능력자가 되고, 필요한 존재가 되고, 아름다운 존재가 되는 멋진 선물이 되돌아온다.

사랑은 누구나 받을 수 있는 것은 아니다. 사랑을 받을 수 있는 사람만 받을 수 있다.

사랑은 주는 것이라고 하여 누구나 사랑을 받을 수 있는 것은 아니다. 사랑을 주는 사람이 누구에게나 사랑을 주는 것이 아니기 때문이다. 부모와 자녀 간에는 부모라고 하는 혈연으로 인해 사랑을 줄 수밖에 없다. 그러나 이러한 혈연만으로는 부모가 자녀를 사랑한다고 볼 수는 없다. 혈연으로 인해 부모는 자녀의 발전을 위해 노력하여야 한다는 판단은 가지고 있으나 이 판단으로 인해 항상 그렇게 노력하는 것은 별개의 문제이다. 부모도 사람이므로 자연법칙의 지배를 받게 된다. 되돌아오는 것이 없으면 계속적으로 주기 어려워진다. 교사는 부모보다 더 어려울 것이다.

부모의 사랑이 지속하도록 하기 위해 모든 생명체의 아기들은 사랑을 받도록 해 주는 기제를 가지고 있다. 그 연약하고 귀여운 모습이 상대방에게 연민의 정을 느끼게 만들고 이에 사랑의 마음이 싹트게 만드는지도 모른다.

모리스(Morris)는 부모가 보살핌과 보호의 신호를 아이에게 보내듯이 아이도 부모의 애정과 주의를 자극하는 신호를 보낸다고 했다. 이러한 신호를 그는 두 방향으로 설명하고 있다.[7]

첫째, 유아의 생김 자체가 강력한 자극으로 작용하여 부모의 애정을 유발시킨다고 한다. 몸이 전체적으로 둥글둥글한 모양으로서 귀여움을 불러일으킨다.

둘째, 부모로 하여금 확실하게 아이들을 보살피게 하는 데 전념하게 하기 위하여 울음, 미소, 웃음이라는 세 가지 신호를 보낸다. 이 세 가지 신호는 발달상 순서대로 나타난다. 울음은 출생 당시부터 시작되며, 5주일이 될 무렵에는 미소를, 그리고 4~5개월이 될 무렵에는 웃음을 확실하게 나타낸다. 울음은 다른 많은 동물들과 마찬가지로 고통을 받거나 불안을 느낄 때 발생하지만, 미소와 웃음은 사람만의 특유한 신호이다. 유아는 울음으로부터 부모를 불러들이며, 미소와 웃음으로써 부모를 붙잡아 둔다.

모리스가 제시한 신체적 특징과 울음, 미소, 웃음이라는 세 가지 신호는 자녀 또는 학생이 부모 또는 선생님으로부터 사랑을 받을 수 있도록 만들어 주는 요소로 보인다. 이를 중심으로 사랑을 받을 수 있는 자녀 또는 학생의 모습을 설명해 보면 다음과 같다.

첫째, 부모 또는 선생님으로부터 사랑을 받으려면 유아스런 특성을 가지고 있어야 한다. 이른바 단정한 복장과 순수한 태도이다. 유아들은 둥그스름한 신체적 특성 이외에도 순수한 표정을 가지고 있다. 아직 세상의 요령과 이해관계에 물들지 않은 순수한 표정을 가지고 있다. 이러한 표정이 사랑을 불러일으키는 신호이다. 그럼에도 불구하고 어수선한 복장은 물론 요령을 피우고 세상의 온갖 이해관계에 물들어 있는 태도는 사랑을 받기 어려울 것이다.

둘째, 부모 또는 선생님으로부터 사랑을 받으려면 능동적으로 다음과 같은 행동적 신호를 보내야 한다.

(1) 부모나 선생님이 자신의 삶에서 반드시 필요한 존재라는 것을 느끼도록 해 주어야 한다. 이를 위해 자주 그들과 의논하고 도움을 요청해야 한다. 자신에게 어려움이 있으면 부모님이나 선생님을 찾아뵙고 자신의 어려움을 해결할 수 있는 조언이나 도움을 구하고, 자신에게 기쁜 일이 있으면 그들을 찾아뵙고 함께 나눌 줄 알아야 한다.

(2) 부모님이나 선생님을 자신의 삶에 불러들이며 붙잡아 두어야 한다. 항상 그들과 함께 삶을 나누는 자세가 필요하다. 눈에 보이지 않으면 마음에도 없다(out of sight, out of mind)고 했다. 부모님이나 선생님의 사랑을 받고 싶으면 그들로 하여금 항상 자신의 삶에 관심을 기울이게 만들어야 한다. 이를 위해 미소와 웃음을 그들에게 마음의 선물로 보내드려야 한다. 모리스에 의하면 유인원의 새끼는 어미가 관심을 기울이지 않더라도 어머니의 몸에 난 털을 이용해 스스로 붙잡을 수 있으나 인간은 그러하지 못하다. 그러므로 아이는 어머니를 자기 곁에 있게 하는 신호에 의존하지 않으면 안 된다고 했다. 적당한 울음은 어머니의 주의를 끌지만 어머니가 오고 난 다음에는 어머니를 자기 곁에 붙들어 둘 다른 방법이 필요해진다. 그것이 친근하기 짝이 없는 미소이다. 미소짓는 얼굴은 처음에는 어머니를 아기에게 붙들어 매는 작용을 했으며, 나이가 든 뒤로는 갖가지 상황에서 우호적인 감정을 보내는 신호가 되었다.[8] 이른바 친밀감의 표시이다. 웃음이란 친근함의 미소가 그 강도가 높아진 것이다. 자녀들은 미소와 웃음으로써 부모와 강한 친밀감을 가지게 된다. 그러므로 항상 찡그리고 화를 내고 불만투성이인 아동은 사랑을 받기 어려울 것이다.

(3) 부모 또는 선생님이 자신에게 지속적으로 사랑을 줄 수 있도록 마음의 보답을 드려야 한다. 물이 밑으로 떨어지는 것이 성립하는 것은 물이 아래에서 위로 올라가기 때문이라고 했다. 질량보존의 법칙을 적용해보면 부모나 선생님의 사랑도 보충없이 계속되기만 한다면 끝내 사랑의 힘은 약해질 것이다. 그러므로 그들이 사랑의 에너지를 보충할 수 있도록 항상 마음의 선물을 보내고 있어야 한다. 이른바 부모님과 선생님을 존경하고 사랑해야 한다.

사랑은 욕구가 아니라 의지적으로 실천하는 것이다.

프롬은 사랑한다는 것은 사랑을 만들어 내는 힘이며, 무능력이라는 것은 사랑을 만드는 능력이 없음을 의미한다고 했다.[9] 펙은 진정한 사랑은 감정적이기보다는 오히려 의지적인 것이라고 보았다. 그는 욕구로서만 존재하는 사랑은 사랑이 아니며, 의지로 표출되는 사랑만을 사랑이라고 보았다.[10]

사랑을 실천하는 데는 힘이 든다. 상대방의 발전을 위한 자신의 비축된 힘을 투자하는 것이므로 여러 가지 손실이 뒤따른다. 즉, 기존에 비축된 힘의 손실과 그 시간에 획득되리라고 기대되었던 힘이 획득되지 못하는 손실이 있다. 이러한 손실을 수용하는 데에는 인내와 고통을 요구한다. 이러한 인내와 고통을 극복하는 것은 의지이다. 여기서 부모는 말로만 자녀를 사랑한다고 하지말고, 행동으로써 사랑을 표출하여야 한다. 그렇게 함으로써 부모가 자녀를 사랑하고 있음을 일깨워 주어야 한다.

주정뱅이 아버지가 매일 술을 마시면서,

"아버지는 이렇지만 너는 그래서는 안 된다."
"아버지의 인생을 너는 절대로 반복해서는 안 된다."

라는 말만 반복한다면 이는 사랑의 행동이 아닌 것이다. 비록 주어진 여건이 어렵고 힘들더라도 자녀에게 이러한 모습을 보이지 않으려고 노력하면서 실제로 진지하게 사는 모습을 보일 때, 그것이 사랑인 것이다.

매일 늦게 돌아오고 부부싸움을 심심찮게 하는 어머니가

"이놈들아, 일찍 집에 돌아와서 공부나 하지 늦게까지 돌아다니냐?"
"어머니가 늦게 들어오니 그런 것을 배우냐? 배울 것이 그렇게도 없냐?"
"이놈들아, 엄마는 일이 있어서 그렇고 너희는 공부를 해야하지 않니?"

　"우리가 싸우는데 너희들이 무슨 관계가 있단 말이냐? 너희는 공
　부만 하면 돼!"

라는 말만 반복한다면 이도 역시 사랑의 행동이 아닌 것이다 이는 자신
은 순간적 욕구에 따라 행동하면서 자녀들이 스스로 큰 인물이 되도록
기대하는 것이다. 다시 말하면 꽃을 피우는 사람이 자신은 물 한 방울
주지 않고 어디서 물을 얻어먹든지 간에 나중에 예쁜 꽃을 피우라고 요
구하는 것과 같다. 물론 생활 여건이 적합하지 않아 자신이 괴롭기 때
문에 바람직한 행동을 하기가 어려울 것이다. 그러나 그러한 어려운 환
경 속에서도 정화된 행동을 자녀에게 보여 줄 때, 그것이 바로 부모의
의지이고 사랑의 행위인 것이다. 오염된 공기가 방안에 들어와서 내가
마시고 있으니 자녀도 똑같이 오염된 공기를 마시도록 방치하고 있는
것은 사랑의 행위가 아닌 것이다. 자신이 오염된 공기를 마시면서도 자
녀에게 맑은 공기를 제공해 주려고 노력할 때 그것이 바로 사랑의 행위
인 것이다. 더구나 부모 스스로 오염된 공기를 생성하는 원인이 되고
있다면 더 큰 문제이다. 학습에서 다음과 같은 논리는 부모 행동의 중
요성을 더욱 일깨워 준다.

　"우리는 약 10%를 들음으로써 배우고, 80% 이상을 봄으로써 배
　운다. 더 중요한 것은 우리는 들은 것의 약 20%만을 기억하나 보
　고 들은 것은 약 50% 이상을 기억한다는 것이다."

　부모의 행동은 아동에게 시각적으로 학습시키고, 부모의 충고는 청각
적으로 학습시키는 것이다. 그러므로 말과 행동이 일치하지 않는 부모
의 교육방법은 우리가 깊이 반성해 보아야 한다.
　이상으로 사랑의 의미를 다음과 같이 간추려 볼 수 있다.

"사랑이란 상대방의 잠재능력을 계발시켜 주기 위하여 의지적으로 실천하는 행위이다. "

사랑의 요소

사랑이 단지 하나의 요소로 구성되어 있는지 아니면 여러 요소들로 구성되어 있는지는 많은 학자들의 관심사항으로 연구되고 있으나 아직 그 요인의 성격은 명쾌하게 밝혀지지 않고 있다. 여기서는 스턴버그 (Sternberg)가 제시한 3요인과 프롬이 제시한 4요인을 중심으로 사랑의 요인을 살펴본다.

스턴버그의 사랑의 요소[11]

친밀감, 열정, 의사결정/실행은 사랑을 구성하는 주요 요소들이다.

스턴버그는 사랑은 친밀감, 열정, 의사결정/실행의 세 가지로 구성되어 있다고 보고 있으며(〈그림 2-1〉 참조), 이 3요소의 결합으로 완전한 사랑이 나타난다고 보았다. 사랑을 이루고 있는 이 3요소를 구체적으로 살펴보면 다음과 같다.

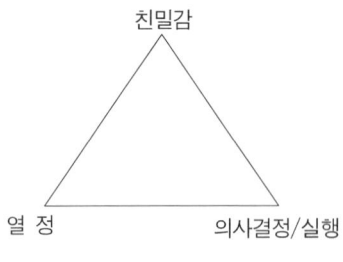

친밀감

열 정   의사결정/실행

〈그림 2-1〉 사랑의 3요소

친밀감은 가깝고 따스한 관계를 창조한다.

친밀감(intimacy)은 사랑하는 관계에서 가깝게 연결되어 나타나는 결합된 느낌을 말한다. 다시 말하면 사랑의 관계에서 따스함이 창조되는 느낌이다. 가까운 관계에서 친밀감은 다음과 같은 마음으로 나타난다.[12]

- 상대방의 행복을 기원하고
- 상대방과 함께 행복을 나누고 싶고
- 상대방을 매우 존중하고
- 어려운 시기에 상대방에게 의지할 수 있고
- 상대방과 서로 이해하고
- 상대방과 모든 것을 서로 공유하고
- 상대방으로부터 정신적 지지를 받고
- 상대방에게 믿음을 주고
- 상대방과 친밀한 의사소통을 가지고
- 자신의 인생에서 상대방을 가치 있게 여긴다.

프롬은 개인은 타인과의 분리를 주로 신체적인 분리로서 경험하므로 신체적 결합이 분리의 극복을 의미하게 된다고 보아, 친밀감은 주로 성적 만남을 통해서 이루어진다고 했다.[13] 그러나 부모와 자녀 간 및 교사와 학생 간의 친밀감은 프롬이 제시하는 성적인 만남을 통해서 이루어지는 것은 아니고 하나라는 일체감에서 나타난다고 볼 수 있다.

부모와 자녀 간의 친밀감은 한 핏줄이라는 혈연연대감에서 나타나고, 교사와 학생 간의 친밀감은 동일목적을 추구한다는 동질감에서 나타난다. 친밀감은 서로가 같은 생각을 가지고 있을 때 나타난다. 같은 생각을 가진다는 것은 적이 아니라 동지라는 생각을 가지게 만든다. 이 동지라는 생각이 친밀감을 가지게 만든다.

열정은 상대방에게 나의 모든 것을 투자하는 것이다.

열정(passion)은 사랑하는 대상에 자신의 모든 것을 투자하도록 만드는 강렬한 내적 힘이다. 이 열정에 의해 개인은 사랑하는 대상에게 자신의 시간과 노력을 아낌없이 투자한다. 남녀 간의 사랑이 강렬한 열정으로 가득 차는 것은 주로 성적 욕구가 기반이 되어 있는 데 연유한다. 그러나 열정은 성적 욕구에 의해서만 표출되는 것은 아니다. 자기존중, 타인과의 우호관계, 타인지배, 타인에의 복종, 자기실현 등과 같은 욕구에 의해서도 열정은 나타난다.

예를 들면, 정치적 지도자는 타인을 지배하려는 욕구충족을 위하여 자기를 추종하는 사람에게 열정적이게 되고, 일반사람은 타인과의 우호관계를 위하여 이웃에 열정적이게 된다. 부모와 자녀 간 및 교사와 학생 간에도 열정적이게 만드는 욕구가 있다. 이것은 바로 자기실현의 욕구이다. 부모는 자녀를 남이 아니라 자신의 피와 살을 이어받은 확대된 자기로 인식하고 있어 자녀를 통하여 자기실현을 바라고 있고, 교사는 학생을 남이 아니라 자신의 생각과 가치를 이어받은 자기의 분신으로 인식하고 있어 학생을 통하여 자기실현을 바라고 있다. 이러한 자기실현의 욕구에서 부모와 자녀 간, 교사와 학생 간의 사랑에 강한 열정이 솟아나고 있다. 다시 말하면 부모와 자녀 및 교사와 학생 간의 사랑에 나타나는 열정은 분리된 너와 내가 하나로 결합되려고 하는 기쁨에서 나타나는 열정이 아니라, 원래 하나인 너와 내가 보다 발전하는 기쁨에서 나타나는 열정이다. 특히 명심할 것은 이러한 열정의 근원이 자기실현이지, 타인지배라든지 타인에의 복종이 아니라는 것이다. 그러므로 부모나 교사가 아동을 지배하려는 욕구로 인해 열정적이게 되면 그 열정은 잘못된 것이고 그러한 열정에 의한 사랑 역시 잘못된 것이 된다.

의사결정과 그 실행은 상대방의 발전을 실현시켜 준다.

의사결정/실행(decision/commitment)은 사랑의 발생과 존속에 필요한 요인이다. 의사결정은 한 개인이 다른 사람을 사랑한다는 마음의 결정으로 사랑의 발생을 의미하고, 실행은 사랑의 행동을 나타내는 것으로 사랑의 존속을 의미한다. 이러한 사랑의 의사결정/실행 요소의 두 측면은 반드시 공존해야 할 필요는 없다. 왜냐하면 사랑하려는 결정은 그 사랑을 실행하는 것을 반드시 내포하는 것은 아니기 때문이다.

그러나 실행이 없는 의사결정은 공허한 것이고, 실행이 있기 위해서는 의사결정이 먼저 요구된다. 부모와 자녀 간 및 교사와 학생 간의 사랑은 자기실현을 위한 끊임없는 의사결정과 실행을 요구하고 있다.

의사결정의 바탕은 상대방을 위한다는 마음이다. 다시 말하면 상대방의 잠재능력을 계발시켜 준다는 마음이다. 이 마음이 전제되어야 올바른 의사결정이 이루어진다.

프롬의 사랑의 요소

관심, 존경, 책임, 지식은 사랑의 주요 요소들이다.

프롬14)은 사랑의 대상이 다르고 사랑의 깊이와 질이 다를지라도, 올바른 사랑의 기본적 요소는 동일하다고 하면서 그 기본적인 요소로 관심(care), 책임감(responsibility), 존경(respect), 지식(knowledge) 등을 제시하고 있다. 이 요소를 설명하면 다음과 같다.

관심은 상대방의 생명과 성장에 적극적으로 관여하는 것이다.

관심은 어느 개인의 생명과 성장에 적극적으로 관여하는 것이다. 다시 말하면 관심은 어떤 문제에 직면하여 그 문제의 성격을 규명하고 그 해결책을 파악하는 것이다. 프롬은 적극적인 관여, 즉 관심이 결여되어 있는 곳에는 어떠한 사랑도 있을 수 없다고 했다.

관심을 갖는다는 것은 상대방이 처해 있는 상황에(즐거운 상황은 물론 고통스러운 상황에도) 자신이 참여하는 것이다. 상대방의 즐거운 상황에 참여하는 것은 기쁨을 주지만 고통스러운 문제 상황에 참여하는 것은 괴로움을 준다. 사랑은 즐거운 상황은 물론이고, 고통스런 문제 상황에도 기꺼운 마음으로 대면하도록 해 준다.15) 자녀에 대한 부모의 사랑은 이러한 관심을 너무나도 잘 보여 주고 있다.

때로 간섭을 관심으로 보는 사람이 있다. 관심은 간섭과 다르다. 관심은 상대방의 잠재능력 계발에 필요한 정보를 습득하기 위하여 시간을 투자하는 것인데 비해 간섭은 상대방에게 자신의 생각을 강요하기 위해 상대방의 시간을 뺏는 것이다. 관심과 간섭의 차를 다음의 예로서 살펴보자.

> 아이가 공부를 하지 않고 자기 방에서 무엇인가 만들고 있다. 이를 본 엄마의 반응이다.

엄마 1 : "넌 하라는 공부는 안하고 뭐하고 있냐? 그만하고 공부해 !"

엄마 2 : (…… 무엇을 만들고 있는지 말없이 묵묵히 바라보며 그 이유를 생각한다. 그리곤 아이에게 질문을 한다.) "무엇을 만드는데? 그걸 만들어서 무엇 하려고?"

책임은 상대방의 행동에 적극적으로 반응해 주는 것이다.

책임이란 상대방에게 반응할 준비가 되어 있다는 것을 뜻한다. 책임 감과 반응은 같은 뿌리를 가지고 있다. 그 어원 repondere는 '대답하는 것(to answer)'을 의미한다. 책임감(responsibility)은 '신용할 수 있는 (responsible)'이라는 의미를 내포하고 있다. 이른바 개인의 발전을 위해 신용할 수 있는 자세가 내포되어 있다. 책임과 의무는 다르다. 의무는 그 이면에 권리를 내포하고 있으나 책임은 그 이면에 자유를 내포하고 있다. 사랑을 의무라고 생각하면 그 이면에 권리를 주장하는 마음이 있게 된다. 이는 사랑받는 사람에게 권리를 주는 것과 같다. 사랑을 책임이라고 생각하면 그 이면에 자유를 주장하는 마음이 있게 된다. 이는 사랑받는 사람에게 자유를 제공하는 것이다. 그러므로 사랑은 책임이지 의무가 아니다.

인간을 생산적으로 사랑한다는 것은 개인의 지속적인 성장과 발달에 관심을 가지고 책임을 느끼는 것을 의미한다. 자녀에 대한 부모의 사랑도 기본적인 본질은 관심과 책임이다. 아이의 출생 동안 어머니는 아이를 위해 고생하고, 출생 후에는 자녀를 바르게 성장시키기 위해 지속적으로 노력한다. 이러한 책임감은 외부로부터 개인에게 주어진 의무가 아니라 그것은 자신의 일이라고 느끼는 스스로의 요구에 대한 '자신의 반응(response)'이다. 학생에 대한 교사의 사랑도 그 기본적 본질은 관심과 책임이다. 학생을 지도하는 교사의 마음은 자녀를 지도하는 부모의 마음과 다를 바 없기 때문이다.

존경은 상대방을 있는 그대로 인정해 주는 것이다.

존경이란 상대방이 있는 그대로 성장하며 발전하여야 한다는 것을 인식하는 관심을 말한다. 또한 존경은 '착취가 없음'을 뜻한다. 사랑하는 사람이 나에게 봉사해 줄 것을 바라지 않고, 그가 스스로 성장하며 발전하기를 원한다.[16] 존경은 어원 'respicere'에서 보면 '보는 것(to look at)'을 의미한다. 즉, 존경(respect)은 '있는 그대로의 개인을 바라보는 능력, 개성과 독특성을 인식하는 것'을 의미한다.

존경은 추종(adulate)과는 다르다. 존경은 상대방의 현재 있는 모습을 상대방의 발전적 터전으로 삼기 위해 그대로 수용하는 것임에 비해 추종은 상대방의 현재 있는 모습을 자신의 현 위치를 지키기 위해 그대로 수용하는 것이다. 때로 부모와 교사는 아동 또는 학생들의 비위를 건들이기 싫어 그들의 현재 모습을 수용하는 태도를 보인다. 이는 존경이 아니라 추종에 불과하다.

존경받음으로써 나타나는 '나는 귀중한 사람이다.'라는 느낌은 자녀의 정신건강에 매우 중요하며 이것은 부모 사랑의 직접적인 산물이다.[17] 자녀에 대한 부모의 사랑, 학생에 대한 교사의 사랑도 바로 이러한 존경의 생각이 바탕이 되어 있어야 한다. 이러한 존경심은 자녀 또는 학생의 현 상태를 정확히 수용하여 앞으로의 발전방안을 강구하는 데 도움을 줄 것이다.

추종받음으로써 나타나는 '나는 잘난 사람이다.'라는 느낌은 자녀의 정신건강에 매우 바람직하지 않다. 이는 불량 사랑의 직접적 산물로써 자녀의 발달에 장애요소이다.

지식은 상대방의 발전을 도와줄 수 있는 능력이다.

지식이란 상대방의 성장을 도와줄 수 있는 개인의 능력이다. 사랑하는 사람에 대한 존경과 지식이 없다면 사랑은 지배나 소유로 타락한다. 어떤 사람을 존경하는 것은 그 사람에 관한 지식이 없다면 불가능하다. 관심과 책임감은 개인의 개성에 관한 지식의 인도가 없다면 맹목적이 될 것이다.[18] 펙은 자녀의 문제를 해결하기를 원하면서도 자녀에 대한 부모들의 지식이 너무나도 부족하고, 그러면서도 올바른 지식을 쌓으려고 노력도 하지 않고 있음을 지적하고 있다.[19]

지식은 개인의 마음갖춤새를 형성한다. 마음갖춤새는 개인의 사고유형을 결정한다. 그러므로 상대방에 대한 지식을 가지고 있더라도 어며한 지식을 가지고 있는가 하는 것이 중요하다. 지식의 구성은 정보적 측면과 정서적 측면을 가지고 있다.[20] 그러므로 상대방에 대한 지식의 정도는 상대방에 대한 정보의 유무뿐 아니라 그 정보에 대한 자신의 정서도 내포하고 있다.

자녀에 대한 부모의 사랑, 학생에 대한 교사의 사랑도 이러한 지식이 없다면 허황된 공상에 불과하거나 자녀 또는 학생의 미래를 망칠 수도 있을 것이다.

사랑의 관계

올바른 사랑의 표현을 위해 이러한 사랑의 요소가 어떠한 관계를 가지고 있는지를 살펴보면 다음과 같다.

스턴버그의 사랑 3요소 간의 관계

사랑의 깊이와 유형은 친밀감, 열정, 의사결정/실행의 3요소로 만들어진 사랑의 삼각형의 크기와 형태에 의해 알 수 있다.

스턴버그는 자신이 제시한 친밀감, 열정, 의사결정/실행의 3요소로 사랑의 삼각형(love triangle)을 만들었다.[21] 삼각형의 중심 지점에서 각 요소의 크기만큼 화살표를 그리고 그 끝을 연결하면 사랑의 삼각형이 만들어진다. 이 사랑의 삼각형은 사랑의 깊이(intensity of love)와 사랑의 균형(balance of love)을 나타내 준다.

다른 사람에 대한 사랑의 깊이는 삼각형의 크기로서 나타난다. 삼각형이 크면 클수록 사랑의 깊이는 더 깊은 것으로 된다. 이러한 사랑의 깊이를 그림으로 보면 〈그림 2-2〉와 같다. 〈그림 2-2〉에서 A와 B를 비교해 보면 A는 친밀감, 열정, 의사결정/실행 등 3요소가 5의 크기로 나타나고, B는 3의 크기로 나타났다. 여기서 A는 B보다 사랑의 깊이가 더 깊다고 본다.

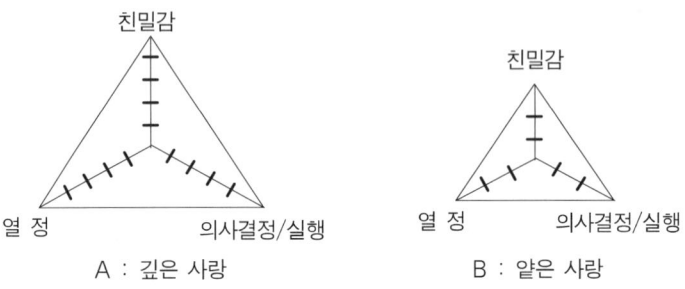

〈그림 2-2〉 사랑의 깊이

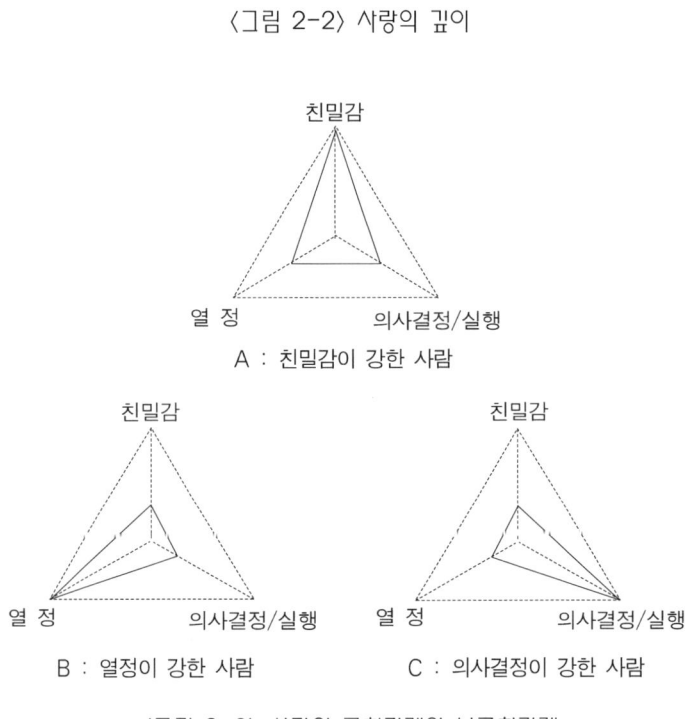

〈그림 2-3〉 사랑의 균형관계와 불균형관계

사랑의 삼각형 형태를 보면 사랑의 균형을 알 수 있다. 사랑의 균형
은 삼각형의 형태로서 나타난다. 친밀감, 열정, 의사결정/실행의 3요소
가 완전히 균형을 이룬 형태는 정삼각형으로 표현되나 불균형의 관계
는 가장 큰 요소의 방향으로 비뚤어진 삼각형으로 표현된다. 〈그림

2-3〉에서 보면 A는 친밀감이 5이고 열정과 의사결정/실행은 2로서 친밀감에 치중된 사랑을 나타내고 있고, B는 열정이 5이고 친밀감과 의사결정/실행은 2로서 열정에 치중된 사랑을 나타내고 있으며, C는 의사결정/실행이 5이고 친밀감과 열정은 2로서 의사결정/실행에 치중된 사랑을 나타내고 있다.

이상에서 개인이 가지고 있는 사랑의 삼각형의 크기와 형태를 알면 그 개인이 상대방에 관하여 지니고 있는 사랑의 깊이와 사랑의 유형, 즉 올바른 사랑을 하고 있는지를 알 수 있다.

레빙거의 사랑 3요소 간의 관계

레빙거(Levinger)는 친밀감, 열정, 의사결정/실행의 3요소들로써 이루어지는 사랑의 관계를 스턴버그와는 달리 다음과 같이 제시하고 있다.[22]

사랑의 모습은 생활의 공유, 서로 이끌리는 정도, 실행의 강도로써 알 수 있다.

친밀감은 서로의 삶의 세계를 공유하는 것으로서 공유의 면적이 클수록 친밀감은 더 커진다. 이 친밀감의 요소는 애정의 투자와 행동의 상호의존으로서 사랑관계의 핵심이다. 〈그림 2-4〉에서 C는 친밀감이 가장 높은 관계이고 A는 친밀감이 없는 관계이다.

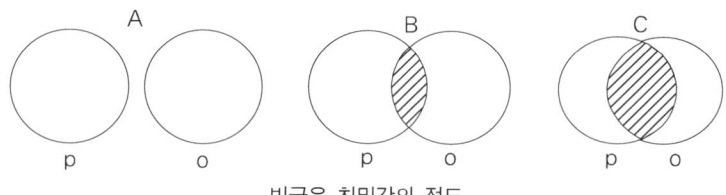

빗금은 친밀감의 정도

〈그림 2-4〉 p가 지각하는 친밀감의 정도

실행은 상대방의 삶의 세계에서 자신의 영향력을 행사하는 것으로서 상대방의 발전을 위해 책임감을 느낀다. 〈그림 2-5〉를 보면 A에서 p는 파트너에게 친밀감을 느끼나 지속감이나 관계의 종식에 대한 거부감을 느끼지 않는다. B에서 p는 관계를 지속할 의무감을 느낀다. C에서 p는 관계를 지켜야 하는 강한 실행감을 느낀다.

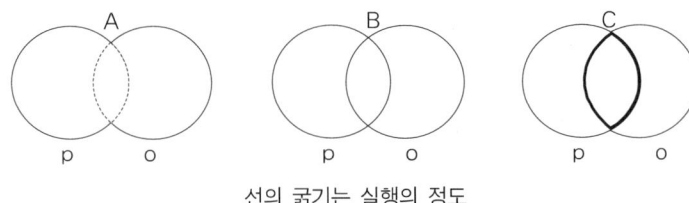

선의 굵기는 실행의 정도

〈그림 2-5〉 p가 지각하는 실행의 정도

열정은 상대방의 삶의 세계로 자신의 삶의 세계를 확장해 가는 과정으로서 서로의 친밀감을 증대시키는 바탕이 된다. +는 열정의 정도를 표현한다. 열정이 강하다고 해서 반드시 긍정적 관계는 아니다. 상호간에 미움이 있으면 오히려 부정적이다('-' 관계). 〈그림 2-6〉의 A, B, C에서 C가 가장 열정적인 관계이다.

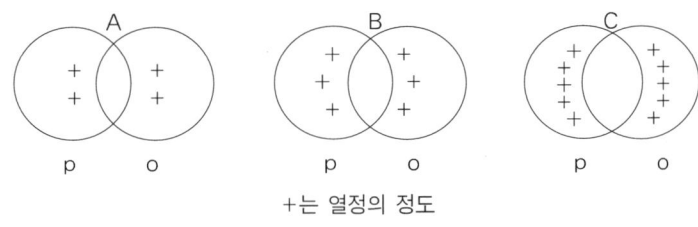

+는 열정의 정도

〈그림 2-6〉 p가 지각하는 열정의 정도

이상에서 레빙거의 관계모형을 통하여 개인이 가지고 있는 사랑의 유형을 보다 구체적으로 파악할 수 있음을 알 수 있다. 이것은 부모와

자녀 간, 교사와 학생 간의 사랑이 어떻게 표출되어야 하는지를 보여
준다.

사랑의 종류

사랑의 종류도 다양하게 나타나고 있다. 사랑의 종류를 몇 가지 기준
에 따라 구분하여 보고 교사의 학생에 대한 사랑, 부모의 자녀에 대한
사랑은 어떠한 사랑인지를 살펴보고자 한다.

마조히즘적 사랑과 사디즘적 사랑

두 사람의 관계에서 피동적 상태와 능동적 상태에 따라 사랑을 마조
히즘적 사랑과 사디즘적 사랑으로 구분할 수 있다. 마조히즘적인 사람
은 자기를 이끌어 주고, 지도해 주고 보호해 주는 어떤 사람의 일부가
됨으로써, 고립과 분리라는 견딜 수 없는 감정으로부터 도피한다. 나는
그의 일부에 불과하며 그가 전체인 것이다. 마조히스트들은 학대에 대
한 관용을 자기희생으로 보고 이를 사랑으로 생각하는 것이다.[23] 이에
비해 사디즘적인 사람은 자기의 고독과 감금상태의 강박감으로부터 도
피하기 위하여 타인을 자기의 부분으로 삼고자 한다. 그는 자기를 숭배
하는 타인을 끌어넣어서 자기 자신을 만족시키며 강화한다.[24] 사디스
트들은 타인을 자신의 한 부분으로 간주하여 자기 마음대로 하는 것을
사랑으로 생각하는 것이다.

이러한 사랑은 모든 것이 적절히 조화를 이루지 못하고 극단적인 형
태로 나타난 결과이다. 또 마조히스트들에게도 사디즘적인 요소를 찾아
볼 수 있다. 프로이트는 어느 한 쪽이 지배적이긴 하지만 사디스트는
동시에 마조히스트라고 했다. 마조히스트들은 타인에 대한 학대가 아니

라 자신에 대한 학대로써 즐거움을 느끼는 것이고, 이것이 지나치면 타인으로 하여금 남(자신)을 해치도록 강요함으로써 큰 고통을 주게 된다.

이러한 사랑은 성적 행위와 관련하여 자주 표현되고 있으나, 일상생활에서도 자주 부각되고 있고 자녀의 사랑행위 형성에도 큰 영향을 미치고 있다. 부모가 독단적이고 자기위주이고 자기과시적인, 즉 사디즘적 사랑을 나타내면 그에 따라 자녀는 공생적 합일에 의해 수동적이고 복종적인 마조히즘적 사랑을 습득하게 된다. 우리 주위에 '마마보이'라고 하여 스스로는 어떠한 결정도 내리지 못하고 부모에 의존하는 나약한 모습을 보여 주는 사람들은 바로 부모의 사디즘적인 사랑이 표출된 결과라고 볼 수 있다.

반대로 부모가 자녀에게 지나치게 관대하고, 자녀의 눈치를 보는, 즉 마조히즘적 사랑을 나타내면 자녀는 독단적이고 자기위주적인 사디즘적 사랑을 습득하게 된다. 우리 주위에 부모를 무시하고 자기 마음대로 행동하는 버릇없는 젊은이를 탓하는 현상을 자주 본다. 이러한 것은 바로 부모의 마조히즘적 사랑이 표출된 결과일 것이다. 그러므로 부모들은 자녀의 올바른 성장을 위해서도 다시 한 번 자신의 사랑의 표출방법을 생각해 보아야 한다.

생산적 사랑과 비생산적 사랑

프롬은 인간의 잠재능력 계발이라는 생산성에 근거하여 사랑을 생산적 사랑과 비생산적 사랑으로 구분하고 있다.[25]

비생산적 사랑은 수용형, 착취형, 저장형, 판매형과 같은 비생산적 성격과 관련되어 있다. 비생산적 성격의 사람은 주는 일을 손해로 생각한다. 그래서 이런 종류의 모든 사람은 주기를 거부한다. 수용형의 성격은 마조히즘적이고 착취형의 성격은 사디즘적이고, 저장형은 파괴적이고, 판매형은 무관심적이다.

이에 비해 생산적 성격인 사람은 주는 것이야말로 자신이 가지고 있
는 잠재력을 최고로 발휘하는 것으로 생각한다. 그들은 주는 행위 속에
서 자신의 생이 표현된다고 보며 받는 것보다 더 기쁘게 생각한다.[26)
여기서 생산적 성격이 참된 사랑을 할 수 있다는 것을 알 수 있다.

이러한 성격의 유형은 고정적으로 어느 한 유형으로 표출되는 것이
아니라 여러 유형이 혼합된 가운데 어느 한 유형이 보다 부각되어 나타
난다. 그러므로 생산적 사랑과 비생산적 사랑은 개인의 노력에 의해 좌
우될 수 있다. 지나치게 비생산적인 사랑을 구사하고 있는 사람은 생산
적 사랑을 그 속에 내포하고 있다. 마치 지나치게 마조히즘적인 사람이
사디스틱하기도 한 것과 같다.

참고로 수용형, 착취형, 저장형, 판매형의 성격의 특성을 알아보면
〈표 2-1〉과 같다.[27)

〈표 2-1〉 비생산적 성격의 특성

	긍정적 측면	부정적 측면
수용형	수용적 반응적 헌신적 겸손 매력적 적응적 사회적 조정 이상적 민감 예의바름 낙천적 믿을 수 있는 다정다감한	수동적 자기의견 없음 종속적 기생적 무원칙 자기확신 없음, 굴욕적 비현실적 소심 결단력 없음 희망적 사고 속기 쉬운 감상적인

착취형	활동적 자발적 자기주장적 자부심 충동적 자기확신적 매혹적	착취적 공격적 이기주의적 자만심 경솔한 거만한 유혹적
보존형	실제적 경제적 조심스런 보존적 참을성 있는 신중한 확고부동한 침착한 긴장하에서도 차분한 질서를 지키는 규율 바른 충성스러운	상상력이 없는 인색한 의심 많은 냉담한 둔감한 염려하는 완고한 게으른 생기가 없는 아는 체하는 강박적인 소유욕이 강한
판매형	목적적 변할 수 있는 발랄한 적극적 개방적 사회적 실험적 비독단적 능률적인 호기심 많은 지능이 있는 융통성 있는 참을성 있는 재치 있는 관대한	기회적 일관성 없는 유치한 미래 또는 과거 없이 원칙이나 가치 없이 혼자 못 있는 목적 없이 상대적 지나치게 활동하는 재치 없는 지성 존중주의적 식별력이 없는 무관심한 어리석은 낭비적

이상의 비생산적 성격의 특성에 따라 나타나는 사랑을 다시 설명하면 다음과 같다.

수용형의 성격은 내 것은 모두 너의 것이라는 생각으로 자신의 모든 것을 주는 형태로 사랑을 나타내고, 착취형의 성격은 너의 것은 모두 내 것이라는 생각으로 상대의 것을 전부 **빼앗는** 형태로 사랑을 나타낸다. 보존형의 성격은 너의 것은 너의 것이고 내 것은 내 것이라는 생각으로 너와 나를 구분하여 자기보존의 형태로 사랑을 나타내고, 판매형의 성격은 자기를 남에게 판매하는 생각으로 자기상품적인 수지타산의 형태로 사랑을 나타낸다.

'콩 심은 데 콩 나고 팥 심은 데 팥 난다'는 속담과 같이 자녀의 부모에 대한 효의 사랑은 부모가 자녀에게 행한 사랑의 형태에 의해 좌우된다.

여기서 중요한 것은 이러한 성격유형이 나타나고 있는 사랑의 특성이 아니고, 부모가 표출하고 있는 사랑의 성격이 자녀의 성격유형을 결정한다는 것이다. 부모가 착취형 사랑을 베풀면 자녀는 수용형 성격이 형성될 것이다. 그로 인해 부모는 자녀로부터 수용형 사랑만 받을 수 있을 뿐이고 생산적인 사랑은 받을 수가 없다. 또 부모가 수용형 사랑을 베풀었으면 자녀는 착취형 성격이 형성될 것이고 사랑도 착취형 사랑을 나타낼 것이다. 이로 인해 부모는 자녀로부터 착취형 사랑을 받을 수 있을 뿐이다. 부모가 저장형이거나 판매형과 같은 사랑을 나타내면 자녀도 그와 같은 사랑을 모방하거나 그에 연관되는 비생산적 사랑을 배우게 될 것이다.

때로 부모들은 자녀들이 부모에게 나타내는 효의 사랑에 대하여 회의감을 나타내고 있다. 그러나 이는 자녀의 양육과정에서 부모가 베푼 비생산적인 사랑의 결과라는 것을 다시 한 번 명심하여야 할 것이다. '콩 심은 데 콩 나고 팥 심은 데 팥 난다'는 속담에서 '자녀의 부모에

대한 효의 사랑(열매)은 부모가 심어 놓은 사랑(씨앗)의 결과'라는 것을
다시금 생각해 보아야 한다.

송아지 사랑, 강아지 사랑, 그리고 연애

허록(Hurlock)은 사랑의 단계를 이성 혐오기, 영웅 숭배기, 송아지 사
랑, 강아지 사랑, 연애기로 나누고 있다. 이성 혐오기는 아동기에 이성
간에 관심은 있으나 외형적으로 서로 비난하며 반발하는 것으로 나타
나는 사랑이며, 영웅 숭배기는 청소년 초기에 모든 사람이 좋아하는 영
웅을 따르는 것으로 나타나는 사랑이다. 송아지 사랑은 청소년기에 송
아지가 어미를 따르듯이 순수하게 성숙자를 따르는 것으로 나타나는
사랑이며, 강아지 사랑은 청소년기에 동년배의 아이들끼리 집단적으로
모여 대화를 나누는 것으로 나타나는 사랑이다. 연애기는 청년기에 접
어들어 이성끼리 단둘이 나누는 사랑이다.

이러한 허록의 분류는 자녀를 가진 부모들 또는 사랑을 갈구하는 청
소년을 지도하는 교사들에게 아동들의 이성교제 지도를 위한 훌륭한
지침이 될 수 있다. 언젠가 뉴 키즈 온더 블록이 우리나라에 왔을 때
우리는 청소년들의 반광적인 몸부림(?)을 보고 매우 거정스런 미움을
가졌던 적이 있다. 그러나 허록에 의하면 영웅 숭배기에 있는 그들에게
는 영웅이 필요했던 것이다. 그들은 그러한 영웅(?)에게 환호를 보내면
서 그들의 사랑을 표현하고 있는 것이다. 그러면서 그들은 성숙하고 사
랑을 배우는 것이다. 우리 사회는 청소년들이 환호할 만한 영웅을 만들
어 주는 것이 필요하다. 하나의 영웅이 아니라 다양한 방면에서 다양한
영웅이 필요하다. 그들은 영웅에게 환호하면서 사랑을 배우고, 미래의
삶을 효과적으로 설계할 것이다. 탤런트에게 환호하면 탤런트가 되는
꿈을 키울 것이고, 운동선수에게 환호하면 운동선수의 꿈을 키울 것이
며, 컴퓨터 프로그래머에게 환호하면 컴퓨터 전문가로서의 꿈을 키울

것이다. 이른바 어느 영역의 전문가에 환호하면 그 영역에의 꿈을 키워
나갈 것이다. 그러므로 사회는 탤런트, 운동선수뿐만 아니라 모든 영역
에서 탁월한 능력을 쌓아 가고 있거나 발휘하는 사람들을 부각시켜 영
웅으로 만들어 주어야 한다. 또한 부모는 자녀들이 영웅에 환호하는 것
을 무조건 부정할 것이 아니라 바람직한 영웅을 설정하도록 유도하는
것이 필요하다.

주는 사랑, 받는 사랑, 주고받는 사랑

머스타인(Murstein)은 사랑을 주고받는 관계를 중심으로 받는 사랑,
주는 사랑, 주고받는 사랑으로 나누었다.28) 받는 사랑(acquisitive love)
이란 결핍을 가진 개인이 이를 보완해 줄 대상(object)을 가지며 이 대
상을 통하여 선과 아름다움을 얻으려는 것이다. 주는 사랑(benevolent
love)이란 사랑의 목적이 다른 사람을 도와주고, 보호하고 개선시켜 주
는 것이며, 그 경향이 받기보다 주는 것이고 자신의 이익보다 타인의
이익을 추구하는 것이다. 이러한 사랑은 아가페로서 언급되고, 신이 인
간에게 베푸는 것으로 말해진다. 이 사랑의 주요한 특징은,
- 개인적 관심이나 요구에 의해 동기화되지 않고 자발적이며
- 가치를 초월하여 누구나 똑같이 귀하게 대접해 주며
- 창조적이며
- 신의 전도자이다.

주고받는 사랑(acquisitive-benevolent love)은 상호간에 상호적 이익
을 베푸는 사람 간의 관계이다.

좋아함, 낭만적 사랑, 동반자적 사랑, 얼빠진 사랑, 백치사랑, 공허한 사랑, 그리고 완전한 사랑

스턴버그는 사랑의 3요소로 친밀감, 열정, 의사결정/실행 등을 들고 이 사랑의 3요소를 상호 결합시키면서 〈그림 2-7〉과 같은 사랑의 종류로 여덟 가지를 제시하고 있다.

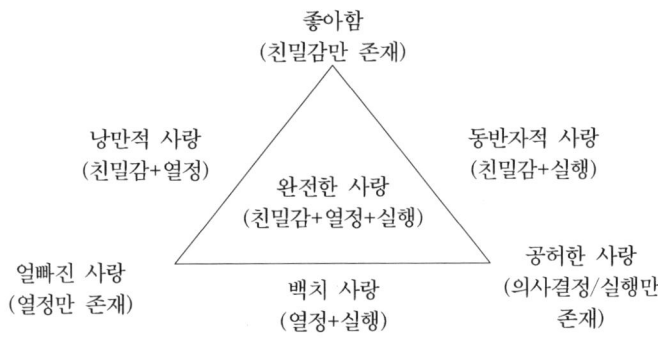

〈그림 2-7〉 사랑 3요소의 상이한 결합에 의한 사랑의 종류

좋아함(liking)은 개인이 열정과 의사결정/실행 요소 없이 단지 사랑의 친밀성 요소만 경험할 때 나타난다. 친밀성 요소란 바로 같은 생각을 말한다. 같은 생각을 가지면 동지로서 친밀감이 형성된다. 좋아함에서 개인은 타인에 대한 가까운 유대감과 따뜻함을 느끼나 격렬한 열정이나 장기적 실행은 없다. 이 사랑의 관계를 그림으로 나타내면 〈그림 2-8〉과 같다.

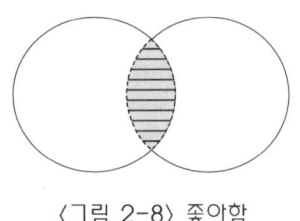

〈그림 2-8〉 좋아함

얼빠진 사랑(infatuated love)은 첫눈에 사랑하는 것이다. 일반적으로 그 사람의 현재 있는 그대로의 모습으로서보다는 이상적 모습으로 생각하여 망상(obsession)으로 변신하는 사랑이다. 이 사랑은 사랑의 친밀감이나 의사결정/실행 요소 없이 열정적 각성으로부터 나타난다. 다시 말하면 생각이 같지도 않고, 위해 준다는 마음도 없는 사랑이다. 스턴버그는 이런 사랑의 문제점을 다음과 같이 지적하고 있다.

- 이 사랑은 개인이 실제적으로 존재하는 모습보다 이상화한 모습에 기초한다.
- 이 사랑은 망상에 빠지는 경향이 있으며, 이로 인해 자신의 인생에서 다른 사물로 시간, 에너지, 동기 등을 뺏기게 된다.
- 이 사랑의 관계는 흔히 불균형을 이루며, 이는 고통을 받기 쉽다.

이 관계를 그림으로 나타내면 〈그림 2-9〉와 같다.

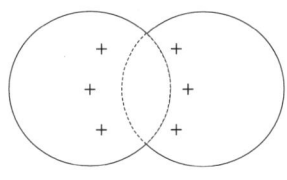

〈그림 2-9〉 얼빠진 사랑

공허한 사랑(empty love)은 친밀감도 열정도 없으면서 타인을 사랑한다는 결정을 내렸을 때 나타난다. 이 사랑은 상호간에 정서적 교류 없이 수년간 지속되고 있는 정체된 관계에서 쉽게 나타난다. 사랑의 실행이 강하지 않다면, 실행이란 쉽게 의식적으로 간섭을 받기 때문에 그러한 사랑은 녹아 없어질 수 있다. 이 사랑의 관계를 그림으로 나타내면 〈그림 2-10〉과 같다.

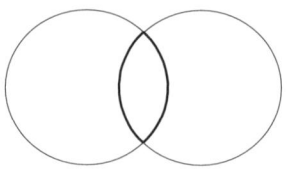

〈그림 2-10〉 공허한 사랑

낭만적 사랑(romantic love)은 친밀감과 열정의 결합에서 나타난다. 본질적으로 신체적 또는 다른 매력의 추가된 요소에 대한 좋아함이 나타나며, 신체적 · 정서적으로 서로에게 이끌린다. 그러나 실행의 요소는 반드시 필요한 부분이 아니다. 이 사랑의 좋은 예가 로미오와 줄리엣이다. 이 사랑의 관계를 그림으로 나타내면 〈그림 2-11〉과 같다.

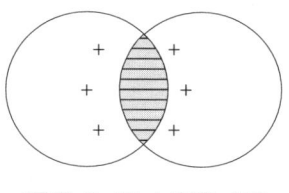

〈그림 2-11〉 낭만적 사랑

동반자적 사랑(companionate love)은 친밀감과 의사결정/실행의 결합에서 나타난다. 이것은 본질적으로 장기적으로 실행된 우정이고, 신체적 매력이 약해진 결혼생활에서 흔히 나타나는 사랑이다. 이 사랑의 관계를 그림으로 나타내면 〈그림 2-12〉와 같다.

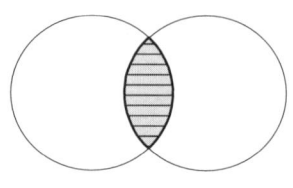

〈그림 2-12〉 동반자적 사랑

백치 사랑(fatuous love)은 친밀감이 없이 열정과 의사결정/실행의 결합에서 나타난다. 열정이란 거의 불가피하게 감소하기 때문에 열정이 감소할 때 남는 것은 의사결정/실행뿐이다. 그러나 실행도 장기간 지속되거나 깊어지기가 쉽지 않다. 이에 의해 이 사랑은 개인에게 쉽게 고통을 안겨 준다. 동정에 의해 나타나는 사랑의 표현이 이에 해당될 것이다. 이 사랑의 관계를 그림으로 나타내면 〈그림 2-13〉과 같다.

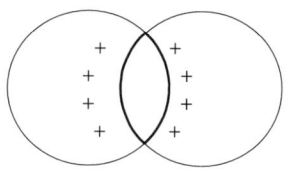

〈그림 2-13〉 백치사랑

완전한 사랑(consummate love)은 친밀감, 열정, 의사결정/실행의 세 요소 모두의 결합으로 나타난다. 이 사랑은 우리 모두가 갈구하는 사랑이다. 이 사랑에 도달하는 것은 어려우나 그것을 유지하는 것은 더 어렵다. 이 사랑의 관계를 그림으로 나타내면 〈그림 2-14〉와 같다.

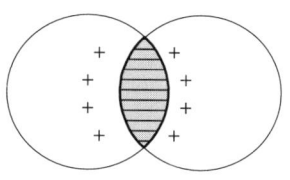

〈그림 2-14〉 완전한 사랑

비사랑(nonlove)은 세 요소가 모두 없는 것이다. 비사랑은 대부분의 대인관계를 나타낸다. 통상적 상호관계는 사랑도 아니고 우정도 아니다. 이 사랑의 관계를 그림으로 나타내면 〈그림 2-15〉와 같다.

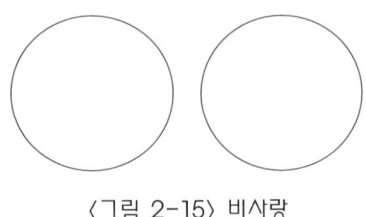

〈그림 2-15〉 비사랑

이상에서 교사의 학생에 대한 사랑, 부모의 자녀에 대한 사랑은 생산적 사랑, 주는 사랑, 완전한 사랑 등이 바람직함을 알 수 있다.

노란 사랑, 빨간 사랑, 파란 사랑, 주황 사랑, 초록 사랑, 보라 사랑, 하얀 사랑, 검정 사랑

위에서 스턴버그가 제시한 사랑의 유형을 색깔로 표현하면 다음과 같다.

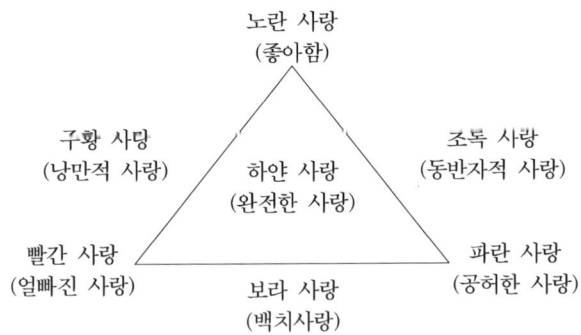

〈그림 2-16〉 색으로 표현한 사랑의 유형

하얀 사랑과 검정 사랑의 차이는 하얀 사랑은 친밀감, 열정, 의사결정이 함께 어우러진 완전한 사랑임에 비해 검정 사랑이란 친밀감, 열정, 의사결정이 거짓으로 나타나는 위선적 사랑을 말한다.

사랑의 모형

전술한 스턴버그와 프롬이 제시한 사랑의 요소를 그 유사성으로 정리해 보면 〈표 2-2〉와 같다.

〈표 2-2〉 스턴버그와 프롬이 제시한 사랑의 요소 간의 관계

스턴버그	프 롬	의 미
친밀감	존경	상대방을 존중하고 수용
열정	관심	자신의 시간을 상대방에게 투자, 상대방의 심리세계에 끼여듦
의사결정	지식	사고를 통한 올바른 판단, 상대방을 위하는 마음
실행	책임	상대방의 가능성을 현실화시키는 능동적 행동

결국 스턴버그가 제시한 요소 중 의사결정과 실행이 하나로 묶여 있던 것을 둘로 구분하였다. 의사결정은 행동 이전의 사고의 단계에서 내린 판단으로 보고 프롬의 지식과 연결시켰고, 실행은 최종적 행동단계로 보고 책임과 연결시켰다. 이러한 요인들은 개별적으로 나타나는 것은 아니다. 둘 이상의 요소들이 상이한 정도로 어우러져 나타나는 것이다. 이에 따라 사랑의 형태도 다양하게 나타날 수 있다.

이제 스턴버그와 프롬이 제시한 사랑의 성격 및 요인을 종합하여, 대표적으로 나타날 수 있는 잘못된 사랑의 모형과 참다운 사랑의 모형을 소개하고자 한다.

잘못된 사랑의 모형

잘못된 사랑의 모형은 사랑의 4요소 중 어느 한 요소가 빠진 사랑을 말한다. 여기에는 맹목적 사랑, 독단적 사랑, 시행착오적 사랑, 정신적

사랑 등이 있을 수 있다.

　잘못된 사랑 중 하나는 존경, 관심, 책임은 있으나 지식이 부족한 사랑이다(〈그림 2-16〉 참조).

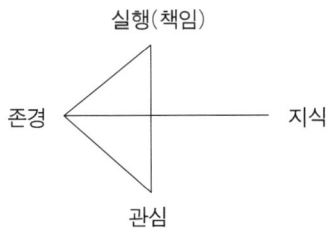

〈그림 2-16〉 맹목적 사랑 모형

　즉, 타인과 친밀감을 형성하고, 타인에게 열정적으로 관심을 기울이고, 또한 타인에게 반응을 보여 주기도 하나 올바른 판단(의사결정)을 하지 못하는 사랑이다. 이러한 사랑은 조건을 고려하지 않고 타인의 발전을 위해 무조건 자신을 투자하는 무조건적이고 맹목적인 사랑을 의미한다. 이러한 사랑은 헌신적으로 보이기도 하고 상대방에게 감동을 주기도 하나, 정상적인 결과보다는 기적을 바라는 사랑의 행위이다. 따라서 이러한 사랑은 때로 운이 좋으면 기적적인 사랑의 결실을 얻을 수 있다. 그러나 올바른 판단이 결여되어 있으므로 자녀에게 올바른 방향으로의 지도가 어려울 것이다. 이러한 사랑이 극단적으로 잘못 나타난 예를 들면 다음과 같은 이야기를 생각해 볼 수 있다.

　　어떤 조그마한 마을에 어머니와 아들이 살고 있었습니다. 어느 날 밖에 놀러 나갔던 어린 아들이 남의 널빤지 하나를 훔쳐 왔습니다. 그것을 본 어머니는,
　　"그것 어디서 났니? 참 좋은 널빤지로구나."
　　하고 말했습니다. 어린 아들은 사실대로 얘기를 하고 어머니에게

꾸중을 들을까 봐 몸을 움츠렸습니다. 그러나 어머니는 꾸중은 커녕 오히려 칭찬을 하였습니다.

"그래 참 잘했구나. 두었다가 쓰기로 하자."

그래서 아들은 그 이튿날은 옷을 훔쳐 왔습니다.

"좋은 옷을 훔쳐 왔구나. 그래, 들키지 않았니?"

어머니는 자식의 무용담을 들으며 칭찬해 주었습니다. 이렇게 자라난 아들은 커 가면서 점점 큰 도둑이 되었습니다. 하루는 어느 부잣집에 들어가 보석을 훔치다가 잡히게 되었습니다. 아들이 묶여 감옥으로 끌려가는 것을 본 어머니는,

"이게 무슨 꼴이냐, 이 불효막심한 자식아."

하고 울부짖으며 아들의 뒤를 따라 갔습니다. 이를 본 아들이 어머니를 불렀습니다.

"어머니, 할 얘기가 있으니 이리 좀 오셔요."

어머니가 가까이 가자 자식은 어머니의 귀를 갑자기 물어뜯었습니다.

"아니, 너 이게 무슨 짓이야? 도둑놈이 된 주제에 어머니까지 물어뜯다니, 이 못된 자식 같으니!"

"내가 큰 도둑이 되어 잡혀가는 것도 다 어머니 탓이요."

"아니 뭐라구? 이제 모든 탓을 어미에게 돌리려고?"

"그럼 그렇지 않아요? 내가 처음 널빤지를 훔쳐 왔을 때 어머니가 야단을 쳤더라면 이렇게는 되지 않았을 거예요."

어머니는 그 말을 듣고 그제야 뉘우쳤으나 아무 소용도 없었습니다.

여기서 말하는 잘못된 사랑으로서의 맹목적 사랑은 부모의 사랑이 무조건적 사랑이라고 보는 관점과는 다른 것으로 구별된다. 숭고한 사랑으로서의 부모의 무조건적인 사랑은 잘못된 사랑이 아니다. 무조건적이라는 것은 조건을 고려하지 않고 사랑을 베푸는 것이다. 여기서 말하는 조건은 부모의 조건이지 자녀의 조건이 아니다. 자녀의 조건을 고려하지 않고 무턱대고 사랑을 주는 것은 맹목적 사랑으로 잘못된 사랑이

다. 자녀의 조건을 고려하여 그 조건에 적합한 사랑의 행위를 나타내기 위하여 부모가 자신의 조건을 고려하지 않고 헌신적으로 행동한다면 숭고한 부모의 사랑으로써 무조건적 사랑이다. 그러므로 부모나 교사들은 무조건적 사랑의 의미를 다시 생각해 보아야 한다.

잘못된 사랑 중 다른 하나는 책임, 관심, 지식은 있으나 존경이 결여된 사랑이다(〈그림 2-17〉 참조).

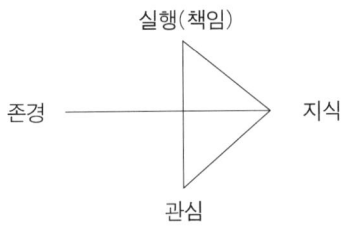

〈그림 2-17〉 독단적 사랑 모형

즉, 타인에게 열정적으로 관심을 가지고 올바른 판단으로 실행을 하나, 타인을 존중해 주지 않는 사랑이다. 이러한 사랑은 타인에게 친밀 감도 없으면서 사랑을 베푸는 백치 사랑이거나 아니면 자기의 뜻대로 사랑을 베푸는 독단적 사랑이다. 이러한 사랑은 때로 대가 없이 베푸는 사랑으로 보일 수 있으나, 어디까지나 상대방의 인격을 무시하고 있으므로 상대방으로부터 반발을 살 위험성이 있고, 사랑의 행위가 잘 수용되지 않을 것이다. 부모와 자녀 간에 마찰이 발생하는 대부분의 사랑은 바로 이러한 유형의 사랑이다. 그러나 이러한 사랑으로 인해 상대방의 능력이 향상된다면 먼 훗날 사랑의 고마움을 느끼게 만드는 사랑이 되기도 한다. 이러한 사랑의 예로 다음 이야기를 소개하고자 한다.

6·25전쟁 때 남편을 잃고 어린 아들을 데리고 사는 젊은 어머니가 있었습니다. 이 어머니는 배운 것도 없고 용모도 볼품이 없었습

니다. 이 어머니는 직장을 구할 수가 없어 시장 한구석에서 콩나물 장사를 하면서 생계를 꾸려 나갔습니다. 그러면서도 자녀를 잘 키워 보겠다는 마음으로 먹을 것도 제대로 먹지 않고 입을 것도 제대로 입지 않고 그저 돈만 모았습니다. 아이는 아버지를 닮아서인지 뽀얀 귀공자처럼 자라 주었고 아이도 어머니를 잘 따랐습니다. 어머니는 아무리 고통스러워도 자신의 아들만 보면 그저 즐거웠습니다.

그러던 어느 날 어린 아이가 어머니가 보고 싶어 시장으로 달려오다 자동차에 치일 위기에 빠졌습니다. 이를 본 어머니는 깜짝 놀라 자신을 돌보지 않고 뛰어들어 자식을 구했으나 자신은 한 쪽 다리를 잘리는 중상을 입었습니다. 그 이후 아이는 학교에 입학을 하였고, 학교에 다닐수록 어머니를 멀리하는 것이 눈에 드러났습니다. 한쪽 다리가 불구가 된 채로 여전히 콩나물 장사를 하던 어머니는 서운한 마음이 들어 자식에게 왜 어머니를 멀리하느냐고 물었지만 자식은 말이 없이 불퉁하기만 했고, 그게 화근이 되어 자식에게 화를 내는 날이 많아졌습니다. 자식은 자식대로 어머니에게 불만이 더 커졌습니다. 다른 어머니는 예쁜 용모에 항상 부드러운 미소를 띠는데, 자기 어머니는 못생긴 얼굴에 매일 짜증만 낸다고 여겼습니다. 나아가 그러한 어머니를 가진 자기가 몹시 불행하다는 생각이 들었습니다. 그것도 모르고 어머니는 누구 때문에 자기가 이런 고생을 하는데, 자식놈이 엄마의 고통도 몰라준다고 화를 냈습니다. 이러는 와중에 자식과 어머니 간에는 서로가 억울하다는 피해의식만 쌓여 가고 어머니는 자식에 대한 불만이 극에 다다랐습니다.

"이놈의 자식, 누구 때문에 엄마가 병신이 되었는데, 네까짓 놈은 없어도 좋으니 나가 죽어 버려라." 하는 말을 자주 했습니다. 이에 자식은 끝내 집을 나가 버렸고 어머니라고 하면 화만 내고 자신을 항상 구박하는 악마라고 여겼습니다. 어머니는 말은 그렇게 하면서도 여전히 먹지 않고 입지 않고 돈을 모았습니다. 자식이 크면 그래도 돈이 필요할 것이라는 생각에 모으고 또 모았습니다. 객지에서 고생하던 자식은 그래도 마음을 돌려 어머니에게 찾아왔으나 바로 화부터 내는 어머니에게 질려 또 나가 버리곤 했습니다.

어머니는 자식에게 화를 내면서도 속으로는 "어머니, 제가 잘못했어요. 다시는 안 그러고 어머니를 따르겠습니다."라는 말 한마디를 기다렸습니다. 그 말만하면 자식을 안고 울면서 새 출발을 하려고 했습니다. 자식은 자식대로 어머니가 "애야, 에미가 그동안 너무 심했다. 이제 에미도 그러지 않으마. 에미의 이 못난 모습이 너로 하여금 얼마나 친구들에게 기죽게 만들었니. 이제 에미도 조심할 테니 너 자신을 위해서도 함께 힘껏 살자꾸나."라고 말해 주기를 기대했습니다. 그렇게만 해 주면 자기도 땅을 치며 어머니에게 용서를 구하고 함께 행복하게 살 것이라고 생각했습니다. 그러나 어머니는 만나자마자 자신을 무시하며 화를 내었고, 그러면 반발심에 또 뛰쳐나가 버렸습니다. 둘 다 그러한 행동에 한이 맺혀 치를 떨었습니다. 그러다 어머니는 병이 들고 자식을 보지도 못하고 갑자기 세상을 떠나고 말았습니다. 자식은 어머니의 죽음을 알고도 슬퍼하지 않았습니다. 오히려 악마가 없어졌다는 편안한 마음이 들기도 했습니다. 자식은 어머니의 보잘것없고 퀴퀴한 냄새가 나는 물건들을 치우면서 불쾌했습니다. 그러다 그는 신문지로 똘똘 뭉쳐진 뭉치를 발견했습니다. 처음에는 그냥 버리려다가 무엇인가 펼쳐 보니 그것은 손때 묻은 저금통장이었습니다. 그는 그것을 보고 깜짝 놀랐습니다. 그곳에는 매우 큰 금액이 자기의 이름으로 저금되어 있었던 것입니다. 저금통장은 넣기만 했지 한 푼도 찾아 쓰지는 않았습니다. 아무리 생각해 보아도 어머니의 수입으로는 모으기 힘든 큰돈이었습니다. 자식은 이내 눈물이 글썽해지면서 동봉된 편지를 읽었습니다. 거기에는 따뜻하게 대해 주지 못했던 어머니를 용서하라는 말과 자꾸 멀어져 가는 자식의 따뜻한 마음이 그리웠다는 말, 그리고 어머니가 너만을 위해서 모은 돈이니 부디 행복하게 살라는 말이 적혀 있었습니다. 자식은 그 글을 읽고는 조금 전까지의 그 원한이 모든 후회와 그리움으로 변하였고 대성통곡을 하였습니다.

"어머니, 평소에 한 마디라도 저를 이해해 주고 감싸주셨더라도 이렇게 슬프게는 헤어지지 않았지 않았습니까? 어머니가 가시고 안 계신 마당에 이 돈이 무슨 소용이 있습니까? 어머니!"

　잘못된 사랑 중 또 다른 하나는 지식, 존경, 책임은 있으나 관심이
결여된 사랑이다(〈그림 2-18〉 참조).

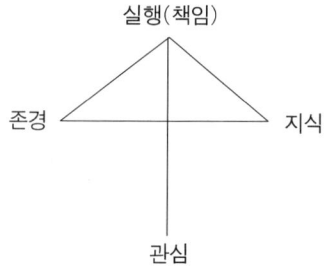

〈그림 2-18〉 시행착오적 사랑 모형

　즉, 타인과 친밀감을 형성하고 올바른 판단을 내리기 위해 노력하고
또 실행도 하고 있으나 관심이 부족한 사랑이다. 이러한 사랑은 조건을
제대로 파악하지 못함으로써 의사결정에 오류를 범할 수 있으므로 시
행착오적 사랑이라고 볼 수 있다. 이러한 사랑의 예로 심청이의 아버지
에 대한 사랑을 들고자 한다.

　심청이는 쌀 삼백 석을 공양미로 바치면 아버지의 눈을 뜨게 할
수 있다는 사실에 이것저것 여러 가지 상황은 고려하지 않고 자신
의 몸을 바다 건너 장사하는 장사꾼들에게 팔아 버린다. 심청이는
자신이 없을 때 아버지가 겪어야 하는 고충, 아버지의 슬퍼하는 마
음은 읽지 못하고 오로지 그 사실로 아버지의 눈만 뜬다면 하는 생
각에 결정을 내리고 행동을 해 버리고 만다. 그 결과 아버지는 갖
은 고초를 겪게 된다. 이는 바로 관심이 부족한 사랑의 예라고 볼
수 있다. 다행히 종국에는 아버지가 눈을 뜨고 행복한 결말을 보게
되나 그것은 지극히 조작적이다.

　잘못된 사랑 중 또 다른 하나는 존경, 관심, 지식은 있으나 책임이
결여된 사랑이다(〈그림 2-19〉 참조).

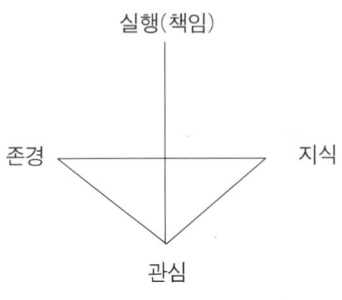

〈그림 2-19〉 무책임 사랑 모형

즉, 실행이 빠진 사랑으로 무책임 사랑이라고 볼 수 있다. 이 사랑은 실행적 사랑을 하기 위한 기본적 사랑이기는 하나 실행이 없음으로 해서 상대방은 이 사랑을 느끼기가 힘이 든다. 흔히 우리는 "말로만……" 이라는 표현으로 상대방을 빈정대기도 하는 것처럼 이러한 사랑은 입으로의 사랑이라고 배척당할 수도 있다. 그러나 행동으로 표출이 되지 않으므로 유형적인 사랑의 결실은 나타나기 어려우나 상대방을 위해 주는 사랑의 분위기는 항상 풍겨 나오고 있다.

이 사랑은 용기가 없거나 본인이 무척 바쁠 때 나타나기 쉬운 사랑의 형태이다. 더 나아가 상대방을 위해 실제적으로 행동할 수 있는 능력을 자신이 가지고 있지 않을 때 나타난다.

참다운 사랑의 모형

이러한 네 가지 사랑의 요소를 바탕으로 하여 사랑의 모형을 나타내면 마름모의 형태로 나타낼 수 있다. 이 마름모의 크기를 가지고 사랑의 깊이를 알 수 있고, 이 마름모의 모양을 가지고 사랑의 유형을 생각해 볼 수 있다. 그러므로 올바른 사랑은 상기의 4요소가 모두 같은 크기로 갖추어진 정마름모의 형태를 취할 것이고, 잘못된 사랑은 어느 한쪽이 부족한 삐뚤어진 마름모의 형태를 취할 것이다. 이러한 사랑의 형

태를 마름모의 중심부분에서 각 꼭지점으로 그 정도를 표시하고 이로
써 사랑의 형태를 그려볼 수 있을 것이다. 실제로 사랑의 마름모를 그
려보면 〈그림 2-20〉과 같다.

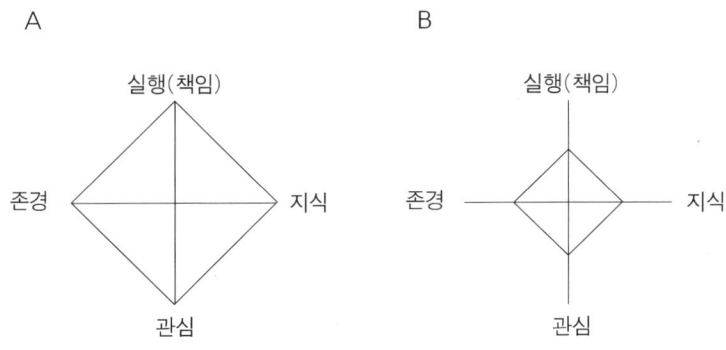

〈그림 2-20〉 참다운 사랑의 모형

〈그림 2-20〉에서 A는 존경, 관심, 지식, 책임이 모두 5의 크기인
마름모이고, B는 모두 3의 크기인 마름모이다. 여기서 A와 B는 모두
올바른 사랑을 표현하고 있으나 그 깊이는 A가 깊다고 볼 수 있다.

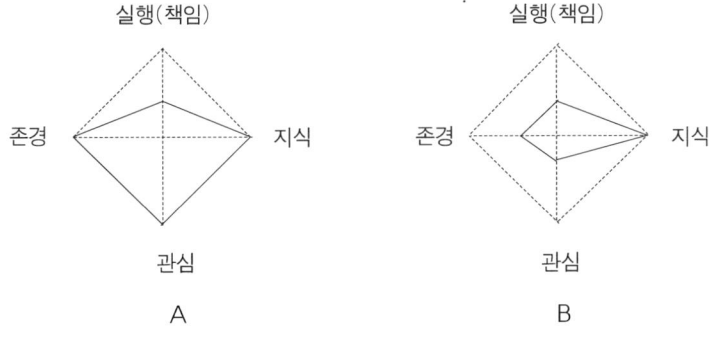

〈그림 2-21〉 잘못된 사랑의 모형

위 마름모가 정마름모에서 어느 방향으로 삐뚤어졌느냐에 따라 사랑의 잘못된 정도를 생각해 볼 수 있다. 〈그림 2-21〉에서 A는 존경, 관심, 지식은 5의 크기이나 책임이 2에 불과한 것이고, B는 지식은 5이나 존경, 관심, 책임이 2에 불과한 것이다. 이때 부족한 부분을 빼면 앞에서 말한 잘못된 사랑의 유형에 속할 것이다.

참다운 사랑은 존경, 관심, 지식, 실행 등 4요소가 모두 갖추어진 사랑으로서 다음과 같은 특성을 가진다.

- 사랑은 상대방의 잠재능력을 계발시켜 주는 의지적 행동이다.
- 사랑은 상대방의 발전을 도와주기 위해 자기확대를 시도하는 자기발전적인 행동이다.
- 사랑은 상대방과 가깝고 따스한 관계를 창조하는 행동이다.
- 사랑은 상대방을 있는 그대로 인정해 주는 존중의 행동이다.
- 사랑은 상대방의 생명과 성장에 적극적으로 관여하는 행동이다.
- 사랑은 상대방에게 자신의 모든 것을 투자하는 열정적 행동이다.
- 사랑은 상대방의 요구에 적극적으로 반응해 주는 책임적 행동이다.

주)

1) 김재만, 사랑과 교육관, 교육신서 45, 서울: 배영사, 1982.
2) Fromm, E., op. cit., 1978.
3) Fromm, E., op. cit., 1978.
4) 신승철·이종만 역, 전게서, 1991.
5) 김재만, 전게서, 1982.
6) 상게서.
7) Morris Desmond(1977), Man Watching(과학세대 역, 맨워칭), 서울: 까

치, 1996.

8) *Ibid.*

9) Fromm, E., op. cit., 1978.

10) 신승철 · 이종만 역, 전게서, 1991.

11) Sternberg, R. J., Triangulating love, Sternberg, R. J. & Barnes, M. L., (Ed.) The Psychology of Love. Yale University, 1988.

12) Ibid.

13) Fromm, E., op. cit., 1975.

14) Fromm, E., op. cit., 1978.

15) 신승철 · 이종만 역, 전게서, 1991.

16) Fromm, E., op. cit., 1975.

17) 상게서.

18) Fromm, E., op. cit., 1978.

19) 신승철 · 이종만 역, 전게서, 1991.

20) 박영태, 창의성의 별, 서울: 학지사, 2002.

21) Sternberg, R. J., op. cit., 1988.

22) Levinger, G., Can We Picture Love?, Sternberg, R. J., & Barnes, M. L., (Ed.), The Psychology of Love, Yale University, 1988.

23) 신승철 · 이종만 역, 전게서, 1991.

24) Fromm, E., op. cit., 1978.

25) Ibid.

26) Ibid.

27) Ibid.

28) Murstein, B., A Taxonomy of Love, Sternberg, R. J., & Barnes, J. L., The Psychology of Love, Yale University, 1988.

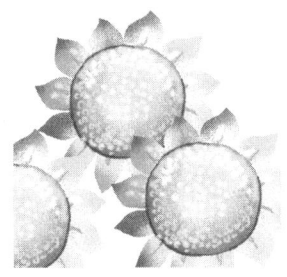

3

교육의 성격

부모도 계속적으로 책을 읽자

짧은 이불로 큰 몸을 덮을 때, 머리를 덮으면 다리가 나오고, 다리를 덮으면 머리가 나오고, 몸을 덮으면 머리와 다리가 다 나오는 경우를 우리는 경험해 본 적이 있다. 이는 몸에 비해서 이불이 작아서이다. 이와 마찬가지로 적은 지식으로 큰 문제를 해결하려고 하면 어느 한 쪽은 빠뜨리고, 덮을 수 있는 부분만으로 해결하므로 결국 그 문제를 제대로 해결하지 못하게 된다. 적당한 이불로 몸을 덮었을 때 포근함을 느끼고 작은 이불로 몸을 덮으면 불편함을 느끼듯이, 적절한 지식으로 문제를 해결했을 때 타당함을 느끼고, 부족한 지식으로 문제를 해결했을 때 타당하지 못함을 느낀다.

이불이 작아서 몸을 덮지 못하는 경우에 우리는 쉽게 이불의 교체를 생각하게 된다. 그러나 지식의 부족으로 문제를 올바르게 해결하지 못하는 경우에는 지식의 보완을 느끼기보다는 주관적 해석으로 그것의 타당성을 주장하는 경향이 있다. 마치 장님과 코끼리의 우화에서 코끼리 다리를 만져 본 자가 코끼리는 기둥처럼 생겼다고 주장하는 것과 다를 바가 없다.

우리 부모는 모든 조건을 고려한 충분한 지식을 가지고 자녀의 학습지도를 바르게 하고 있는지, 아니면 부족한 지식으로 부당하게 하고 있는지를 차분히 생각해 볼 필요가 있다. 학습지도는 어렵다. 효과적인 학습에는 무수하게 많은 요인들이 관여하고 있으므로 한정된 인간의 두뇌 용량으로는 이 요인들을 전부 고려하여 학습지도 방안을 강구하기는 어렵다.

따라서 우리는 단지 파악하기 쉬운 몇 가지 요인만을 고려하여, 다시 말하면 부족한 지식으로 자녀를 지도하는 경향이 있다. 이로

인해 자녀에게 도움을 주기보다 부작용과 마찰, 때로는 역효과를 불러일으키는 경우도 허다하다. 그러므로 효과적인 학습지도를 위해서는 자녀의 학습과 관련된 제 요인을 먼저 파악하고(전부 파악하는 것은 어려우나 가능하면 많이) 그 요인에 적합한 학습지도방법을 실행하여야 한다.

특히 자녀의 학습지도 중 부모의 과욕은 알고 있는 지식조차 활용하지 못하도록 한다. 부모의 과욕이 제 학습요인을 무시하도록 만들기 때문이다. 단지 자녀를 1등으로 만들겠다는 욕심으로 자신의 시야를 최대한 좁혀 버려 조금만 돌아가면 평탄한 길이 있음에도 불구하고 자갈길을 막무가내로 달려가려고 한다.

그러므로 올바른 자녀지도를 위해 부모도 계속해서 책을 읽자. 책을 읽음으로써 부족한 지식을 스스로 보완하고, 나아가 공부하는 학습환경을 자녀에게 제공해 주자. 이는 공부하라는 천 마디 말보다 자녀에게 더 큰 영향을 준다. 더러운 곳에서는 쉽게 휴지를 버리지만 깨끗한 곳에서는 휴지 버리기가 망설여지는 것과 같이 환경조성은 자녀행동지도의 지름길이다. 책을 읽지 않는 부모는 사랑을 포기하는 것과 같다.

자료 : 박영태, 부모도 계속적으로 책을 읽자, 조흥소식, 제392호, 1992. 9., p.16.

교육의 의미

교육은 인간이 가진 가능성이 현실화되는 방향과 정도를 조정하는 것이다.

교육이란 인간행동의 계획적 변화이다. 인간은 태어나서 성장하는 동안에 스스로 환경과 상호작용하면서 발달한다. 인간은 무한한 가능성을 가지고 태어난다. 이러한 가능성은 시간과 함께 현실에 누출되고 있으며, 이 누출되는 가능성이 현실적 능력으로 변화된다. 그러나 이러한 가능성이 모두 현실적 능력으로 변화되는 것은 아니다. 어떤 가능성은 표출되지도 못할 뿐만 아니라 표출된 가능성도 적절한 환경요소를 만나지 못하면 쓸모 없는 쓰레기더미로 변한다. 그러므로 바람직한 인간발달을 위해서는 한정된 시간에 보다 바람직한 가능성의 현실화가 필요하다. 교육이란 이러한 가능성의 현실화를 인위적으로 조작하여 그 현실화의 방향과 속도, 그리고 정도를 조정하는 것이다.

이러한 교육의 성격으로 인해 아동의 미래는 교육자의 손에 좌우된다고 볼 수 있다. 어떠한 부모, 어떠한 교사를 만나느냐에 따라 아동에게 행해지는 교육이 달라질 것이고, 그로 인해 아동의 미래 모습은 결정되는 것이다.

교육에 의해 아동의 발달이 좌우되는 방향은 다음 두 가지이다.

하나는 아동에게 어떠한 내용을 넣어 주어 아동의 미래 인생을 어떠한 방향으로 변화시킬 것인가의 문제이고, 다른 하나는 아동의 발달속도와 정도를 얼마나 빠르게 그리고 많이 할 수 있느냐의 문제이다.

따라서 미성숙자인 아동은 어떠한 교육자(부모도 자녀 교육자이므로 내포됨)를 만나느냐에 따라 발달의 방향과 발달속도가 좌우되어 자신의 미래가 결정된다. 어떻게 보면 자녀의 미래는, 태어나는 것이 자신의 뜻이 아닌 것처럼, 자기 자신의 의지가 아니라 교육자의 의지에 따라

결정된다. 그들은 어떤 교육자를 만났느냐에 따라 성인도 되고 악인도
되며, 능력자도 되고 무능력자도 되는 것이다.

이른바 나팔꽃 씨앗을 심어서 나팔꽃을 피우게 하는 것도 교육자이
고, 나팔꽃을 보다 크고 아름답게 만드는 것도 교육자이다.

교육의 방법

교육의 방법은 사랑의 방법이다.

앞에서 교육은 곧 사랑이라고 했다. 그러므로 사랑의 방법이 바로 교
육의 방법이다. 교육의 목적을 달성하기 위해서는 사랑의 방법이 적용
된다.

흔히 교육의 목적은 학습자의 자아실현이라고 한다. 이른바 학습자가
가지고 태어난 잠재능력의 현실화를 교육의 목적으로 보고 있다. 그러
나 자아실현은 왜 하는가? 하는 질문을 던지면 교육의 목적은 더 앞으
로 나아간다.

궁극적으로 교육의 목적은 평화에 있다. 학습자 개인의 평화는 물론
사회를 이루고 있는 모든 요소들의 평화에 있다. 교육은 이러한 평화를
유지하기 위하여 실시된다. 평화는 모든 구성원들이나 사물들이 자유를
느끼고 행복을 느끼는 상황에서 이루어진다. 그러므로 교육의 목적은
학습자의 자유와 행복, 나아가 평화에 있다(〈그림 3-1〉 참조).

행복은 개인이 자유로울 때 느끼는 마음의 상태이다. 자유는 삶에서
나타나는 불확실성을 마찰 없이 해결하는데서 가질 수 있다. 이른바 행
동하는 대상에 대한 정확한 정보를 가지고 있으면 이루어질 수 있다.
지식에는 정보와 정서의 두 측면이 있다고 했다.[1] 정보란 불확실성을
해결해 주는 에너지이다. 정서란 이 정보가 활용될 때의 마음상태이다.

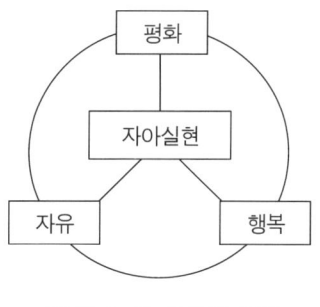

〈그림 3-1〉 교육의 목적

이를 바탕으로 유추해 보면 정보적 측면은 자유를 주고 정서적 측면은 행복을 준다고 볼 수 있다(〈그림 3-2〉 참조).

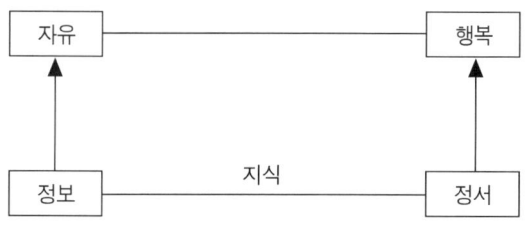

〈그림 3-2〉 교육목적과 지식의 관계

그러므로 교육의 목적을 달성하기 위해서는 지식의 습득이 필요함을 알 수 있다. 자아실현은 지식의 습득을 통해 이루어지기 때문이다. 지식을 습득하여 개인이 자유로워지는 단계는 다음과 같다.

첫째, 자유롭기 위해서 개인은 자신과 상호작용하는 대상들을 통제할 수 있어야 한다. 자신과 상호작용하는 대상들을 통제할 수 없을 때 개인은 좌절감을 느낀다. 대상들을 통제한다는 것은 파괴와는 다르다. 오히려 통제는 수용을 의미한다. 대상들을 통제하기 위해서는 대상들로부터 저항을 받지 말아야 한다. 파괴는 대상들의 극단적인 저항이다. 대상들로부터 저항을 받지 않기 위해서는 대상들의 속성을 수용해 주어

야 한다. 그러므로 통제한다는 것은 바로 대상들을 수용해 주는 것이
다. 수용은 바로 사랑의 요소인 존경이다.

둘째, 대상을 통제하기 위해서, 다시 말하면 대상을 수용하기 위해서
는 대상이 어떠한 행위를 할 것인가를 정확히 예측하여야 한다. 예측은
바로 수용을 위한 전 단계이다. 예측은 마음갖춤새를 형성하여 대상의
행동을 수용할 것인가 아닌가를 결정한다. 예측이 빗나가면 큰 마찰이
일어나고 통제(수용)가 불가능해진다. 예측은 의사결정이다. 여러 생각
들 중에서 하나의 생각을 선택하는 행위이다. 인간은 동시에 여러 생각
을 모두 행동으로 표출할 수 없다. 그러므로 행동을 위해서 여러 생각
중에서 반드시 하나의 생각을 선택하여야 한다. 이것이 바로 예측이다.
예측은 의사결정으로서 사랑의 요소이다.

셋째, 예측을 하기 위해서는 그 대상을 먼저 이해하여야 한다. 예측
을 하기 위해서는 그 대상과 관련된 다양한 생각들이 있어야 한다. 이
른바 그 대상에 대한 지식이 있어야 한다. 이해란 바로 그 대상과 관련
된 다양한 지식을 떠올리는 것이다. 이를 통해 그 대상이 무엇이며, 어
떠한 행동을 할 것인가를 생각하는 것이다. 이해는 지식을 바탕으로 하
고 있으므로 바로 사랑의 요소이다.

넷째, 이해를 하기 위해서는 관련된 지식에 주의를 집중하여야 한다.
만일 그 대상에 관련된 지식이 없거나 부족하면 그 대상에 주의를 집중
하여 그 대상에 관련된 정보를 새로이 습득하여야 한다. 이른바 그 대
상에 관심을 기울여야 한다. 관심은 사랑의 주요 요소이다.

이러한 단계를 그림으로 표현하면 〈그림 3-3〉과 같다.

〈그림 3-3〉에서 보듯이 사랑의 방법은 바로 교육의 목적을 달성하
는 방법이 된다. 교육의 목적과 사랑의 방법을 모두 연결하고 자아실
현을 가능하게 하는 지식의 습득과정을 모두 연결하면 〈그림 3-4〉와
같다.

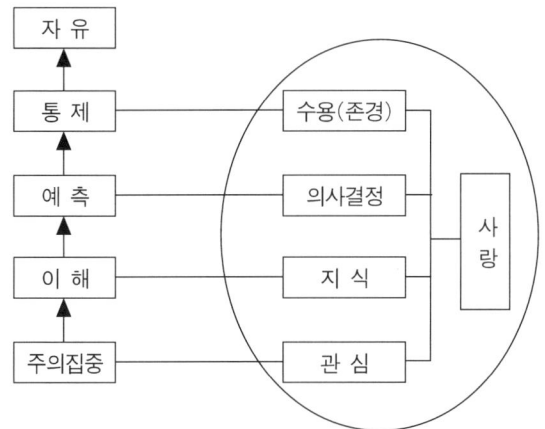

〈그림 3-3〉 자유를 위한 사랑

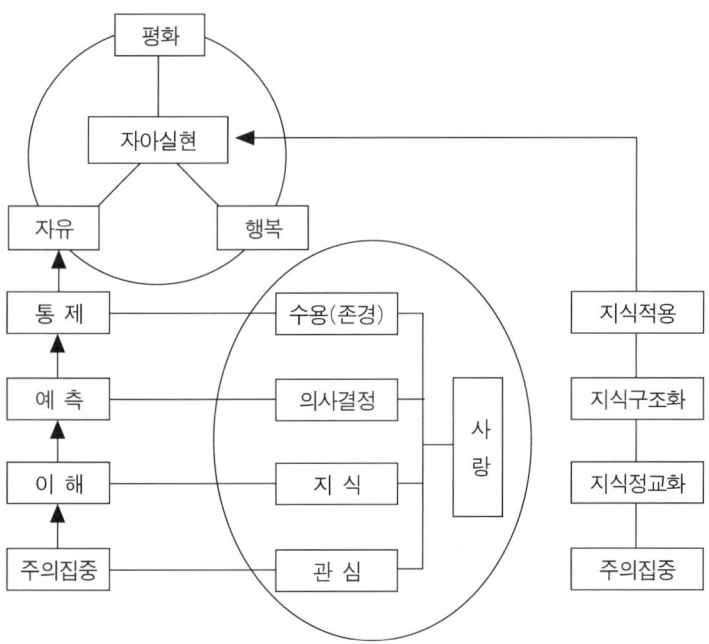

〈그림 3-4〉 교육목적을 달성하는 사랑의 방법

교육의 요소와 전제조건

교육이 바르게 이루어지기 위해서는 가르치는 사람과 배우는 사람 간에 둘이면서 하나인 그러한 관계의 형성이 절대적으로 필요하다.

교육의 3요소는 교사, 학생, 교육내용이다. 여기에 환경이 덧붙여져 교육의 4요소라고 한다. 교육은 바로 이러한 4요소에 따라 이루어지고 있다. 즉 가르치는 주체인 교사와 배우는 주체인 학생이 환경이라는 교육의 장에서 어떠한 교육내용을 가르치고 배우는 것이다. 때로 교육의 주체가 교사인가 학생인가 하는 논란이 벌어지지만 이러한 논쟁은 비생산적이고 무의미하다. 교육은 가르치는 사람과 배우는 사람이 동시에 존재하고 있다. 즉 가르친다고 하면 배우는 것이 내포되어 있고 배운다고 하면 가르친다는 것이 내포되어 있다. 이것은 동전의 앞뒤처럼 동일한 것이지 분리되어 있는 것이 아니다. 따라서 교수권, 학습권의 분리도 무의미한 것이다. 가르치는 것과 배우는 것을 분리하려고 시작하면 이미 교육은 파괴되는 것이다. 배우는 사람이 없는데 가르친다는 것은 있을 수 없고, 가르치는 사람이 없는데 배운다는 것도 말이 되지 않는다. 그러므로 올바른 교육이 이루어지기 위해서는 가르치고 배우는 것이 하나임을 인식하여야 한다. 다시 말하면 가르치는 사람과 배우는 사람은 둘이 아니라 하나여야 한다는 것이다.

여기서 교육이 바르게 이루어지기 위해서는, 교사와 학생 간에, 가르치는 사람과 배우는 사람 간에 둘이면서 하나인 그러한 관계의 형성이 절대적으로 필요하다.

이러한 하나의 관계를 위하여 교사는 학생을 위하여 희생하고, 학생은 교사를 믿고 존경하며 따르는 것이 필요하다. 교사와 학생 간에 믿음과 신뢰감이 형성되어 서로 간의 마음에 벽이 없어야 한다. 만일 두 사람 간에 신뢰감이 약하여 벽이 형성된다면 벽의 두께만큼 거리는 멀어지고, 그만큼 학습효과는 상실되고 말 것이다. 이러한 교사와 학생 간의 관계를 그림으로 나타내 보면 〈그림 3-5〉와 같다.

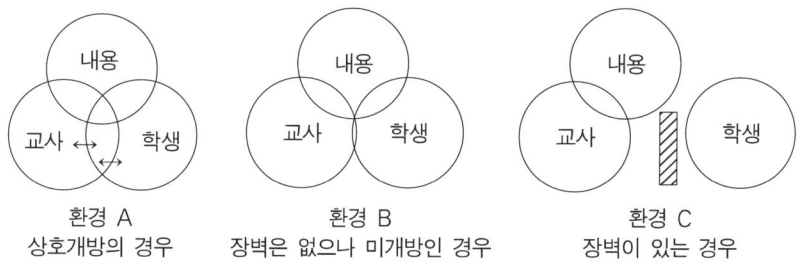

〈그림 3-5〉 가르치는 사람과 배우는 사람의 관계

이 그림에서 보면 A는 교사와 학생 간에 장벽이 없이 서로의 마음이 트여 있는 상태이고, B는 장벽은 없으나 마음의 개방이 없는 상태이고, C는 두 사람 간에 장벽이 있는 상태이다. 여기서 보듯 두 사람 간에 벽이 있으면 서로가 자기의 뜻을 전달하는 데 있어 큰 어려움을 가지게 된다.

학생들이 좋아하는 선생님, 싫어하는 선생님

그러므로 교육이 이루어지기 위해서는 가르치는 사람과 배우는 사람 사이에 따뜻한 정이 흐르고 있어야 한다는 것을 알 수 있다. 실제로, 학생들은 어떠한 선생님을 따르고 좋아하는지 알아보면 다음과 같다. 선생님 대신에 부모님을 넣으면 좋아하는 부모님과 싫어하는 부모님이 될 것이다.

▶ 이런 선생님이 좋아요

실수해도 한번씩은 잘 했다고 해 주시는 선생님

항상 친절하고 잘 해 주시는 선생님

우리들과 통하고 우리에 대해 잘 아시는 선생님

마음이 넓은 선생님

통솔력이 있는 선생님

반에 신경을 많이 써 주시는 선생님

칭찬에 인색하지 않으신 선생님

말과 행동이 일치하는 선생님

숙제를 적게 내주시는 선생님

재미있는 선생님

공부도 하면서 재미있게 이야기도 해 주시는 선생님

공평하게 대해 주시는 선생님

격려해 주시는 선생님

아이들과 대화 많이 하는 선생님

공부하라고 잔소리하지 않는 선생님

때리시지 않는 선생님

언제나 우리편이시며 개개인에게 관심을 기울여 주시는 선생님

(사소한 일로) 화 잘 안 내시는 선생님

잘 어울려 주시는 선생님

잘 믿어 주시는 선생님

인사를 잘 받아 주시는 선생님

항상 웃는 선생님

학생들의 생각을 이해해 주시고 희망과 힘을 주시는 선생님

▶ 이런 선생님이 싫어요

공부하라고 잔소리하는 선생님
길거리에 침 뱉는 선생님
아이들이라고 무시하는 선생님
화 잘 내는 선생님
무조건 화를 내고 우리를 잘 이해해 주지 않는 선생님
마음에 들 때만 웃는 선생님
믿어 주시지 않는 선생님
공부만 시키는 선생님
남과 비교하는 선생님
심부름을 많이 시키는 선생님
우리를 잘 이해해 주시지 않는 선생님
말과 행동이 일치하지 않는 선생님
우리들의 감정과 생각을 무시하는 선생님
남을 존중하지 않고 무시하며 자기 말만 옳다고 내세우는 선생님
감정 변화를 예측할 수 없는 선생님

학습지도와 체제적 접근

학습지도의 의미

학습지도란 단순히 학습자의 학습을 도와주는 것이 아니라 학습자에 내재되어 있는 잠재적 학습능력을 효과적으로 도와주는 행위이다.

아동에게 어떠한 내용을 선정·조직하여 어떻게 효과적으로 가르칠 것인가에 관한 영역이 교육방법이다. 그러나 좁은 의미의 교육방법은 주로 어떻게 가르쳐서 아동의 발달속도와 정도를 효과적으로 조정할

수 있을 것인가에 관한 영역이다. 다시 말하면 학습자가 효과적으로 학습할 수 있도록 어떻게 가르칠 것인가 하는 것이다. 교육이 인간행동의 계획적 변화이므로 인간행동을 계획적으로 변화시키는 방법은 모두 교육방법에 속한다. 가르치는 주체인 교사에 의해 행해지는 교수, 배우는 주체인 학습자에 의해 행해지는 학습, 그리고 가르침과 배움이 함께 어우러지는 수업 등에 관한 방법이 교육방법에 속한다. 즉 교육방법이라고 하면 교수방법, 수업방법, 그리고 학습자의 학습을 도와주는 학습지도방법 등이 있다.

오늘날 학생중심 수업, 사고력 신장, 수업매체의 발달 등은 학생의 자발적인 학습을 중요시하고 있다. 로베르(Rohwer)[2]는 평생을 통한 자기교육의 주요한 수단으로서, 지식과 기술을 습득하기 위해 개인이 독립적으로 행하고 있는 공부 활동은 학교생활을 통해 현저하게 증대되고 있다고 보고 있다. 실제로 초등학교의 교사들은 학생들이 감독 없이 혼자 공부하기를 좀처럼 기대하지 않으나, 학년 수준이 올라감에 따라 혼자서 공부하는 필요성은 증가하고, 교사는 학생들에게 혼자 공부해야 하는 과제를 더욱 많이 부과한다.

이로 인해 교수(teaching), 수업(instruction)이라는 용어보다 학습지도라는 용어가 교육현장, 특히 가정에서 더 적절히 사용될 것으로 보인다. 교수, 수업, 학습지도는 모두 학습자가 특정한 목표에 도달할 수 있도록 학습자의 내적·외적 환경을 체계적으로 조정하는 과정이라는 공통된 성격을 가지고 있으나, 교수와 수업은 가르치는 행위에 중점을 두고 있고, 학습지도는 학습자의 학습행위에 중점이 주어지고 있다는 점에 차이가 있다. 이에 따라 교수와 수업에서는 교사는 능동적이고 학생은 수동적이라는 느낌을 주고 있는데 비하여, 학습지도에서는 교사는 단지 보조자나 조장자일 뿐이고 학습자가 능동적 주체로서 학습에 임하여야 한다는 것을 강하게 시사하고 있다. 또 교수와 수업은 개별학습자, 소집단 또는 대집단을 모두 포함하는 의미를 가지고 있으나 학습지도는 개별 학생을 대상으로 하고 있다는 의미를 풍긴다. 이러한 의미에서 이 책에서는 교수, 수업이라는 용어보다 학습지도라는 용어를 사용하고자 한다.

여기서 우리가 알아야 하는 것은 학습지도효과와 학습효과가 같은 것은 아니라는 것이다. 학습은 학습자에게 나타나는 이전 경험의 결과로 생긴 비교적 영속적인 행동변화[3] 또는 학습자의 인지구조의 변용과정 등의 의미를 가지고 있다. 그러므로 학습효과는 학습자의 변화된 정도로서 설명된다. 학습지도는 학습을 이끌고 조장하는 행위를 말한다. 그러므로 학습지도효과는 학습지도의 결과 나타난 학습자의 변화를 말한다. 그러나 학습지도방법이 동일하다고 하더라도 모든 학습자에게 그 효과가 동일하게 나타나지는 않는다.

비고츠키(Vygotsky)는 정신적 연령이 동일하면 그 수준의 문제는 동일하게 풀 수 있으나 성인의 도움을 받으면 문제를 푸는 정도에 차이가 난다고 보고 이를 근접발달영역(zone of proximal development)이라고 했다.[4] 근접발달영역이란 '독립적인 문제해결에서 나타난 실제적 발달수준과, 성인의 지도 하에 또는 좀더 능력 있는 친구와의 협조로 문제를 해결함으로써 나타난 잠재적 발달수준 간의 차[5]'이다. 다시 말하면 정신연령이 동일하면 혼자서 공부하는 독자적 학습효과는 동일할지라도 성인의 학습지도에 의해 나타나는 학습효과는 차이가 있을 수 있다는 것이다. 〈그림 3-6〉에서 이 예를 보면 광호나 영철이는 혼자서 공부하는 경우 두 사람의 학습효과는 동일하나, 성인의 학습지도가 있으면 그에 의해 나타나는 학습효과는 광호보다 영철이가 더 크게 나타나고 있다. 이러한 차가 나타나는 것은 두 사람의 근접발달영역에 차이가 있기 때문이다.

따라서 학습지도란 기계적으로 학습자의 학습을 도와주는 것이 아니

라, 학습자에게 내재되어 있는 잠재적 학습능력을 효과적으로 도와주는
행위이다. 그 결과 학습지도가 어떻게 이루어지느냐에 따라 학습자의
학습효과가 달라지므로 교사 또는 부모의 학습지도방법은 중요한 의미
를 가지게 된다.

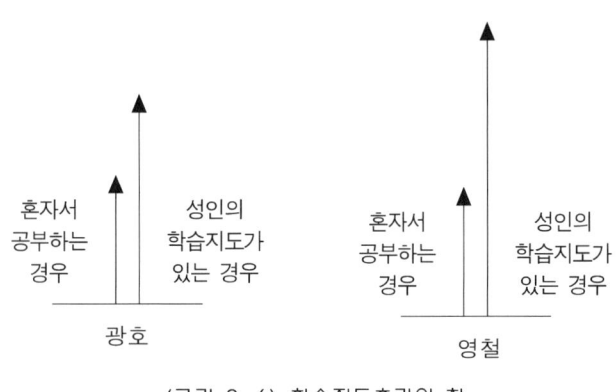

〈그림 3-6〉 학습지도효과의 차

학습지도에서의 체제적 접근

학습지도의 효과는 학습자가 처해 있는 조건, 지도방법, 의도하는 결과 등
에 따라 달라진다.

앞에서 말한 바와 같이 아동의 학습효과는 성인의 학습지도에 따라
그 효과가 다르게 나타날 수 있다. 이는 아동들이 외부적으로 나타내
고 있는 표면적 능력이 동일할지라도, 그들의 내부에 숨어 있는 잠재
능력은 차이가 난다는 것을 시사해 주고 있다. 이러한 잠재능력은 그
능력에 적합한 환경을 만났을 때 외부로 표출되는 것이지, 획일적인
환경으로서는 표출되기 어렵다. 여기서 학습지도방법은 단순하지 않다
는 것을 알 수 있다. 즉 개인의 조건에 따라 상이한 방법이 필요함을
알 수 있다.

롸이겔루스(Reigeluth)와 메릴(Merrill)은 학습지도효과에 관련되는 변

인들로 크게 조건(conditions), 방법(methods), 결과(outcomes)의 세 범주를 제시하였다.6) 다시 말하면 학습지도효과는 학습지도방법은 물론 학습지도시에 관련되는 조건, 예기되는 학습결과 등에 의해 모두 영향을 받는다는 것이다.

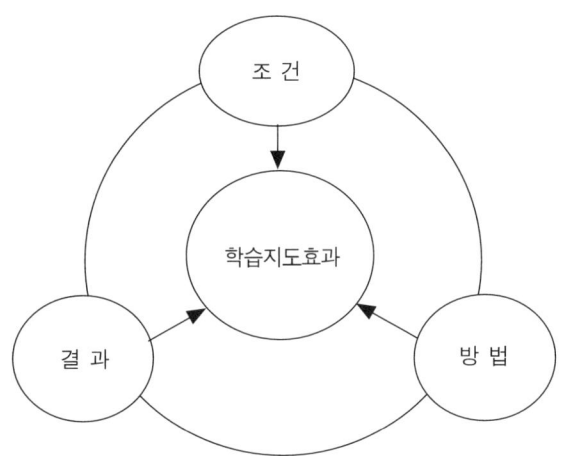

〈그림 3-7〉 학습지도효과에 영향을 주는 3변인

조건은 방법과 상호작용하며, 방법처방에 중요한 요소가 된다. 조건은 방법과 상호작용을 하지만 교육자에 의해 통제될 수 없는 제약조건을 뜻한다.7) 조건들은 흔히 방법들이 최상으로 작용하도록 영향을 준다.8) 만약 조건이 교육자에 의해 통제되거나 활용될 수 있다면, 그것은 방법의 영역에 속한다. 방법은 서로 다른 조건하에서 다른 결과를 성취하기 위한 다양한 통로들(ways)이다. 학습에 영향을 주는 다양한 조건 중에서 조정, 통제 또는 활용되는 조건들이 방법이 된다. 즉 조건과 방법은 처음부터 고정되어 구분되어 있는 것이 아니라 상황에 따라 변화될 수 있는 것이다.9) 결과는 서로 다른 조건하에서 사용된 여러 가지 방법들이 어떤 면에서 어느 정도의 효과가 있었는지를 나타내는 학습

지도 활동의 최종 산물이다.[10]

　이러한 조건, 방법, 결과의 관계를 보면 〈그림 3-8〉과 같다.

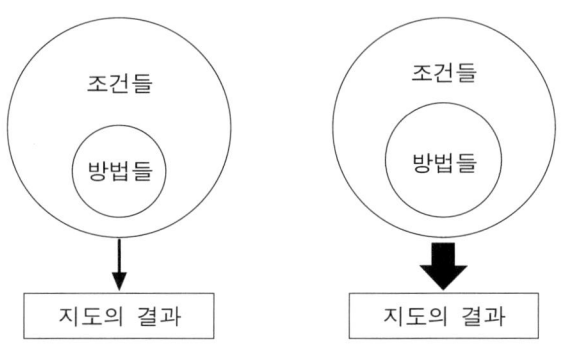

〈그림 3-8〉 조건, 방법, 결과의 관계

　여기서 이러한 방법은 결과를 산출하는 직접적인 요인이 되나, 결과의 정도는 방법의 정도에 반드시 일치하지는 않는다. 왜냐하면 방법 주위에 많은 조건들이 존재하고 있으므로 이러한 조건들이 방법에 어떻게 작용하느냐에 따라 결과는 달라질 수 있다. 만일 주변 조건들이 행운으로 작용하면 생각보다 더 높은 결과를 얻을 수 있고, 불운하면 더 낮은 결과를 얻을 것이다. 따라서 결과는 교사의 의도와 상이하게 나타날 가능성이 있다. 그리고 이러한 가능성은 교사가 통제하는 방법의 양이 적으면 적을수록 더욱 커진다. 여기서 가르치는 사람이 의도하는 대로 결과를 산출하기 위해서는, 실시하는 방법을 선택할 때 더욱 많은 조건들이 포함되도록 관심을 기울여야 된다는 것을 알 수 있다. 다시 말하면 바람직한 학습지도효과를 얻기 위해서는 조건을 가능한 많이 파악하고 그 조건에 부합되는 학습지도전략을 적절히 설정하여 실행하는 것이 바람직하다. 그러나 실제적으로 보면 학습지도효과에 영향을 주는 조건은 너무나 방대하므로 한정된 인간의 능력으로는 모두 파악할 수 없을 뿐만 아니라 파악된 조건도 능력의 부족, 시간의 부족 등으로 모두 조작, 통제, 활용하여 방법으로 실천하지 못한다. 이에 따라 우리들에게 주어진 말이 있다. "최선을 다하라. 그리고 결과는 하나님께 맡기고 기다리자." 이러한 조건, 방법, 결과를 모두 고려하여 올바른 수업방법을 정립하기 위해 이용되는 것이 체제적 접근이다.

체제란 하나의 예정된 기능을 협동적으로 수행하는 요소들의 집합이다.

체제라는 용어는 우리 주위에서 개방체제니, 폐쇄체제니 하면서 흔히 사용되고 있는 용어이다. 체제란 다양한 기능을 수행하는 단위나 구성요소들 간의 조직된 관계 또는 하나의 예정된 기능을 협동적으로 수행하도록 마련된 상호작용하는 요소들의 집합을 말한다(〈그림 3-9〉 참조).

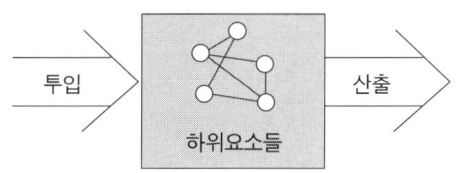

〈그림 3-9〉 체제의 요소

체제의 성격을 구체적으로 보면,

첫째, 전체적으로 하나이면서 내부에는 보다 작은 단위의 하위체제 혹은 많은 하위요소들이 있다.

둘째, 각 하위요소들은 전체 속에 포함되어 있으나 각기 독립적이다.

셋째, 각 하위요소들은 체제 내의 다른 하위요소와 협동적인 상호작용을 한다.

넷째, 체제는 전체적으로 하나의 예정된 기능을 산출한다.

이를 종합해 보면 체제란 하나의 결과를 산출하기 위하여 이에 관련된 모든 하위요소들이 상호작용하는 하나의 단위집단이라고 볼 수 있다.

체제적 접근이란 체제 내 요소들을 분석하고 이 요소들 간의 상호작용 통로를 발견하는 것이다.

학습지도방법에서의 체제적 접근이란 하나의 교육상황에서 바람직한 학습지도방법을 도출하기 위해 관련된 모든 하위조건들의 성격과 그 상호작용을 고려하는 과정을 말한다. 이러한 체제적 접근을 통하여 개인차를 고려한 적절한 수업방법이 도출될 수 있다.

올바른 학습지도방법을 강구하기 위한 체제적 접근은 다음과 같은 3단계를 거친다(〈그림 3-10〉 참조).

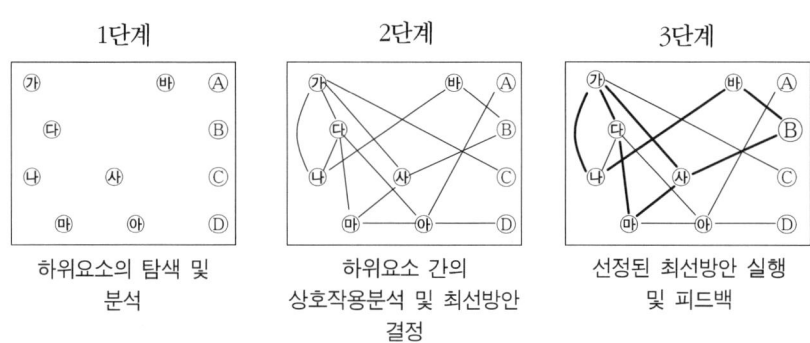

1단계   2단계   3단계

하위요소의 탐색 및   하위요소 간의   선정된 최선방안 실행
분포   상호작용분석 및 최선방안   및 피드백
           결정

A, B, C, D : 예상되는 결과
가, 나, 다, 마, 바, 사, 아 : 결과와 관련되는 하위요소
━━━━━━━━(굵은 선) : 최선의 통로(즉 최선의 학습지도방법)
B : 도달하고자 하는 결과
여러 종류의 선 : 결과에 도달할 수 있는 예상 통로

〈그림 3-10〉 체제적 접근에 의한 학습지도방법 탐색

1단계 : 체제 속에 내포되어 있는 하위요소들이 무엇이 있는지를 파악하고, 또 그 하위요소들의 성격을 분석한다. 다시 말하면 결과에 영향을 주는 관련변인들이 어떤 것이 있는지를 밝히고, 이러한 변인들이 결과와 어떠한 관련성이 있는지를 분석한다. 이른바 효과적인 학습결과(학

습목표)에 도달하기 위하여 관련되는 모든 요소를 학습지도(學習地圖)에 표기하는 것이다. 이러한 요소들은 각기 독특한 성격을 가지고 있어 학습자의 학습 진행을 촉진하거나 억제하는 성격을 가지고 있을 수 있다.

예를 들면, 자녀가 수학 성적이 다소 부족하여 지도하고 싶다면 공부하라고 말하기 전에 무엇을 먼저 알고 있어야 하는지 생각해 보는 것이다. 이른바, 지금까지 받은 수학성적, 수학을 공부하는 시간, 가지고 있는 수학교재, 수학에 대한 학생의 태도, 친구관계, 다른 교과목의 성적, 수학을 공부하는 방법 등 알아야 할 요소들이 매우 많다. 알아두어야 하는 요소들은 6장에서 설명하고 있다.

2단계 : 하위요소들 간의 상호작용과정과 그 상호작용으로 인해 예상되는 결과를 분석한다. 나아가 교육목표를 달성하기 위하여 최선의 방법이 무엇인지 판단한다. 다시 말하면 하위요소들 간의 상호작용을 중심으로 학습결과에 도달할 수 있는 예상 통로를 학습지도(學習地圖)에 그리고 난 뒤 원하는 결과를 획득할 수 있는 최선의 통로를 선택하는 것이다.

각 요소들 간에는 서로가 긍정적으로 상호작용하여 학습진행을 촉진하는 경우도 있을 수 있고, 두 요소가 상호작용함으로써 학습진행을 억제하거나 역으로 나아가도록 만드는 경우도 있을 수 있다. 이러한 요소들 간의 상호작용을 분석하고 최선의 방안을 선정하는 과정이 바로 의사결정의 과정이다. 의사결정하는 방법은 7장에서 설명하고 있다.

예를 들면, 학생들에게 적용할 방법들을 강구하는 것이다. 수학 내용은 어떻게 구성하고, 가르치는 방법은 어떻게 할 것이며, 가르치는 시간대는 언제 하며, …… 등등 다양한 수업전략을 강구하는 것이다.

3단계 : 선정된 최선의 방안을 실행하고, 그 실행의 결과를 분석하여 지금까지의 모든 과정에 대해 피드백을 한다. 〈그림 3-10〉에서 보면

Ⓑ의 결과를 얻기 위해서 Ⓑ와 Ⓐ를 직접적으로 활용하면서 이에 영향을 주는 ⒷⒶⒷⒷ의 조건을 고려하는 것이다.

주)

1) 박영태, 창의성의 별, 서울: 학지사, 2002.
2) Rohwer, W. D., An Invitation to a Developmental Psychology of Studying Applied Psychology, Academic Press, Inc., 1984.
3) 홍대식 역, 심리학 개론, 서울: 박영사, 1984.
4) Brown, A. I. & Ferrara, R. A., Diagnosing of Proximal Development, Culture Communication and Cognition Vygotskian Perspectives, Cambridge Universitis Press, 1985.
5) Cole, M., The Zone of Proximal Development : Where Culture and Cognition Created Ench Other, Culture Communication and cognition Vygotskian Rerspectives, Cambridge Universities Press, 1985.
6) 정인성·나일주, 최신 교수설계이론, 서울: 교육과학사, 1989.
7) 상게서.
8) Leshin, C. B., Pollock, J., & Reigeluth, C. M., Instructional Design Strategies and Tactics, Educational Technology Publications, Inc., Englwood Cliffs, New Jersey, 1992.
9) 정인성·나일주, 전게서, 1989.
10) 상게서.

4

사랑을 통한 학습지도 모형

자녀의 사회적 역할

흔히들 삶은 하나의 연극이라고 말하고 있다. 연극에는 수많은 역할이 있으므로 각 개인은 전체적으로 조화로운 연극을 위해 어떠한 역할을 수행하여야 한다. 그러나 한 연극에서의 역할은 모두가 동일할 수가 없다. 남에게 위세를 부리는 역할이 있는가 하면 남에게 억울하게 당하는 역할도 있고, 항상 조명을 받는 주인공의 역할이 있는가 하면 잠깐 보이다 사라지는 단역의 역할도 있다. 연극에서 어느 한 역할을 서로가 맡으려고 하면 경쟁은 치열해지기 마련이다.

만일 삶이 연극이라고 한다면 우리 사회에도 다양한 역할이 있다. 사회생활에 존재하는 다양한 역할 중 자기가 맡고 싶은 역할을 획득하기 위해 다른 사람과 경쟁할 수밖에 없다. 사람이 태어나는 순간부터 자신의 사회적 역할이 정해져 있다면 경쟁은 소용없게 된다. 그러나 민주주의 사회에서 태어나는 순간부터 역할이 정해져 있다는 것은 있을 수 없다. 오로지 너와 나의 경쟁 속에서 자신의 역할이 획득될 뿐이다. 그러므로 경쟁은 개인에게 미래의 역할을 선택할 수 있는 자유를 부여하는 어쩔 수 없는 삶의 한 과정으로 수용할 수밖에 없다.

불행히도 우리의 자녀는 미래에 맡게 되는 이러한 사회적 역할에는 관심이 없다. 어떠한 역할이 있는지도 모른다. 오로지 밝고 명랑하고 즐겁게 생활하기만 갈구하고 있다. 이러한 현실지향적인 자녀를 부모의 입장으로서 그냥 두기는 어렵다. 능력 경쟁에서 패하면 평생동안 자신의 자녀는 고통스럽고 힘든 삶의 역할을 맡아야 한다고 믿고 있다.

따라서 부모는 자기의 자녀가 미래에 고통스러운 역할을 맡지 않을까 하는 염려 속에 학창시절 동안에 능력을 배양하여 경쟁에 승리함으로써 미래에 편하고 좋은 역할을 맡도록 갈구하고 있다. 때로 아동에게 가혹하게 공부를 시켜서는 안 된다고 부르짖는 사람도 막상 자기의 자녀가 학교에서 성적이 떨어지면 엄한 벌과 함께 질타를 곧잘 하곤 한다. 이 글을 쓰는 나 역시 자녀가 공부를 못하더라도 괜찮다는 방관적 마음은 전혀 없다. 오히려 남보다 상위의 성적을 받기를 바라고 있다. 그리고 그것이 부모의 욕심이나 부모의 명예를 위한 것이 아니라 오로지 자녀의 미래를 위한 순수한 마음이라 여기고 있다.

그런데 자녀를 위하는 이러한 공부에 대한 열의가 자녀를 오히려 그르치고 있으니 어이하면 좋은가? 먼 미래의 역할을 위해 현재 자녀의 삶을 고통 속에 빠뜨리고 있으니 말이다.

그러므로 부모는 자녀의 미래 모습과 현재의 삶의 모습을 동시에 고려하여 지도할 필요가 있다. 미래의 역할을 위해 현재의 삶이 고통스럽다면 아이의 인성이 망가질 것이고, 현재의 즐거운 삶을 위해 미래의 역할을 망각한다면 아이는 미래에 하고 싶은 일을 할 수 없을 것이다.

사랑을 통한 학습지도 모형

앞에서 언급한 바와 같이 아이가 미래에 가질 삶의 역할을 중시하고 동시에 현재의 삶을 즐겁게 하는 지도방법이 부모와 교사에게 필요하다. 그 방법은 아이들이 즐겁게 미래의 삶을 위해 공부하도록 하면 된다. 사랑을 통한 학습지도방법은 바로 이를 위한 방법이다.

따스한 분위기 조성, 아동에 대한 관심, 올바른 판단, 그에 따른 실천, 그것이 바로 사랑을 통한 학습지도방법이다.

앞에서 말한 사랑의 모형과 학습지도의 모형을 종합하여 이전에 작

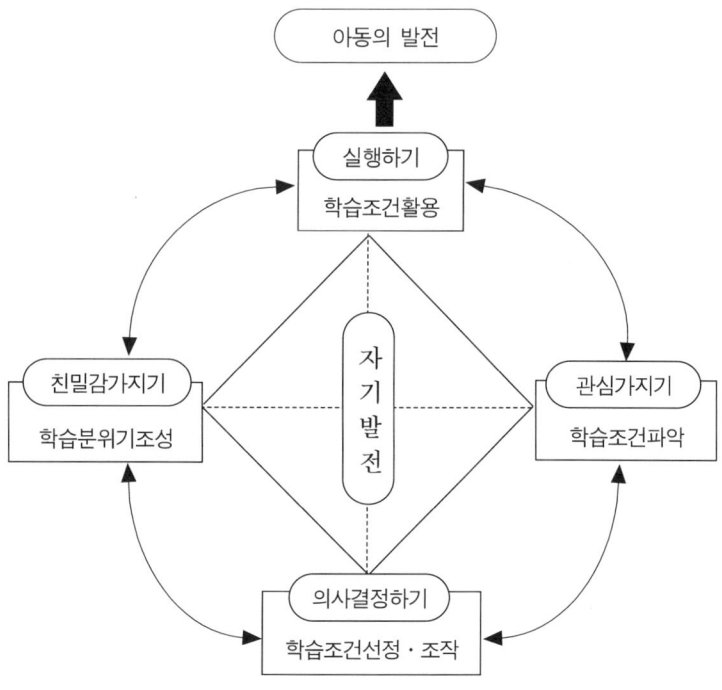

〈그림 4-1〉 사랑을 통한 학습지도 모형

성된 사랑을 통한 학습지도 모형[1]을 이해가 보다 용이하도록 〈그림 4-1〉과 같이 수정하였다.

〈그림 4-1〉에서와 같이 학습지도와 사랑은 별개의 것이 아니라 동일한 것이다. 사랑의 각 요소는 바로 학습지도의 각 요소이다. 다시 말하면 학습지도나 사랑은 모두 아동의 발전이라는 동일 목적을 지향하고 있으며, 학습지도의 요소와 사랑의 요소는 일 대 일의 대응관계에 있다. 동시에 가르치는 사람은 자기발전을 도모할 수 있다. 사랑을 통한 학습지도 모형에 따른 학습지도의 과정을 설명하면 다음과 같다.

사랑을 통한 학습지도는 통합적으로 이루어진다.

전체적으로 보면 사랑을 통한 학습지도는 친밀감가지기, 관심가지기, 의사결정하기, 실행하기 등 모두 4요소로 이루어져 있다. 이러한 요소들은 시작점과 마지막점이 있는 것이 아니라 모두 상호연관적으로 작용하고 있으면서 전체적으로 자기발전, 타인(아동)의 발전이라는 목적으로 나아가고 있다. 즉 일정한 순서에 따라 학습지도가 진행되는 체계적 학습지도가 아니라 모든 요소가 복합적으로 이루어지는 체제적 학습지도이다.

친밀감가지기! 그것은 사랑을 통한 학습지도의 바탕이다.

사랑을 통한 학습지도는 우선 아동에게 친밀감을 가져야 한다. 친밀감을 가지는 것은 아동을 존중하는 것이며 신뢰로운 관계를 유지하기 위한 것이다. 이러한 존중과 신뢰의 관계는 효과적인 학습지도를 위한 학습분위기를 형성하는 것이다. 마치 씨앗을 뿌렸을 때 씨앗의 싹이 트기 위해서는 그에 적합한 온도와 습도 등의 조건이 필요한 것과 마찬가지이다. 엄동설한에 얼어붙은 땅 속에서 씨앗의 싹이 돋아나기를 기대하는 것은 잘못된 것이다. 마찬가지로 친밀한 관계없이 효과적 학습지

도를 기대하는 것은 모순이다. 또한 친밀감 없이 자녀의 세계를 이해할
수도 없다.

그러므로 아동을 존중해 줌으로써 친밀감을 형성하는 것은 바람직
한 학습분위기를 조성함은 물론 아동에게 관심을 가지는 전제조건이
된다.

**아동에 대한 관심! 그것은 아동의 학습조건을 파악하는 것이며, 사랑을 통
한 학습지도의 한 방법이다.**

사랑을 통한 학습지도는 아동들에게 열정적인 관심을 가지고 그들을
위해 많은 시간을 투자하여야 한다. 이를 통해 학습자가 처해 있는 조
건을 정확히 파악하고 분석하여야 한다. 학습자가 처해 있는 조건을 파
악한다는 것은 자녀에 관하여 좀더 많이 안다는 것을 의미한다. 자녀의
웃음 뒤에는 어떠한 고민이 숨겨져 있고, 자녀의 축 처진 어깨 뒤에는
어떠한 고통이 있으며, 자녀의 꿈이 무엇이며, 자녀의 현재 능력은 어
느 정도인지를 더 잘 아는 것이다. 이와 같이 학습자가 처해 있는 조건
을 정확히 파악하는 것은 올바른 의사결정을 위한 전제조건이 된다.

**깊은 생각에 의한 의사결정! 그것은 모든 학습조건에 적합한 학습지도방
법의 선택이다.**

사랑을 통한 학습지도는 파악된 학습자가 처해 있는 조건을 고려하
여 올바른 학습지도 방안을 강구하여야 한다. 다시 말하면 학습자가 처
해 있는 모든 조건과 그 조건들 간의 상호작용을 분석하고, 나아가 바
람직한 결과를 얻기 위하여 조작·활용할 필요가 있는 최선의 조건을
선택하여야 한다. 학습자에게는 매우 많은 조건들이 개입되어 있으므로
한정된 시간 내에 모든 조건들을 조작·활용하기는 무척 어렵다. 따라
서 주어진 시간에 활용할 수 있는 조건을 바르게 선정하는 것은 매우

중요하다. 잘못 내려진 판단은 학생(자녀)의 학습을 도와주기보다는 학생(자녀)의 앞길을 망칠 수 있다. 흔히 판단은 바람직하게 내리기보다 자신의 감정에 따라 내리는 경우가 많다. 그러므로 올바른 의사결정은 올바른 실행의 전제조건이 된다.

의지적 실행! 그것은 실제적으로 학습조건을 조작·활용하는 것이다.

사랑을 통한 학습지도는 생각한 학습지도방안을 직접 학습자에게 의지적으로 실행하여야 한다. 생각으로만 또는 말로만 지도하는 것은 사랑을 통한 학습지도방안이 아니다. 아동을 직접 의지적으로 지도한다는 것은 자신이 시간을 내어 몸소 지도한다는 것을 의미하는 것이 아니고, 올바른 지도방안으로 생각된 방안을 실천하는 것을 의미한다. 다시 말하면 선정된 조건들을 아동의 학습활동에 활용하거나 유리하게 조작하는 것이다. 학습지도방법이란 바로 이러한 조건들의 선정·조작·활용인 것이다.

종합적으로 말하면, 사랑을 통한 학습지도는 아동과 신뢰감을 쌓아 상호간에 장벽을 없애고, 이러한 분위기 속에서 자녀에게 보다 많은 시간을 투자하여 자녀가 처해 있는 많은 조건을 파악하고, 이 중 학습효과를 상승시킬 수 있는 조건을 선정하여, 이 조건을 아동의 학습에 도움을 주는 방향으로 활용하거나 고쳐 나가는 것이다.

자신의 학습지도법 점검

구체적인 사랑을 통한 학습지도방법을 설명하기 전에 자신의 학습지도방법을 점검해 보자. 자신의 학습지도에서 어떠한 사랑의 요소가 결핍되어 있는지, 아니면 사랑을 통한 학습지도를 하고 있는지를 확인한

후, 자기 반성적 측면에서 구체적 내용을 살펴보는 것도 의미 있는 것
으로 보인다.

　자녀의 학습지도에서 나타난 사랑의 표현정도를 알아보는 방법은 두
가지가 있다. 하나는 자신에게 스스로 질문해 보는 방법이고, 다른 하
나는 자녀에게 질문을 던져 알아보는 방법이다. 이 두 가지 방법을 모
두 사용하면 자신의 학습지도방법이 자녀에게 어떻게 느껴지고 있는지
를 알 수 있을 것이다. 다음에 스스로에게 질문해 보는 설문지와 자녀
에게 물어 보는 설문지를 제시한다. 설문지의 작성은 설문지에서 지시
하는 대로 따르면 된다.

부모(교사)용 설문지

부모(교사)의 자녀(아동) 교육에 관한 설문지

다음은 당신이 자녀(또는 학생)의 학습지도시 얼마나 올바른 사랑으로 하고 있는지를 확인해 보기 위한 설문지입니다. 문항의 내용이 자신의 행동과 가장 일치하면 5에, 다소 일치하면 4에, 그저 그렇다면 3에, 다소 그렇지 않다면 2에, 매우 그렇지 않다면 1에 ○표를 하십시오. 자신의 행동을 점검하는 계기로 생각하시고 사실대로 답하시길 바랍니다.

학생(자녀)에 따라 사랑의 표현은 달라질 수 있으므로 특정 개인을 머리 속에 그리면서 개별 아동을 대상으로 답해 주십시오. ○○○에는 자녀 또는 학생의 이름을 마음속으로 부르면서 답해 주십시오. 이 설문지를 모든 자녀, 모든 학생들을 대상으로 반복해서 작성해 보시면 자신은 학생(자녀)들에게 어떻게 차별대우를 하고 있는지를 알 수 있게 됩니다.

	매우 그렇다	다소 그렇다	그저 그렇다	다소 그렇지 않다	매우 그렇지 않다
1. 나는 평소에 ○○○의 주장을 인정해 주고 있다.	5	4	3	2	1
2. 나는 ○○○의 성적이 학습방법과 관련이 있다고 생각해 본다.	5	4	3	2	1
3. 나는 ○○○이 자기 시간을 어떻게 보내고 있는지 알고 있다.	5	4	3	2	1
4. 나는 평소에 ○○○을 꾸짖기보다 자신의 감정을 솔직히 표현한다(예 : 네가 그렇게 하니 내 마음이 아프다).	5	4	3	2	1
5. 나는 ○○○의 학습을 위해 필요한 도구(부교재, 컴퓨터, 교육방송 녹화 등)를 준비해 준다.	5	4	3	2	1

	매우 그렇다	다소 그렇다	그저 그렇다	다소 그렇지 않다	매우 그렇지 않다
6. 나는 평소에 ㅇㅇㅇ의 질문에 기꺼이 답해 주고 있다.	5	4	3	2	1
7. 나는 ㅇㅇㅇ가 어떠한 부교재(참고서, 문제집 등)를 가지고 있는지 알고 있다.	5	4	3	2	1
8. 나는 ㅇㅇㅇ의 표현되는 말과 행동보다 그 속에 담겨 있는 뜻과 욕구를 파악하려고 노력한다.	5	4	3	2	1
9. 나는 평소에 ㅇㅇㅇ의 행동이 못마땅하다고 여기고 있다.	5	4	3	2	1
10. 나는 자녀의 학습분위기 조성을 위해 나의 감정을 억제하고 있다.	5	4	3	2	1
11. 나는 평소에 ㅇㅇㅇ의 말을 건성으로 듣고 있다.	5	4	3	2	1
12. 나는 ㅇㅇㅇ가 무슨 과목에 자신이 없어 하는지 알고 있다.	5	4	3	2	1
13. 나는 평소 ㅇㅇㅇ의 자발적 활동을 격려한다.	5	4	3	2	1
14. 나는 ㅇㅇㅇ의 성적이 그가 가진 참고서 문제집과 관련이 있다는 것을 생각해 본다.	5	4	3	2	1
15. 나는 평소 ㅇㅇㅇ의 공부시간을 그래프로 표시하여 스스로 확인하도록 도와준다.	5	4	3	2	1
16. 나는 ㅇㅇㅇ의 미래의 꿈이 무엇인지 알고 있다.	5	4	3	2	1
17. 나는 ㅇㅇㅇ가 성적이 오르지 않으면 "아이구 바보야" 하는 소리가 쉽게 나온다.	5	4	3	2	1
18. 나는 ㅇㅇㅇ가 어떠한 친구를 사귀고 있는지 알고 있다.	5	4	3	2	1

	매우 그렇다	다소 그렇다	그저 그렇다	다소 그렇지 않다	매우 그렇지 않다
19. ㅇㅇㅇ는 머리가 나쁘다.	5	4	3	2	1
20. ㅇㅇㅇ는 내버려두면 도무지 공부를 하려고 하지 않는다.	5	4	3	2	1
21. 나는 ㅇㅇㅇ의 지능지수를 알고 있다.	5	4	3	2	1
22. 나는 ㅇㅇㅇ의 학습지도에 도움을 주기 위해 자주 책을 읽고 있다.	5	4	3	2	1
23. 나는 ㅇㅇㅇ의 성적은 이미 학습되어 있는 기본능력과 관련이 있다는 것을 생각해 본다.	5	4	3	2	1
24. 나는 ㅇㅇㅇ가 하고 있는 공부 방법을 알고 있다.	5	4	3	2	1
25. ㅇㅇㅇ는 무한한 잠재능력을 가지고 있다.	5	4	3	2	1
26. 나는 평소 ㅇㅇㅇ의 좋은 점을 적어 두었다가 때때로 칭찬해 준다.	5	4	3	2	1
27. 나는 ㅇㅇㅇ가 성적이 오르지 않으면 우선 화가 난다.	5	4	3	2	1
28. 나는 ㅇㅇㅇ의 성적이 오르지 않을 경우 자녀가 주의 집중하여 공부할 수 있는 시간이 어느 정도였는지를 생각해 본다.	5	4	3	2	1
29. 나는 ㅇㅇㅇ의 학습과정상의 잘못을 시정해 준다.	5	4	3	2	1
30. 나는 ㅇㅇㅇ가 성적이 오르지 않으면 쉽게 노력을 강조한다.	5	4	3	2	1
31. 나는 ㅇㅇㅇ가 평소에 어떤 고민을 하고 있는지 알고 있다.	5	4	3	2	1
32. 나는 평소 ㅇㅇㅇ의 호기심을 자극한다.	5	4	3	2	1
33. 나는 ㅇㅇㅇ가 하루에 알뜰하게 공부하는 시간이 어느 정도인지 알고 있다.	5	4	3	2	1

	매우 그렇다	다소 그렇다	그저 그렇다	다소 그렇지 않다	매우 그렇지 않다
34. 나는 ㅇㅇㅇ의 성적은 나의 성격 또는 행동과도 관련이 있다는 것을 생각해 본다.	5	4	3	2	1
35. 나는 평소 ㅇㅇㅇ와 자주 대화를 나누고 있다.	5	4	3	2	1
36. 나는 ㅇㅇㅇ가 성적이 오르지 않을 경우 ㅇㅇㅇ가 받고 있는 고통을 먼저 생각한다.	5	4	3	2	1
37. ㅇㅇㅇ는 스스로 발전하려는 욕구를 가지고 있다.	5	4	3	2	1
38. ㅇㅇㅇ는 나를 친구(연인)처럼 스스럼없이 대하고 있다.	5	4	3	2	1
39. 나는 ㅇㅇㅇ가 성적이 오르지 않으면 함께 그 원인을 분석한다.	5	4	3	2	1
40. 나는 ㅇㅇㅇ의 학습불안을 감소시켜 주기 위해 격려해 준다.	5	4	3	2	1

자녀(학생)용 설문지

부모님(선생님)의 교육에 관한 설문지

다음은 여러분의 부모님(선생님)이 여러분의 학습지도시 어떻게 하고 있는지를 확인해 보기 위한 설문지입니다. 문항의 내용이 부모님의 행동과 가장 일치하면 5에, 다소 일치하면 4에, 그저 그렇다면 3에, 다소 그렇지 않다면 2에, 매우 그렇지 않다면 1에 ○표를 하십시오.

문항에 대해 ○표 할 때 부모님 중 한 분만 머릿속에 그리면서 답해 주십시오.

	매우 그렇다	다소 그렇다	그저 그렇다	다소 그렇지 않다	매우 그렇지 않다
1. 나의 부모님은 평소에 나의 주장을 잘 들어주신다.	5	4	3	2	1
2. 나의 부모님은 나의 성적이 학습방법과 관련이 있다고 생각하신다.	5	4	3	2	1
3. 나의 부모님은 내가 하루를 어떻게 보내고 있는지 알고 계신다.	5	4	3	2	1
4. 나의 부모님은 평소에 나를 꾸짖으실 때 자신의 감정을 솔직히 표현하신다 (예 : 네가 그렇게 하니 내 마음이 아프다).	5	4	3	2	1
5. 나의 부모님은 내가 공부를 할 때 필요한 도구(부교재, 컴퓨터, 교육방송 녹화 등)를 준비해 주신다.	5	4	3	2	1
6. 나의 부모님은 평소에 나의 질문에 기꺼이 답해 주신다.	5	4	3	2	1
7. 나의 부모님은 내가 어떠한 부교재(참고서, 문제집 등)를 가지고 있는지 알고 계신다.	5	4	3	2	1

	매우 그렇다	다소 그렇다	그저 그렇다	다소 그렇지 않다	매우 그렇지 않다
8. 나의 부모님은 겉으로 드러난 말과 행동보다는 그 속에 담겨 있는 뜻과 내용을 알려고 하신다.	5	4	3	2	1
9. 나의 부모님은 평소에 나의 행동을 못마땅하게 여기고 계신다.	5	4	3	2	1
10. 나의 부모님은 내가 공부를 할 때 좋은 분위기에서 공부할 수 있도록 도와주신다.	5	4	3	2	1
11. 나의 부모님은 평소에 내가 말을 할 때 건성으로 듣고 계신다.	5	4	3	2	1
12. 나의 부모님은 내가 무슨 과목에 자신이 없어 하는지 알고 계신다.	5	4	3	2	1
13. 나의 부모님은 평소에 내가 스스로 공부하도록 격려해 주신다.	5	4	3	2	1
14. 나의 부모님은 나의 성적은 내가 가진 참고서, 문제집 등과 관련이 있다고 생각하신다.	5	4	3	2	1
15. 나의 부모님은 평소 나의 공부시간을 그래프로 표시하여 스스로 확인하도록 도와주신다.	5	4	3	2	1
16. 나의 부모님은 나의 미래의 꿈이 무엇인지 알고 계신다.	5	4	3	2	1
17. 나의 부모님은 내가 성적이 오르지 않을 때면 "아이구 바보야" 하는 핀잔을 주신다.	5	4	3	2	1
18. 나의 부모님은 내가 어떤 친구를 사귀고 있는지 알고 계신다.	5	4	3	2	1
19. 나의 부모님은 나에게 머리가 나쁘다는 말을 자주 하신다.	5	4	3	2	1
20. 나의 부모님은 나는 꼭 시켜야만 공부한다고 생각하신다.	5	4	3	2	1

	매우 그렇다	다소 그렇다	그저 그렇다	다소 그렇지 않다	매우 그렇지 않다
21. 나의 부모님은 나의 지능지수를 알고 계신다.	5	4	3	2	1
22. 나의 부모님은 나의 공부를 도와주시 기 위하여 자주 책을 읽으신다.	5	4	3	2	1
23. 나의 부모님은 지금의 성적이 내가 가지고 있는 능력과 관련이 있다고 생각하신다.	5	4	3	2	1
24. 나의 부모님은 나의 공부방법을 알고 계신다.	5	4	3	2	1
25. 나의 부모님은 내가 무한한 잠재능력 을 가지고 있다고 생각하신다.	5	4	3	2	1
26. 나의 부모님은 평소 나의 좋은 점을 적어 두었다가 때때로 칭찬해 주신다.	5	4	3	2	1
27. 나의 부모님은 내가 성적이 오르지 않으면 우선 야단부터 치신다.	5	4	3	2	1
28. 나의 부모님은 성적이 오르지 않을 경 우 내가 주의집중하여 공부한 시간이 어느 정도였는지를 생각해 보신다.	5	4	3	2	1
29. 나의 부모님은 내가 공부할 때 잘못 된 학습습관을 교정해 주신다.	5	4	3	2	1
30. 나의 부모님은 내가 성적이 오르지 않으면 항상 노력부터 강조하신다.	5	4	3	2	1
31. 나의 부모님은 내가 평소에 어떤 고 민을 하고 있는지 알고 계신다.	5	4	3	2	1
32. 나의 부모님은 평소 나의 호기심을 자극하는 말을 자주 하신다.	5	4	3	2	1
33. 나의 부모님은 내가 하루에 열심히 공부하는 시간이 어느 정도인지 알고 계신다.	5	4	3	2	1

	매우 그렇다	다소 그렇다	그저 그렇다	다소 그렇지 않다	매우 그렇지 않다
34. 나의 부모님은 성적이 떨어지면 그것 은 부모님 자신의 탓이라고 생각하 신다.	5	4	3	2	1
35. 나의 부모님은 평소 나와 자주 대화 를 나누신다.	5	4	3	2	1
36. 나의 부모님은 내가 성적이 오르지 않을 경우 내가 괴로워하고 있는지를 먼저 생각하신다.	5	4	3	2	1
37. 나의 부모님은 내가 무엇인가를 성취 하려고 하는 마음을 가지고 있다고 믿고 계신다.	5	4	3	2	1
38. 나의 부모님은 나를 친구처럼 스스럼 없이 대하신다.	5	4	3	2	1
39. 나의 부모님은 내가 성적이 오르지 않으면 함께 그 원인을 분석하곤 하 신다.	5	4	3	2	1
40. 나의 부모님은 내가 공부에 대한 불 안이 있을 때 불안을 감소시켜 주기 위해 격려해 주신다.	5	4	3	2	1

채점방법

다 작성하셨으면 다음에 따라 채점을 하여 봅시다. 채점방법은 부모용이나 자녀용이나 모두 동일합니다.

1) 우선 위의 문항에 답하신 숫자를 아래 표에 기입하십시오.

*가 표시된 문항은 값을 역산하셔야 합니다. 즉, 반응한 값이 5이면 1로, 4이면 2로, 3이면 3으로, 2이면 4로, 1이면 5로 바꾸어 적습니다. 그 이외의 문항은 값을 그대로 적어 줍니다.

2) 다 적으셨으면 그 합계를 구하고 그 아래 10으로 나누어 평균을 구합니다.

친밀감을 통한 지도		관심에 의한 지도		올바른 판단에 의한 지도		실천에 의한 지도	
문항번호	반응값	문항번호	반응값	문항번호	반응값	문항번호	반응값
1		3		2		5	
4		7		14		6	
8		12		17*		10	
9*		16		23		13	
11*		18		27*		15	
19*		21		28		22	
20*		24		30*		26	
25		31		34		29	
37		33		36		32	
38		35		39		40	
합		합		합		합	
합/10		합/10		합/10		합/10	

3) 표를 다 작성하셨으면 그 수치를 아래에 그려 넣어 자신의 사랑의 마름모를 확인해 봅시다. 중심에서 시작하여 각 요소별로 해당되는 점수를 표시하고 이를 연결하면 마름모가 됩니다. 마름모의 모양이 바르면 올바른 사랑으로 지도하고 있는 것이고, 어느 방향으로 치중

된 모양이면 잘못된 사랑으로 지도하고 있는 것입니다. 마름모의 형태가 클수록 더 많은 사랑을 베풀고 있는 것입니다.

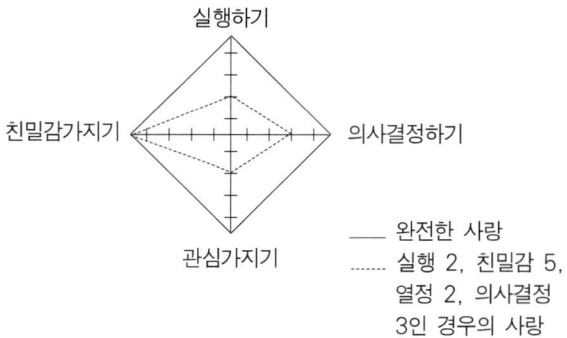

채점의 예

사랑의 마름모를 작성하는 실제 예를 들어 보겠습니다.

1) 다음의 표는 설문지에 답하신 숫자를 옮겨 적은 것입니다. ( ) 속의 숫자는 원래 반응한 값이고, 그 옆의 숫자는 역산한 값입니다.

친밀감을 통한 지도		관심에 의한 지도		올바른 판단에 의한 지도		실천에 의한 지도	
문항번호	반응값	문항번호	반응값	문항번호	반응값	문항번호	반응값
1	4	3	3	2	3	5	1
4	3	7	4	14	2	6	2
8	3	12	2	17*	(4) 2	10	2
9*	(2) 4	16	3	23	2	13	3
11*	(5) 1	18	2	27*	(4) 2	15	1
19*	(3) 3	21	3	28	3	22	3
20*	(4) 2	24	4	30*	(5) 1	26	2
25	3	31	3	34	3	29	3
37	4	33	4	36	4	32	1
38	2	35	4	39	1	40	2
합	29	합	32	합	23	합	20
합/10	2.9	합/10	3.2	합/10	2.3	합/10	2.0

2) 위 표에서 구한 평균값을 가지고 사랑의 마름모를 그립니다.

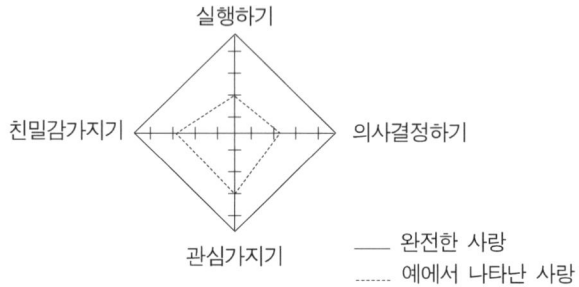

채점결과

이 사랑의 마름모를 보면 사랑의 4요소 중 관심은 3.2, 친밀감은 2.9, 의사결정은 2.3, 실행은 2.0을 보여 주고 있다.

전반적으로 사랑의 깊이가 얕음을 알 수 있다. 더구나 이 얕은 사랑도 올바른 사랑이 되지 못하고 관심과 친밀감에 치우친 사랑을 보여 주고 있음을 알 수 있다. 이는 말로써 사랑하는 경향을 보이며 실제적으로 행하는 것은 약하다. 아이는 엄마의 사랑을 크게 느끼지 못할 것이다.

나타난 자신의 사랑의 마름모를 보고, 자녀에게 베풀고 있는 자신의 사랑의 형태와 깊이는 제2장에서 설명한 내용을 참조하면 된다. 나아가 자신에게 스스로 질문하여 작성한 모양과 자녀에게 질문하여 작성한 모양을 비교하는 것이 좋다. 만일 모양이 일치하지 않다고 하면 부모와 자녀 간의 의사소통에 문제가 있거나 부모의 사랑표현 방법에 문제가 있을 수 있다.

주)
_____

1) 박영태, 사랑을 통한 학습지도 모형, 학생연구 제22집, 동아대학교 학생생활연구소, 1994. 2.

5

친밀감과 학습지도

어미닭의 달걀사랑

　어미닭이 예쁜 새끼를 빨리 보기 위해 때가 되지 않은 달걀을 깨뜨리는 법은 없다. 오히려 깨질까 봐 전전긍긍하며 따뜻이 감싸 지켜 준다. 왜냐하면 껍질은 아직 때가 되지 않은 생명을 지켜 주는 보호막이기 때문이다. 어미닭의 이러한 행동에 비해 부끄럽게도 우리 부모님들은 예쁜 자녀의 모습을 보고파 아직 때가 되지 않은 자녀의 껍질을 부수는 경우가 많이 있다. 부모의 시각으로 생각하고 판단하여 그들의 세계를 잔인할 정도로 파괴해 가는 경우도 있다. 자녀의 껍질은 달걀의 껍질이 그 생명을 보호해 주듯이 자녀의 세계를 지켜 주는 보호막이다. 이 껍질이 깨지면 기초훈련도 연마하지 않은 어린 병사가 전쟁터에 내버려진 것 같은 두려움과, 옷을 입지 않은 소녀가 길거리에 내쫓기는 것 같은 부끄러움을 동시에 느낄 것이다.

　자녀를 감싸고 있는 껍질은 달걀껍질처럼 유형적이고 탄탄한 모습을 가지고 있지 않고, 무형적이고 투명하여 눈에 보이지도 않고 손으로 잡을 수도 없다. 그러기에 우리 부모들은 생각없이 그들의 껍질을 깨고도 잘못했다는 생각을 좀처럼 가지지 못하고 있다.

　매슬로우에 의하면 인간의 욕구에는 생리적 욕구, 안전과 안정의 욕구, 소속과 사랑의 욕구, 존경의 욕구, 자아실현의 욕구 등이 있으며, 이러한 욕구는 위계를 이루고 있어서, 보다 하위의 욕구가 충족되지 않으면 상위의 욕구가 나타나기 어렵다고 한다. 여기에서 부모가 자녀의 세계를 인정해 주어야만 하는 당위성을 찾을 수 있다. 자신의 세계를 인정받을 때 자녀는 안전과 안정의 욕구를 충족시킬 수 있다. 이에 의해 자녀는 사랑의 욕구, 존경의 욕구, 자아실현의 욕구를 가질 수 있고, 보다 넓은 세상을 발전적으로 추구할 수 있게 된다.

　　그러나 자신의 세계가 위협받으면 안전과 안정에 위협을 느끼고, 안전과 안정에 위협을 느끼면 그들은 안정을 위한 투쟁을 하게 된다. 보다 넓고 발전적인 세계를 추구해야 할 그들의 충만한 에너지가 자신의 껍질을 견고히 지키는 데 투자되어 소실될 뿐이다.

　　그 껍질은 남이 억지로 깨어서도 곤란하지만 개인이 스스로 그 껍질의 보호에 전념해서도 안 되는 것이다. 껍질은 자녀의 세계를 보호해 주기도 하지만 그에 집착하면 자신의 발전을 가로막는 장애물이 되기 때문이다. 껍질은 스스로 깨어지는 것이다. 자녀의 끊임없는 발전과 함께 부단히 깨어지고 창조되는 것이다. 그럼에도 불구하고 기존의 껍질을 지키는 데 연연한다면 그것은 에너지의 낭비일 뿐이다. 그렇다고 하여 부모가 깨뜨려서도 안 된다. 스스로 깨어지도록 어미닭처럼 따뜻한 환경을 조성해 주는 것이 바람직하다. 성숙이 제대로 되지 않은 상황에서 껍질이 깨어지면 그 생명의 미래는 불행해진다. 우리가 잘 알고 있는 '바람과 태양의 이야기'는 이를 잘 말해 준다. 가혹한 바람은 강렬한 힘으로도 나그네의 옷을 벗길 수가 없었으나 따스한 태양은 포근한 정으로 나그네의 외투를 스스로 벗지 않으면 안 되도록 만들었다. 아동의 세계는 바로 이러한 것이다. 부모가 깨뜨리려고 하면 할수록 아동은 더욱 지키려 하고, 부모가 따뜻이 감싸주면 스스로 깨뜨린다. 결국 자녀를 올바르게 키우기 위해서는 그들의 세계를 인정해 주자는 것이다. 그들은 부모와는 다른 생각, 다른 세계에서 살고 있는 것이다.

자료 : 박영태, 어미닭의 달걀 사랑, 조흥소식, 384호, 1992. 1., p.18.

학습지도에서 친밀감의 중요성

친밀감은 학습지도방법의 효용성을 높여 준다.

친밀감은 두 사람 사이에 생활공간을 공유하고, 이 생활공간 속에 내포되어 있는 모든 사실에 동일 가치를 가지고 있을 때 나타난다. 만일 생활공간은 공유하고 있으나 그 속에 내포된 사실들이 서로 다른 가치를 가지고 있다면 적대감이 나타난다. 같이 생활하고 있으면서 친밀감이 형성되어 있으면 행복을 느끼거나, 적대감이 형성되어 있으면 고통을 느낀다.

"내가 그렇게 생각하면 상대방도 그렇게 생각한다."는 파동의 법칙이 있다. 아주 단순한 말이지만 우리 주변에서 자주 본다. 어느 모임에서 한 사람이 토끼 얘기를 꺼내면 모두 토끼 얘기를 하고, 외계인 얘기를 꺼내면 모두 외계인 얘기를 한다. 내가 친밀감을 표하면 상대방도 친밀감을 표한다. 미국에서의 경험담을 통해 친밀감의 중요성을 음미해 보자.

토요일 늦은 저녁이라 인적이 뚝 끊어진 캠퍼스였다. 숙소로 가려면 공동묘지를 지나서 가야 했다. 그래도 매일 다니던 길이라 홀가분하게 오늘 연구한 내용을 머리 속에 생각하며 지나고 있는데 저 멀리 어둑한 곳에서 키가 엄청나게 큰 흑인이 걸어오고 있었다. 어둠 속에 비친 그의 모습은 매우 험악해 보였다. 순간 나의 등골은 오싹해졌고, 저 사람과 맞부딪치면 어디로 도망가지? 하는 공포감이 온 몸을 감싸고 있었다. 그리고 바짝 긴장해서 여차하면 도망갈 궁리를 했다. 조금 전까지 생각하던 연구내용은 온데간데없었다. 오로지 안전을 위해서 도망갈 궁리만 했다. 그 사람과의 거리가 가까워질수록 나의 사고는 공포감에 더욱 굳어졌다. 그러다 그 거대한 흑인과 마주쳤다. 마주치는 그 순간 나는 그만 허탈해지고 말았다. 조금전의 그 공포가 갑자기 우스꽝스러워졌다. 그 사람과 눈이 마주치는 순간 그 흑인은 아주 밝게 나에게 웃어 주었기 때문이다. 굳어 있던 나는 멋쩍게 웃었을 뿐이다. 그의 환한 미소는 나의 공포심을 모두 사라지게 했다. 그리고 스스로 만든 공포심에 공부에 대한 생각을 버리고 생존의 위협(?)에 떨던 나를 바보로 만들어 버리고 말았다. 한번 보내 준 친밀감 섞인 그 웃음! 그 웃음은 나로 하여금 오히려 그 흑인에게 말을 걸고픈 충동을 느끼게 만들었다.

이러한 친밀감은 효과적인 학습지도를 위한 전제조건이다. 가르치는 사람과 배우는 사람 사이에 친밀감이 없이 적대감이나 서먹함이 있다면 교육의 효과는 기대하기 어렵다. 고든(Gordon)은 교사와 학생 간의 관계가 좋아야만 학생들은 자유로이 학습할 수 있지, 관계가 좋지 않으면 가장 뛰어난 교수방법도 아무런 소용이 없다[1]고 했다. 내용 중 일부를 인용하면 다음과 같다.

　　교사의 요구가 학생에 의해 존중되고, 학생의 요구가 교사에 의해 존중되는 상황에서 교사는 희랍의 역사, 수학, 영문, 기계적 도표, 화학 등, 어떠한 과목이든지 학생들에게 가르친다는 것이 흥미 있는 일이다. 만일 교사가 학생들을 무시하고 불신하며, 몰이해하고 거칠게 다루며, 자존심을 상하게 하고 또는 혹평한다는 느낌을 주는 관계를 유지한다면, 교사는 농구, 가사, 테니스, 손가락 그림, 기계체조, 조각 혹은 성교육을 가르친다 하더라도 학생들은 싫증을 내고 받아들이지 않으며 또한 배우는 것조차 강하게 거부하게 되는 현상이 나타난다.

이와 같이 친밀감이 교육의 효과를 높여 주는 것은 친밀감으로 인하여 서로 간에 안정적인 인간관계가 형성되고, 나아가 학습자로 하여금 필요 없는 학습불안을 제거하며, 목적을 협동적으로 달성하도록 촉진하여 학습에 도움을 주기 때문이다.

안정적 인간관계 형성

친밀감은 안정적 인간관계를 형성하고 이는 모든 문제 해결의 바탕이다.

친밀감은 교사와 학생 간의 관계를 밀착시켜 교사와 학생으로 하여금 서로가 방어전략을 사용하지 않고 동일 목적의 달성을 위해 함께 노력하도록 해 준다. 친밀감이 교사와 학생으로 하여금 동일 목적의 달성을 위해 함께 행동하도록 만드는 것을 삼자관계에서 살펴보면 다음과 같다.

우리의 모든 관계는 〈그림 5-1〉과 같은 삼자관계로 이루어진다. A, B, C는 모두 사람일 수도 있고, 일부가 사람이고 나머지는 사물이거나 사건일 수도 있다. 이러한 삼자관계는 균형관계와 불균형관계로 나누어진다. 균형관계는 〈그림 5-1〉에서와 같이 삼자관계에서 나타난 부정적 관계(-)의 수가 짝수로서 쉽게 변화되지 않는 관계를 말한다. 이에 비해 불균형관계는 부정적 관계(-)의 수가 홀수로서 세 개의 관계 중 어느 한 관계가 변화해야 하는 처지에 있는 불안한 관계를 말한다. 다시 말하면, 균형관계는 안정적인 관계인데 비해 불균형관계는 변화되어야 하는 순간에 있는 불안정적인 관계이다. 〈그림 5-1〉의 불균형관계에서 보면 A와 B는 현재 서로 긍정적인 관계를 맺고 있고, B와 C는 부정적 관계, A와 C는 긍정적 관계이다. 이러한 관계에서는 부정적 관계(-)가 홀수이므로 균형이 성립되지 않는다. 따라서 어느 한 관계가 변화해 주어야 한다. 이 세 관계 중 가장 연결 강도가 약한 관계가 변화되어 균형관계로 변화될 가능성이 가장 높다.

이러한 관계를 교육장면에 적용해 보면, 수업은 교사와 학생 간에 이루어지는 것이므로 A를 교사, B를 학생이라고 보고, C를 학습내용이라고 보자. 현재 교사와 학생은 상호간에 긍정적인 관계를 유지하고 있다. 교사는 C라는 학습내용을 학생들에게 가르치려고 한다. 그러나 학생들

A : 균형관계

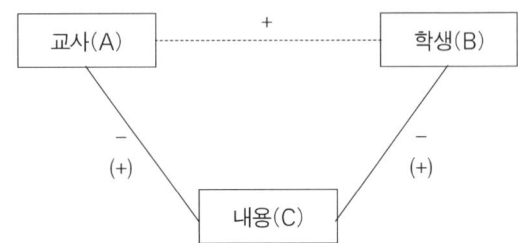

B : 불균형관계

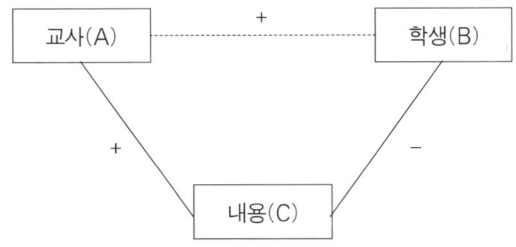

〈그림 5-1〉 삼자관계 : 평형 관계와 불평형 관계

은 그 내용에 대하여 부정적이다. 이때 교사가 그 내용을 가르치고자 한
다면 이 삼자관계는 불균형관계가 되어 변화될 위기에 처하게 된다.

변화의 가능성을 보면,

첫째, 그 내용으로 인해 교사와 학생 간의 관계가 부정적으로 되든지
(〈그림 5-2〉의 가),

둘째, 교사가 그 내용을 부정적으로 보아 포기하든지(〈그림 5-2〉의 나),

셋째, 학생이 그 내용을 긍정적으로 보아 학습에 임하든지(〈그림
5-2〉의 다)

등의 세 가지 경우가 있다. 이 세 가지 중 변화되는 것은 그 연결 강도
가 가장 낮은 관계이다. 만일 교사와 학생 간의 연결고리가 약하다면,
다시 말해 교사와 학생 간에 친밀감이 없다면 상호간에 행복을 경험하
거나 존중감이 없으므로 C라는 내용으로 인해 교사와 학생 간의 관계

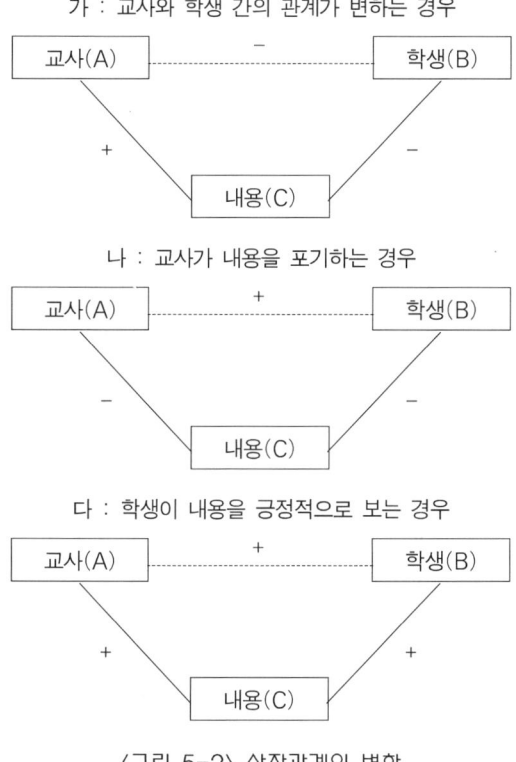

<그림 5-2> 삼자관계의 변화

는 파괴되고 마는 것이다. 그러나 교사와 학생 간에 상호존중하고 친밀감이 형성되어 있다면 C에 대한 태도를 변화시켜 나아갈 것이다. 이 세 경우 중 어떠한 경우에 가장 효과적인 교육이 이루어질 것인가 하는 것은 분명하다.

-가 홀수이면 불안정으로 세 관계 중 하나가 변해야 하고, -가 짝수이면 안정적으로 이 관계가 지속된다. 그러므로 교육은 안정적 관계에서 나타난다.

물론 교사와 학생, 부모와 자녀 간의 관계는 이와 같은 단순한 삼자관계는 아니다. 다양한 삼자관계가 얽히고설켜서 복잡한 삼자관계를

이룰 것이다. 세 가지의 삼자관계가 동시에 얽혀 있는 관계를 생각해
보자.

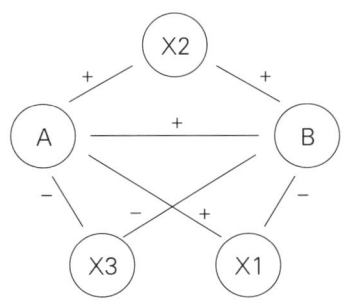

〈그림 5-3〉 삼자관계의 복잡한 얽힘

　A는 어머니이고 B는 아동이다. 이 두 사람은 X1, X2, X3 등과 모두
삼자관계를 맺고 있다. 이 두 사람은 X2, X3과는 안정적 관계를 이루
고 있으나 X1과는 불안정적인 관계를 이루고 있다. 이 삼자관계는 A와
B, A와 X1, B와 X1의 관계 중 하나는 변해야 하는 관계이다. 여기서
만일 A와 B의 관계가 +에서 -로 바뀐다고 하면, A와 B는 또 X2, X3
과 불안정적인 삼자관계가 되어 또다시 바뀌어야 하는 상황에 처하게
된다. 그러나 A와 X1, B와 X1의 관계가 바뀌면 그것으로 모든 삼자관
계는 안정적이 된다. 그러므로 A와 B 간의 관계 변화보다 A와 X1 간
또는 B와 X1 간의 관계가 바뀔 가능성이 많다. 이러한 삼자관계서 보
듯 부모와 자녀 간에 안정적인 삼자관계의 형성이 다양하게 이루어져
있다면, 학습이라는 의견일치를 보지 못하는 어려운 문제상황에 직면했
을 때에도 이 문제로 인해 부모와 자녀의 관계가 파괴되지는 않을 것이
다. 오히려 안정적인 부모와 자녀 간의 관계를 바탕으로 의견일치를 보
지 못하는 학습과 관련된 문제를 현명하게 해결할 수 있을 것이다.
　여기서 교사와 학생 간, 부모와 자녀 간의 친밀성을 아무리 강조해

도 지나치지 않다는 것을 알 수 있다. 교수-학습은 두 사람이 존재하고 난 후에 존재하는 것이지 두 관계가 허물어지고 난 뒤에는 존재할 수 없다.

위기의식 해소

친밀감은 위기의식을 해소해 주고 이는 효율적 학습의 바탕이 된다.

친밀감은 교사와 학생 간에 안정적인 인간관계를 형성시켜 줄뿐만 아니라 모두에게 불필요한 위기의식을 해소시켜 준다. 이로 인해 아동은 학습불안이 형성되지 않고, 나아가 학습이 더욱 용이해질 것이다. 교사와 학생 간의 관계가 허물어졌으면서도 C의 내용을 학습시키고자 한다면 학생은 위기의식을 느끼게 된다. 또한 가르치는 교사도 위기의식을 느끼게 된다. 친밀감이 붕괴되었다는 것은 상호간에 주고받는 정신적 지지가 붕괴됨[2]을 의미하므로 상대방과의 접촉은 위기의식을 조장할 수밖에 없다. 위기의식은 불안을 조성한다. 적절한 불안은 학습을 촉진한다고 하나 학습상황에서의 불안은 학습을 저해하는 요인이 된다.

학습은 이성적으로 판단한 후에 이루어지는 것이 아니고 감정적으로 결정이 된 후에 이루어지는 것이므로 위기의식은 학습을 방해하는 큰 요인이다. 위기의식은 우리의 사고를 폐쇄시키므로 학습에 큰 지장을 초래한다. 위기의식에 의해 나타나는 사고의 폐쇄과정을 보면 다음과 같다.[3]

150조에 달하는 두뇌 신경세포의 시냅스들은 우리 뇌의 모든 정보 이동을 조절하고, 이 시냅스의 조절에 의해 정상적인 사고와 의식, 회상이 가능하다. 그런데 스트레스 종류의 체험을 통해 망상구조를 이룬 신경섬유 간의 모든 개폐(시냅스 전부)가 전달활동을 방해받음으로써 차단될 수가 있다. …… 다시 말하면 공포, 놀라움,

고통, 박해와 같은 스트레스를 받았을 경우 이러한 시냅스의 정상적인 기능이 장애를 받아 사고의 폐쇄현상이 일어난다. 왜냐하면 스트레스를 받았을 경우 분비되는 호르몬인 아드레날린과 노르아드레날린은 특정한 전달물질, 요컨대 시냅스에서 들어오는 정보들의 계속적인 전달을 맡고 있는 물질들의 파트너이기 때문이다. 게다가 노르아드레날린은 억제 시냅스의 전달물질의 하나이기도 하다. 아드레날린과 노르아드레날린의 양이 증가하는 순간 수많은 충격들이 더 이상 전달되지 못하게 된다. 그에 의하면 시험에 두려움을 가질 때나 당황했을 때 우리에게 갑자기 어떤 것이 떠오르지 않을 때가 바로 이런 순간이다. 이때 정보는 그의 특정 장소에 도달되지 못하고, 우리는 그때마다 사고회로 폐쇄, 의식장애 혹은 기억단절을 겪는 것이다. …… 그 결과 우리는 학습에 큰 장애를 입게 된다.

베스터(Vester)가 제시한 실험 결과는 친밀성의 결핍이 얼마나 학습을 방해하고 있는지 잘 보여 주고 있다. 이 실험에 의하면 학생들에게 매우 친숙한 내용을 충분히 학습시킨 후 몇 주일 후에 다양한 분위기로 질문을 던져 기억 정도를 검사해 본 결과, 매우 친절한 분위기에서 구체적 질문을 했을 때는 91%의 정답률을 보였으나, 위압과 호통 속에서 같은 질문을 했을 때는 51%의 정답률을 보였다고 한다.[4] 이러한 사실은 위기감이 사고의 마비현상을 초래하고 있음을 잘 보여 주고 있다.

목적달성을 위한 협력 촉진

친밀감은 동지의식에서 형성된다. 동지의식은 같은 생각, 같은 목적을 가지고 있다는 것을 의미한다. 같은 목적을 가지고 있으면 그 목적을 위해서 함께 협동하게 된다. 함께 협력하며 목적을 추구하면 그 목적은 보다 빠른 시간에 쉽게 달성된다. 〈그림 5-4〉에서 A는 교사와 학생의 목적이 상이한 경우이고 B는 거의 동일한 경우이다. 이를 보면 학습지도에서 친밀감의 중요성을 더욱 느낄 수 있다.

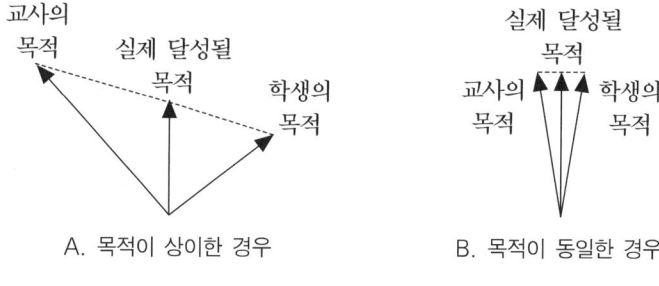

〈그림 5-4〉목적의 차이와 달성도

따라서 친밀감은 가르치는 사람과 배우는 사람 간에 안정적인 인간 관계를 형성시켜 주고 동일 목적을 추구하게 할 뿐만 아니라, 사고를 원활하게 함으로써 학습에 큰 영향을 주고 있음을 알 수 있다. 다음에 친밀감을 높일 수 있는 방안을 알아보자.

친밀감을 형성하는 방법

학습에 도움을 주는 친밀감을 형성하기 위해서는 아동의 무한한 발전가능 성을 인정하고 아동과의 지속적인 의사소통이 필요하다.

아동의 가능성 존중

부모나 교사가 아동을 존중하고 친밀감을 유지하기 위해서는 우선 아동의 능력을 믿어야 한다. 아동이 그것을 할 수 있으리라고 믿는 부모나 교사는 그것을 아동에게 가르치려고 노력한다. 아동이 그것을 해 낼 수 없으리라고 생각하는 부모나 교사들은 가르치려는 노력을 포기하고 하루하루를 의미 없이 보낸다.[5] 또 아동의 능력을 믿지 않고는 존중하기가 어려워진다. 교사(부모)는 학생(자녀)을 있는 그대로 존중해 주어야 한다. 여기서 명심할 것은 있는 그대로의 자녀의 모습이란 현실화된 능력만을 말하는 것이 아니고, 비록 현실화되지는 않았지만 자녀에게 숨겨져 있는 무한한 잠재능력을 말하는 것이다. 어쩌면 성숙하지 않은 자녀의 능력은 눈에 드러나 보이는 현실화된 능력보다 눈에 보이지 않는 아직 현실화되지 않은 잠재능력이 그들에게 있어 더 중요한 능력이다. 그러므로 부모나 교사가 존중해 주어야 하는 것은 바로 이 잠재능력이다. 아동이 가지고 있는 잠재능력에는 두 가지가 있다. 하나는 무한한 발전가능성이고, 다른 하나는 그 가능성을 실현하려고 하는 자아실현의 욕구이다.

아동은 엄청난 발전가능성을 가지고 있다

공수래공수거(空手來空手去). 인간은 빈손으로 태어나서 빈손으로 간다고 한다. 그러나 이것은 우리의 신체 외부에 나타난 손 안에 아무것도 없다는 것이지 우리의 신체 내부 특히 두뇌 속을 말하는 것은 아니다. 우리는 내부에 말로 표현할 수 없는 엄청난 능력을 가지고 태어났다. 미미한 한 알의 씨앗도 무성한 나무를 구성하는 능력을 가지고 태어나는데, 하물며 만물의 영장이라고 하는 인간의 능력은 어떻게 말로 다 표현할 수 있겠는가? 천상의 세계에서 하사받은(?), 아니면 몰래 숨겨온(?) 초능력의 힘이 항상 우리의 내부에서 꿈틀대고 있는 것이다.

출생시 인간은 생득적 조건을 가지고 태어난다. 생득적 조건에 무한한 능력을 내포하고 있는지, 아니면 단순한 빈 그릇에 불과한지는 인지이론가와 행동주의자들의 견해에 따라 상반되어 있어 획일적으로 말하기는 어렵다. 인지이론가들은 인간이 태어날 때 무한한 능력을 가지고 있다고 본다. 특히 융(Jung)은 자신의 성격 이론에서 우리의 집단적 무의식 깊숙한 곳에 말로 표현할 수 없는 엄청난 능력이 숨겨져 있다고 했다. 우리의 의식이 무의식 깊숙이 파묻혀 있는 엄청난 능력, 즉 원형을 인식하게 되면 초능력이 발휘될 수 있다. 인간의 잠재능력과 관련하여 융의 성격이론을 보면 〈그림 5-5〉와 같다.

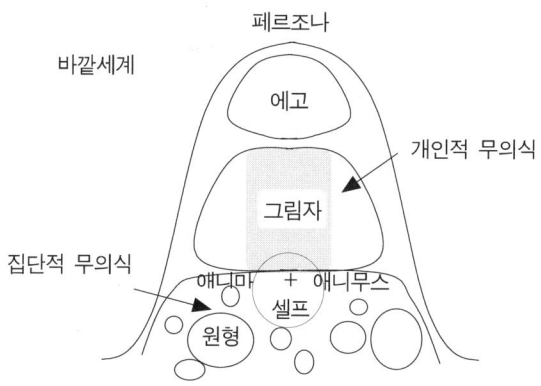

〈그림 5-5〉 융의 이론에서 보인 성격구조6)

　융에 의하면 우리는 의식과 무의식의 정신세계를 가지고 있다. 의식에는 페르조나와 에고가 있고, 무의식은 다시 개인적 무의식과 집단적 무의식으로 나뉘어 있으며, 이 무의식에는 그림자, 원형, 셀프, 애니마, 애니무스 등이 있다. 역할에 따라 변하는 가면의 성격인 페르조나(persona)는 가장 쉽게 외부로 노출된다. 이 페르조나를 통하여 인간은 역할에 수반된 능력을 발휘할 수 있다. 페르조나의 안쪽에 있는 의식적 자아인 에고(ego)는 외부를 인식하고 동시에 내적인 자신을 인식할 수 있는 자아이다. 이 에고를 통하여 우리는 자신이 알고 있는 능력을 발휘할 수 있다. 그림자(shadow)는 개인의 생애 동안 억압된 모든 성향과 느낌이 내포된 개인적 무의식이다. 그림자는 에고가 자신의 내부 깊숙이 숨겨져 있는 능력을 탐구하여 발휘하려는 노력을 거부한다. 다시 말하며 그림자는 집단적 무의식 속에 있는 능력을 탐색하려고 노력하는 에고의 활동을 방해한다. 집단적 무의식은 모든 인류가 원시적부터 나누어 가진 모든 능력이 들어 있는 곳으로 원형(archetypes)으로 가득 차 있다. 원형은 직접적으로 파악할 수 없고 신화, 예술, 꿈, 환상 등에서 찾아진 상을 통해 학습이 가능하다. 또 단순한 지적인 개념이 아니라 미증유의 에너지를 방출할 수 있는 능력이다. 이 원형들이 바로 개인이 가지고 있는 엄청난 잠재능력의 원천이다. 융에 의하면 이 원형과 에고의 접촉으로 초인적인 힘이 발휘된다고 한다. 이러한 융의 이론은 우리가 태어날 때 무한한 잠재능력을 가지고 있음을 잘 설명해 주고 있다.

그러나 행동주의자들은 인지이론가들의 생각과는 완전히 반대이다. 행동주의자들은 태어날 때 인간의 능력은 빈 그릇에 불과하다고 한다. 특히 로크(Lock)는 태어나는 순간 우리는 하나의 백지에 불과하며 생존하는 동안 내용이 기재된다고 했다.

그러나 이러한 두 이론의 차이에도 불구하고 인간이 태어나는 순간부터 가지고 있는 무한한 발전가능성이 부정되지는 않는다. 다시 말하면 두 이론의 공통점은 인간이 무엇이나 될 수 있는 무한한 가능성을 가지고 있다는 것이다. 무한한 잠재능력을 가지고 태어나서 점차적으로 잠재능력이 표출되건, 빈 그릇으로 태어나서 점차 빈 그릇에 엄청난 능력이 저장되건 간에 인간의 능력이 점차적으로 증대되어 간다는 것은 마찬가지이다. 그러므로 인간이 가지고 태어나는 능력은 잠재능력이라기보다는 무한한 발전가능성이라고 보아야 할 것이다.

인지론자 : 잠재능력의
덩어리

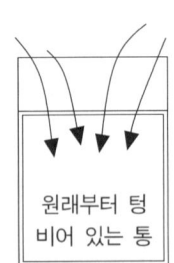

행동주의자 : 무엇이나 담을
수 있는 거대한 통

〈그림 5-6〉 인간의 발전가능성

인간은 성장의 과정에서 이러한 발전가능성이 점차 달성되어, 능력 있는 사람으로 변화되어 가는 것이다. 시간의 흐름에 따라, 환경과의 접촉에 따라 아동의 발전가능성은 점차 현실적 능력으로 자연스럽게 변화되어 간다. 그러므로 성인은 아동을 있는 그대로 존중해 주는 것이 좋다.

여기서 하나 생각해 보아야 할 것은 인간은 잠재능력을 현실화하는 데 있어 동물과 다른 점이 있다는 것이다. 즉 이러한 변화를 계획적·의도적으로 실시함으로써 가능성의 손실을 최소화하여 보다 능력 있는 존재로 변화시키고 있다는 것이다. 이러한 계획적 변화가 바로 교육이다. 따라서 부모나 교사는 아동이 가지고 있는 잠재능력이 손실되지 않도록 노력하여야 하며 아동의 능력을 무시하는 행동은 피해야 한다.

아동은 태어날 때부터 스스로 발전하려는 자아실현의 욕구를 가지고 있다.
그러나 다행스럽게도 인간은 교육에 의하지 않고도 천성적으로, 무의식적으로 그러한 초능력을 발휘하려고 하는 강렬한 욕구에 이끌리고 있다. 이른바 자아실현의 욕구이다. 매슬로우(Maslow)에 의하면 자아실

〈그림 5-7〉 매슬로우의 욕구의 위계

현의 욕구는 생리적 욕구, 안전과 안정의 욕구, 소속과 사랑의 욕구, 존경의 욕구가 충족되어야 나타나는 최상위의 욕구이다. 다시 말하면 욕구는 위계를 가지고 있어 보다 하위의 욕구가 충족되지 않으면 보다 상위의 욕구가 나타나지 않는다.

그러나 그는 자아실현의 욕구는 보다 하위의 욕구가 충족되어 감에 따라 새로이 형성되는 욕구가 아니라, 태어날 때부터 가지고 있는 하나의 내적 본성이라고 보았다. 그러므로 아동은 내부 깊숙이 숨겨져 있는 자아실현의 욕구로써 자신의 가능성을 현실적 능력으로 변화시키고 싶어하는 잠재적인 욕구를 항상 가지고 있다. 단지 그보다 하위의 욕구들이 충족되지 않으면 자아실현의 욕구가 나타나는 통로가 막힌다고 볼 수 있다. 자아실현의 욕구는 세상의 모든 정보를 빨아들이는 하나의 강력한 흡입판이다. 이를 그림으로 그려보면 〈그림 5-8〉과 같다.

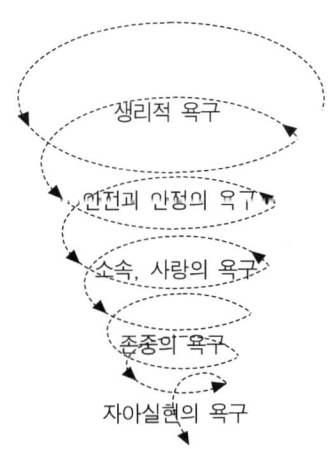

〈그림 5-8〉 자아실현의 욕구를 막는 하위 욕구들

때로 교사와 부모들은 학생과 자녀에게 실망한다. 가능성을 현실적 능력으로 착각하기 때문이다. 여기에서 명심할 것은 가능성은 가능성일 뿐이라는 것이다. 가능성은 가능성이지 현실적인 힘은 아니다. 다시 말하면 가능성은 희망을 가지게 하는 하나의 요소이지 현실적 문제해결 능력은 아니라는 것이다. 극단적으로 말하면 가능성은 무능력의 미사여구에 불과하다. 유아는 청소년보다, 청소년은 청년보다 가능성은 더 많으나 실제적 능력은 더 없다. 여기서 우리는 때로 가능성을 현실적 능력으로 간주하여 아동이 현실적 능력을 발휘하지 못한다고 하여 실망할 필요는 없다. 그들은 가능성을 현실적 능력으로 변화시키려고 하는 강렬한 자아실현의 욕구를 가지고 있다. 그러므로 우리는 아동을 가능성을 가진 존재로 보고, 그 가능성을 실현하도록 도와주어야 한다. 그러기 위해서 우리는 매슬로우의 위계를 다시 한 번 명심하여야겠다. 자아실현의 욕구는 존중의 욕구가 충족되어야 나타난다는 것을 말이다.

이상을 간추려 보면 아동을 존중하기 위해서 부모와 교사는 다음과 같은 생각을 신념화할 필요가 있다.

첫째, 아동은 현재 밖으로 드러난 능력만 가지고 있는 것은 아니다.

둘째, 아동은 계속적으로 발전하는 엄청난 발전가능성을 가지고 있다.

셋째, 아동은 내버려 두어도 스스로 발전하려고 하는 자아실현의 욕구를 가지고 있다.

넷째, 자아실현의 욕구는 하위의 욕구가 충족될 때 보다 쉽게 노출된다.

다섯째, 아동은 성인이 그 연령에서는 가지지 못한 능력을 나타내고 있다.

올바른 의사소통

두 사람의 인간관계는 의사소통에 의해 이루어진다.

"말 한마디로 천냥 빚을 갚는다."
"되로 주고 말로 받는다."

"가는 말이 고와야 오는 말이 곱다."

등의 우리 속담은 말의 중요성을 일깨워 주고 있다. 말은 단순하게 상호 간에 오고가는 것이 아니라 상대방의 마음속 깊이 때로는 감동을 주기도 하고 때로는 상처를 주기도 한다. 감동을 심어 준 말을 한 사람은 영원히 존경스러운 존재로 심어질 것이고, 상처를 준 말을 한 사람은 영원히 적대적인 존재로 심어질 것이다. 이렇게 오고가는 말로 인해 두 사람 간의 인간관계는 형성된다. 교사와 학생 간, 부모와 자녀 간의 인간관계는 바로 이러한 대화에 의해 사이가 가까워질 수도 있고, 멀어질 수도 있는 것이다. 외부에서 가해지는 타격은 신체에 머무르나, 말은 바로 귀를 통하여 우리의 두뇌 깊숙이 침투하고 있다. 말에 의해 우리는 서로 직접적인 영향을 받고 있다. 다시 말하면 두 사람의 인간관계는 그 관계를 구성하고 있는 두 사람의 마음속에 내재되어 있으나, 그 마음속에 간직되는 관계의 유형을 만드는 것은 두 사람 간의 대화인 것이다. 동시에 대화는 두 사람의 인간관계를 표현해 주는 것이기도 하다.

이와 같이 부모와 자녀 간의 친밀감 형성은 대화에 의해 크게 좌우된다. 그러나 실제로 가정에서 부모와 자녀 간의 의사소통은 극히 미비하다.

어린이 문화진흥회에서 서울에 사는 초등학교 4~6학년생 1,108명을 대상으로 가정과 학교 환경에서 받는 어린이의 스트레스에 관해 실시한 설문조사 결과는 이를 잘 나타내고 있다.[7]

> 대화가 없는 썰렁한 집안 분위기, 공부만 하라고 다그치는 부모, 우리나라에서는 이 두 가지에 가장 많은 스트레스를 받고 있는 것으로 나타났다. 특히 이런 스트레스는 여자 어린이보다 남자 어린이에게 심한 것으로 나타났다. …… 어린이들이 가정에서 겪는 고민은 가족 간의 대화부족(26.2%), 부모의 공부 강요(23.5%)가 압도적으로 컸다. …… 50.2%의 어린이가 '나는 부모님께 그날 있었

던 일을 그대로 이야기하지 않는다'고 했다. 또 38.1%가 방과후 집에 돌아가면 아무도 없는 때가 많다고 했고, 17.8%가 가족과 같이 있어도 외롭다고 했다. …… 60.3%의 남자어린이가 부모의 공부 강요를 지적하고 있다.

이러한 내용을 고려할 때 우리의 부모들은 공부하라는 얘기 외에는 자녀와 진지하게 대화를 나누고 있지 못함을 알 수 있다. 이러한 상황에서 부모와 자녀 간에 올바른 의사소통이 이루어지기는 어렵고 나아가 친밀감이 형성되기도 어렵다. 오히려 친밀감보다는 경계심과 적대감이 형성될 가능성이 더 크다. 또 형성된 경계심과 적대감은 의사소통을 더욱 어렵게 만들어 갈 것이다. 이에 부모와 자녀 간의 의사소통 개선을 위해 의사소통의 의미를 살펴보고, 나아가 의사소통의 방법으로 베르너(Berne)의 PAC이론과 고든의 수용언어와 비수용언어를 간단히 소개하고 올바른 의사소통방법을 생각해 보자.

모든 학습은 의사소통을 통해 이루어진다.

의사소통은 모든 학습을 가능하게 하는 근본 방법이다. 의사소통은 마음과 마음의 대화이다. 이른바 생각의 교환이다. 교사와 학생 간의 의사소통을 통해 교사의 생각이 학생에게 전달되고, 책과 학생 간의 의사소통을 통해 책의 생각이 학생에게 전달된다. 자연과 학생 간의 의사소통을 통해 자연의 생각이 학생에게 전달된다. 이것이 바로 학습이다. 의사소통은 단순한 대화가 아니라 지식의 전달과정이다.

의사소통이 단절되면 생각의 흐름이 단절되는 것이다. 이는 곧 학습의 장애를 의미한다. 부모와 자녀 간의 대화에서 부모가 자녀에게 훈계하다가 자녀가 받아들이지 못하면 부모의 교육은 제대로 이루어지지 않는다. 교사가 내용을 어렵게 제시함으로써 학생이 제대로 이해하지 못하면 그로 인해 교사와 학생 간의 의사소통은 막히는 것이다. 따라서 교육도 막히는 것이다. 교사는 학생과의 대화를 유지하기 위해, 다양하게 설명하려고 노력한다. 이 의사소통의 노력과정이 바로 교육이다.

의사소통의 성격

의사소통을 통해 말하려는 사람의 의미가 그대로 전달되는 것은 아니다.

의사소통은 두 사람 간의 정보교환을 말한다. 다시 말하면 정보의 원천(말하는 사람)에서 목적지(듣는 사람)로의 정보의 이동을 말한다. 하지만 단순히 이동하는 것이 아니다. 정보는 정보를 제공하는 사람에 따라 다양한 기호로 표현되어 정보를 받아들이는 사람에 따라 다양하게 해석되어 전달된다. 다시 말하면 의사소통은 개인 간의 해석적 교류이다.

수업상황을 분석하기 위해 활용되고 있는 샤논(Shannon)과 위버(Weaver)의 의사소통 모델을 보면 〈그림 5-9〉와 같다.[8]

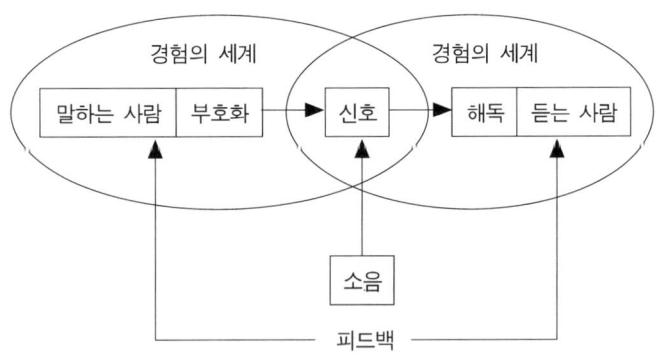

〈그림 5-9〉 샤논-위버의 의사소통 모델

이 모델에서 의사소통의 과정을 보면 다음과 같다.

첫째, 말하는 사람은 자신의 생각을 자신이 가지고 있는 지식과 기술(경험의 장)을 바탕으로 부호화하여 어떠한 상징적 신호로써 표현을 한다. 다시 말하면 말하는 사람은 자신의 생활공간에 적합한 용어, 즉 일상생활에서 사용하는 용어로 기호화하여 이를 신호로 듣는 사람에게 보낸다.

둘째, 이때 신호는 말하는 사람의 뜻을 담고 있는 하나의 상징일 뿐, 그 자체가 말하는 사람의 뜻은 아니다. 그러므로 듣는 사람은 그 신호를 보고 말하는 사람의 뜻을 해석하여야 한다.

셋째, 듣는 사람은 자신의 지식과 기술에 따라 신호에 담겨 있는 의미를 해석하여 말하는 사람의 뜻을 파악한다. 다시 말하면 듣는 사람은 그 의미를 말하는 사람의 생활공간에서가 아니라 자신의 생활공간에 적합한 의미, 즉 자신이 일상생활에서 사용하는 의미로 해석한다.

따라서 올바른 의사소통을 위해서는 말하는 사람과 듣는 사람은 동일한 생활공간을 가지고 있어야 한다. 만일 동일한 생활공간을 가지고 있지 않다면 의사소통이 이루어질 수 없다. 생활공간이 동일하면 특정 신호 속에 담겨 있는 의미도 같지만, 생활공간이 다르면 그 신호 속에 담겨 있는 의미도 달라진다. 예를 들면, 올빼미는 미국에서는 흔히 지혜의 상징으로 사용되나 나이지리아에서는 악의 징조로 사용된다. 그러므로 미국의 교사가 나이지리아 학생에게 지혜의 상징으로 올빼미를 사용하였더라도 나이지리아 학생들은 악의 징조로 받아들이고 불쾌히 여길 것이다.

또, 이와는 다소 다른 예이지만 개인이 처해 있는 상황의 차도 의사소통의 장애를 초래한다. 만일 즐거운 상황에 있는 교사가 학생의 귀여움을 농담으로 표현하여 "아이구, 이 바보야."라고 부호화했을 때 학생이 최악의 상황에 있는 경우(부모에게 성적이 떨어졌다고 꾸지람을 들었다거나 친구에게 비방당하여 분개하고 있는 경우)에는 자신을 귀엽게 보아주는 농담으로 생각하기보다는 자신을 무시하는 교사의 속마음으로 오해할 수도 있을 것이다. 이것은 모두 말하는 사람과 듣는 사람의 생활공간의 차에서 나타나는 것이다. 이와 같이 말하려는 사람의 의도는 두 사람의 생활공간의 차이로 인해 정확하게 전달되기가 어렵다.

그러나 두 사람의 생활공간이 동일하다고 하더라도 말하는 사람의 의도가 그대로 전달되는 것은 아니다. 사람들 간에 이루어지는 의사소통은 다른 매체를 통하여 이루어지는 정보의 이동과는 매우 다르다. 예를 들면, 녹음 테이프에 의해 전달되는 정보는 테이프의 손상이 없으면 입력된 정보가 왜곡되거나 손상됨이 없이 처음 그대로 출력이 되나, 사람 간의 정보전달은 정보의 손실과 왜곡이 빈번히 일어난다. 하이니히(Heinich) 등은 말하려는 사람의 의도는 네 가지 단계에서 정보가 상실되거나 왜곡된다고 말하고 있다.[9]

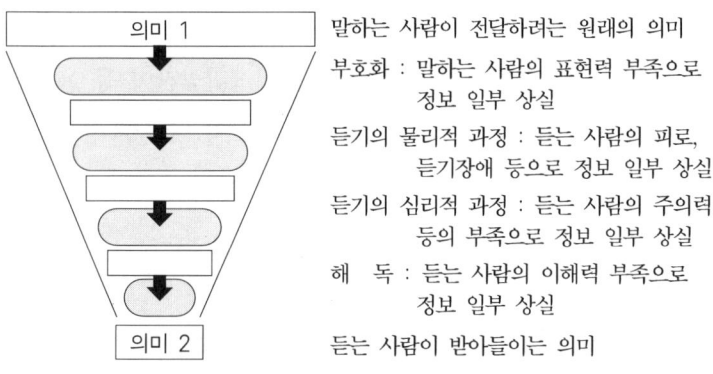

의미 1 — 말하는 사람이 전달하려는 원래의 의미

부호화 : 말하는 사람의 표현력 부족으로 정보 일부 상실

듣기의 물리적 과정 : 듣는 사람의 피로, 듣기장애 등으로 정보 일부 상실

듣기의 심리적 과정 : 듣는 사람의 주의력 등의 부족으로 정보 일부 상실

해 독 : 듣는 사람의 이해력 부족으로 정보 일부 상실

의미 2 — 듣는 사람이 받아들이는 의미

〈그림 5-10〉 의사소통과정에서 나타나는 정보상실

〈그림 5-10〉에서 보면 말하는 사람의 원래의 의도는 4단계에서 상당히 많은 부분이 상실되거나 왜곡되어 듣는 사람에게 전달된다. 정보의 상실과정을 보면, 우선 말하는 사람의 표현력이 부족하여 자신의 생각을 그대로 나타내지 못함으로써 정보가 일부 상실된다.

다음으로, 듣는 사람의 피로라든지, 또는 청각장애가 있어 소리의 물리적 특성을 제대로 받아들이지 못함으로써 정보상실이 일어난다.

또, 듣는 사람의 마음 상태에 좌우되는 주의집중의 정도에 따라 정보의 상실이 일어난다.

마지막으로, 듣는 사람의 이해력 부족으로 인하여 정보의 상실이 또 일어난다.

의사소통이 잘 안 되는 원인으로 4가지 요소를 생각해 볼 수 있다.

나와 너 사이에 의사소통이 잘 이루어지지 않는 원인으로 다음 4가지 요소를 생각해 볼 수 있다.

첫째, 상대방에 대한 무지이다. 이른바 정보부족이다. 상대방에 대한 정보가 없으면 상대방의 생각을 예측할 수가 없고, 이에 따라 상대방을 수용할 수가 없다. 수용하지 못하면 상대방으로부터 거부반응을 받을 것이다.

둘째, 자신의 욕심이다. 이른바 정서의 오류이다. 상대방에 대한 정보는 있으나 자신의 욕심이나 정서에 의해 상대방에게 적절한 정보를 활용하지 못하는 것이다. 이에 따라 상호간에 거부반응을 주고받을 수 있다.

셋째, 표현상의 미숙이다. 이른바 표현의 오류이다. 자신의 생각을 적절하게 표현할 수 있는 언어구사력과 행동 표상이 미숙하여 상대방으로부터 오해를 받는 것이다.

넷째, 전달과정에서의 정보 상실 또는 왜곡이다. 이른바 환경의 장애이다. 환경적 요소가 부적절하면 의미의 전달이 상실되거나 왜곡되어진다.

이러한 점을 생각해 볼 때 부모와 자녀 간에는 자신들의 속마음이 있는 그대로 전달되기가 무척 어렵다는 것을 알 수 있다. 부모는 표현된 언어를 통해 자신의 속마음이 그대로 전달되었다고 보고 있으나, 자녀는 부모의 표현된 언어를 통하여 부모의 마음을 잘못 이해할 수도 있다. 반대로 부모는 자녀의 표현된 언어를 통하여 자녀의 마음을 있는 그대로 파악하였다고 생각하고 있으나 실제로는 자녀의 마음을 잘못 해석하여 파악할 수도 있다. 이러한 경우 우리는 흔히 말이 통하지 않는다고 한다. 말이 통하지 않는다는 것은 결국 서로의 마음이 통하지 않는다는 것을 의미한다. 마음이 통하지 않는 곳에서 친밀감이 형성되기를 기대하는 것은 마치 나무에서 물고기를 구하는 것과 같다. 그러므로 자녀와의 친밀감을 유지하기 위해서 부모는 자녀와 같은 세계에서 모든 것을 생각하고, 또 자녀의 세계에서 자녀의 언어를 해석하는 것이 필요하다. 부모가 자녀의 세계로 자신을 투여하는 것이 바로 자녀와의 생활공간을 공유하는 것이고, 다음 장에서 설명할 관심이다.

마음이 통하기 위해서는 의사소통이 지속적으로 이루어져야 한다.

두 사람 간에 뜻이 맞지 않을 때 흔히 대화가 단절되었다는 말을 자주 사용한다. 이는 대화가 지속되는 동안에는 마음이 통하고 있거나 통할 가능성이 있음을 의미한다. 따라서 의사소통의 지속은 곧 마음의 소통을 의미한다. 그러므로 부모와 자녀, 교사와 학생 간에는 의사소통이 지속적으로 이루어져야 한다. 자녀가 부모나 교사의 강압에 의하여 마지못해 응하고 있다면 이미 두 사람 간에는 마음의 문이 닫혔다는 것이고, 여기서 친밀감의 형성은 있을 수 없다. 그렇다면 어떠한 경우에 의사소통이 지속되고 단절되는지를 알아보자.

베르너의 PAC

우리의 마음속에는 어버이의 마음, 어른의 마음, 아이의 마음이라는 세 종
류의 마음이 있고 의사소통은 이 세 마음 간에 이루어진다.

베르너(Berne)에 의하면 우리의 마음속에는 어버이 마음, 어른 마음,
어린이 마음이 있고, 이 세 마음이 의사거래에서 나타난다고 본다. 다
시 말하면, 우리들의 의사소통은 개인의 마음속에 있는 이 세 마음들
간의 대화로 이루어진다고 본다. 즉, 두 사람의 대화에서 대응되는 마
음들이 평행선을 이룰 때(〈그림 5-11〉의 A) 의사거래는 상보적이 되어
의사소통이 지속되나, 대응되는 마음이 교차될 때(〈그림 5-11〉의 B) 의
사거래는 비상보적이고, 의사소통은 중단된다.10)

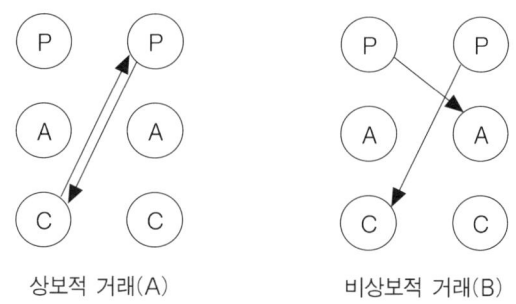

상보적 거래(A)   비상보적 거래(B)

〈그림 5-11〉 의사소통에서 상보적 거래와 비상보적 거래

베르너의 의사소통도 결국 두 사람 간의 생활공간이 부합되어야 함
을 의미한다. 즉, 한 사람이 부모의 생활공간을 요구하고 말을 던지면
상대방은 부모의 생활공간을 제공해야 한다. 한 사람이 부모의 생활공
간을 요구했음에도 불구하고 상대방에서 그러한 환경을 만들어 주지
못하면 그 말은 살아남지 못하고 죽어 버린다는 것이다.

우리들 마음속에 있는 어버이 마음, 어른 마음, 어린이 마음의 특성

〈표 5-1〉 어버이, 어른, 어린이 마음

	어버이	어 른	어린이

형성
시기
	• 출생 후 첫 5년
	  동안
		• 생후 10개월 이후
		  부터
			• 어버이와 같은
			  시기에

특 징	• 위 시기에 개인에게
	  지각된 반문의 여지
	  도 없이 의무적으로
	  부과된 것과 같은 외
	  적 사태가 뇌에 기록
	  된 거대한 경험의 집
	  합체
	
	• 생활에 관해 가르쳐
	  진 개념의 모임
	  (taught concept)
		• 위 시기 이후부터 개
		  인의 자각과 독창적
		  사고를 통해 어버이
		  의 가르쳐진 개념이나
		  어린이의 느낀 개념과
		  는 다른, 혼자서 발견
		  한 결과의 집합체
		• 자료수집과 자료정리
		  과정에 기초된 생활
		  에 대한 '사고적 개념
		  의 모임'(thought
		  concept)
		• 자료처리 컴퓨터
			• 위 시기에 외부에서
			  주어지는 자극에 대
			  해 어린이가 보고, 듣
			  고, 느끼고, 이해하고
			  있는 자료의 조직체
			• 반응의 대부분이 감
			  정
			
			• 생활에 대한 느낀
			  개념의 모임(felt
			  concept)

단 서	〈신체적인 것〉 찡그린 이마, 오므린 입술, 지적하는 집게 손가락, 머리 가로젓 기, 무서운 표정, 발로 툭툭 차기, 엉덩이에 손얹기, 팔짱끼기, 손 비틀어 꺾기, 혀차기, 한숨쉬기, 남의 머리 가볍게 치기	〈신체적인 것〉 어른의 표정은 순진한 것	〈신체적인 것〉 눈물, 입술경련, 토라 짐, 성깔부림, 고함침, 흐느낌, 눈을 내리깜, 보챔, 환희, 웃음, 말 할 기회를 얻기 위해 손을 듦, 손톱 물어뜯 기, 조롱하는 몸짓, 몸 부림침, 낄낄웃음
	〈언어적인 것〉 이번만 하고 그만둘 것이다, 죽어도 할 수 없다, 항상 …, 결코 …, ~해야만 한다, 어 리석은 …, 버릇없는 …, 착한 애야 …	〈언어적인 것〉 언제, 어디서, 무엇을, 누가, 얼마나, 어떤 방 법으로, 비교적 …, 있 음직한, 가능한, 객관 적, 생각건대, 내 견해 로는	〈언어적인 것〉 어린애 말투, 바란다, 원한다, 난 몰라, 나갈 테다, 무관심이다, 내 가 자라면, 보다 더 큰 …, 아주 더 큰, 가 장 큰

을 나타내면 〈표 5-1〉과 같다.

이러한 상보적 의사거래와 비상보적 의사거래를 부모-자녀 간에 적용시켜 보면 다음과 같이 생각해 볼 수 있다.

> 자녀 : (심각한 표정을 지으며) 어머니, 저 피곤하니 오늘은 공부 안 하고 쉬고 싶어요.
>
> 어머니 1 : (무표정하게) 그래? 그런데 내일이 시험이고 막바지 중요한 시기인데 피곤하다고 안 하면 시험 결과가 어떻게 되지?
>
> 어머니 2 : (장난스런 표정으로) 그렇지만 엄마는 공부 안 하는 네가 싫어. 네가 공부할 때가 더 좋아. 그냥 공부 좀 해 주라.
>
> 어머니 3 : (이마를 찡그리며) 안 돼! 한번 더 그런 소릴 하면 가만두나 봐! 아무리 피곤해도 공부해!

이 대화를 그림으로 나타내면 다음과 같이 볼 수 있다.

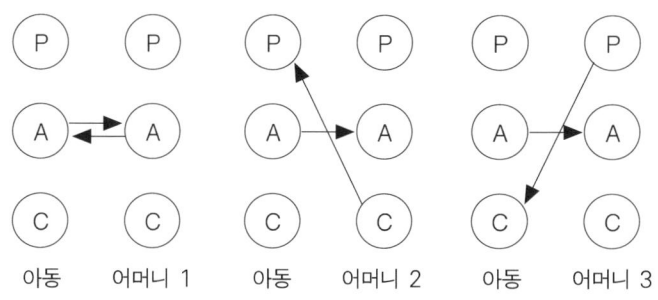

〈그림 5-12〉 의사소통의 예

위 예에서 어머니 1의 경우는 상보적 거래로써 의사소통이 지속되나, 어머니 2와 어머니 3은 비상보적 거래로서 의사소통이 중단된다.

고든의 수용언어와 비수용언어

교사와 학생의 마음속에 문제가 있어도 의사소통은 지속되지 못한다.

고든(Gordon)에 의하면 교사와 학생 간에 참된 의사소통이 이루어지기 위해서는 교사와 학생 모두에게 문제가 없어야 된다. 문제란 욕구좌절로 인하여 마음이 불편한 상태를 말한다. 만일 교사 또는 학생에게 문제가 있다면, 다시 말하면 교사 또는 학생이 욕구좌절로 인하여 마음이 불편한 상태에 있다면, 이에 의해 의미는 왜곡되고 그 결과 올바른 의사소통이 이루어질 수 없다.

문제행동에 관하여 설명해 보면 〈그림 5-13〉과 같다.

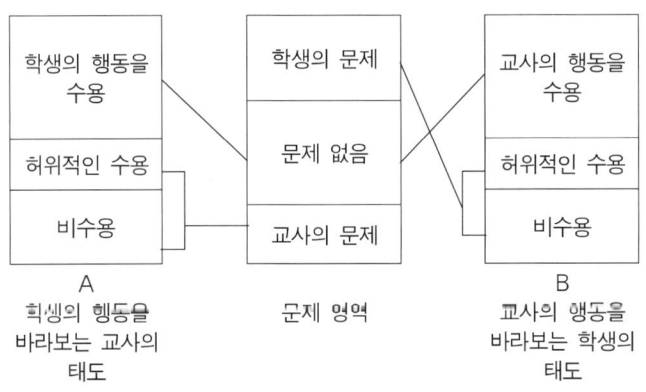

〈그림 5-13〉 교사와 학생의 문제

여기서 직사각형 A는 교사의 눈에 비친 학생의 모든 행동이다. 교사는 교사 자신의 마음 상태, 학생의 상태, 환경요인 등에 따라 수용할 수 있는 학생의 행동도 있고, 수용할 수 없는 학생의 행동도 있다. 여기서 직사각형은 수용적 영역과 비수용적 영역으로 구분되고, 그 두 영역 사이에 허위적 수용 영역도 나타날 수 있다. 교사가 학생의 행동을 수용할 수 있으면 교사에게 문제가 없다는 것이다. 즉 교사는 문제를 소유하고 있지 않다는 것이다. 그러나 교사가 학생의 행동을 수용할 수 없으면 교사에게 문제가 있다는 것이다. 다시 말하면 학생에게 문제가 있어 교사가 학생의 행동을 수용할 수 없는 것이 아니라 교사가 문제를 소유하고 있어 수용할 수 없는 것이다.

직사각형 B는 학생의 눈에 비친 교사의 행동이다. 앞서 말한 바와 같이 학생은 교사의 상태, 학생 자신의 마음상태, 환경요인 등에 따라 수용할 수 있는 교사의 행동도 있고, 수용할 수 없는 행동도 있다. 여기서 직사각형은 수용적 행동영역과 비수용적 행동영역으로 구분되고, 역시 그 두 영역 사이에 허위적 수용 영역이 나타날 수 있다. 교사의 행동을 수용할 수 있으면 학생은 문제를 소유하고 있지 않은 것이고, 학생이 교사의 행동을 수용할 수 없으면 학생은 문제를 소유하고 있다는 것이다. 다음의 예를 보면서 문제소유와 행동 수용을 깊이 생각해 보자.

A 선생님은 출근하는 길에 다른 자동차와 자신의 차가 부딪혀서 차가 부분적으로 망가졌다. 이로 인해 그는 몹시 기분이 상해 있다. 그런데 아침 조례 시간에 학생 한 명이 대답도 않고 자기 일만 하고 있다. A 선생님은 이 학생의 행동을 도무지 수용할 수가 없어 벌컥 화를 내었다(문제는 선생님이 소유하고 있다).

여자 친구로부터 키가 작다고 놀림을 받고 몹시 기분이 나빠 있는 철수에게 선생님이 꼬마야 하고 불렀다. 이에 학생은 매우 화가 나서 선생님에게 투박스럽게 말했다(학생이 문제를 소유하고 있다).

교사에게 문제가 있다고 하는 것은 바로 교사가 학생의 행동을 수용할 수 없다는 것을 의미하고, 학생에게 문제가 있다고 하는 것은 학생이 교사의 행동을 수용할 수 없다는 것을 의미한다. 그러므로 교사 또

는 학생에게 문제가 발생한 경우 그 발생한 문제를 해결하지 않고서는
교수 · 학습 활동을 계속해 나갈 수 없다. 교수 · 학습의 과정이 효과적
으로 이루어진다는 것은 교사와 학생의 관계가 '문제 없음'의 영역에 있
을 경우에 한해서이다.

교사와 학생의 의사소통 과정에서 문제가 없는 경우에는 어떠한 언
어를 사용하더라도 상호 수용이 됨으로써(실제로는 상호 수용이 되고 있
으므로 문제가 없는 것이다) 대화가 지속이 된다. 그러나 문제가 있는 경
우, 상대방에게 수용이 되는 언어가 있고, 수용이 되지 않는 언어가 있
다. 이때 수용이 되지 않는 언어는 대화를 단절시킨다.

그러므로 우리는 수용언어와 비수용언어를 구분하여 상대방에게 문
제가 발생한 경우에는 수용언어를 사용하도록 노력하여야 한다. 수용언
어는 학생의 마음속에 숨겨져 있는 문제의 근원을 알도록 노력하는 언
어이다. 이에 비해 비수용언어는 상대방의 마음을 알려고 노력하는 것
이 아니라 자신의 마음을 전달하려고 하는 것으로써 문제가 있는 상대
방의 마음을 더욱 닫게 하고, 자기방어적으로 만드는 언어이다. 비수용
언어와 수용언어를 소개하면 〈표 5-2〉, 〈표 5-3〉과 같다.[11]

<표 5-2> 12가지 유형의 비수용언어

제1영역 : 학생의 문제에 해결책을 제시하는 언어	
범주 1	명령적 · 지시적 언어 예) "불평 그만하고 숙제를 끝마치도록 해."
범주 2	경고하거나 위협적 언어 예) "이 과목에서 좋은 성적을 받으려면 빈틈없이 해야 돼."
범주 3	교화적 · 설교적이거나, 의무를 부과하는 언어 예) "학교에 왔을 때는 공부하는 것이 네 임무라는 것을 알아야 해."

범주 4	충고하거나, 해결책이나 방안을 제시하는 언어 예) "네가 해야 할 일은 시간을 적절히 활용할 수 있는 계획을 세우는 거야. 그러면 너의 숙제를 끝마칠 수 있어."
범주 5	가르치거나 논리적으로 의견을 제시하는 언어 예) "자, 현실을 바로 보자. 그 숙제를 끝마칠 때까지 3, 4일밖에 남지 않았어."
제2영역 : 학생을 판단하고, 평가하고, 경멸하는 내용을 내포한 언어	
범주 6	판단하거나, 비판하거나, 비난하는 언어 예) "너는 아주 게으른 녀석이거나 꾸물거리는 녀석이야."
범주 7	욕설이나 상투적인 언어 예) "너는 고등학교에 들어갈 학생 같지가 않아. 꼭 초등학교 4학년짜리 같이 행동하고 있어."
범주 8	해석하거나, 분석하거나, 진단하는 투의 언어 예) "너는 '어떻게 하면 그 숙제를 하지 않고 넘어갈까?' 궁리나 하고 있지?"
제3영역 : 학생을 기분 좋게 하거나 문제가 없어지도록 하기 위해 또는 문제를 가지고 있다는 사실조차 부인하도록 하는 내용을 내포하는 언어	
범주 9	칭찬하거나, 동의하거나, 긍정적으로 평가하는 언어 예) "너는 정말로 똑똑한 아이야. 나는 네가 어떻게든지 숙제를 해낼 수 있으리라 확신해."
범주 10	안심시키거나, 동정하거나, 위로하는 언어 예) "이처럼 느끼는 사람은 너 혼자만이 아니야. 나도 어려운 숙제에 대해 그렇게 느꼈었단다. 그렇지만 숙제에 열중하면 그렇게 어렵지는 않아."

제4영역 : 학생의 자기방어기제를 초래하는 내용을 내포하는 언어	
범주 11	질문, 조사, 심문하는 투의 언어 예) "숙제가 너무 어렵다고 생각하니?" 　　"왜 진작 도움을 청하지 않았니?" 　　"몇 시간이나 숙제를 했니?"
제5영역 : 학생의 관심을 돌리거나 학생들과 대응하는 것을 피하기 위한 의도를 내포한 언어	
범주 12	움츠리거나, 주의를 전환시키거나, 풍자하거나, 유머를 사용하는 언어 예) "애, 우리 좀더 재미있는 얘기나 하자." 　　"지금은 그 시간이 아니야." 　　"누군가 오늘 아침 기분이 언짢은 것 같아."

〈표 5-3〉 수용언어

수동적 경청(침묵)	아무 말도 하지 않고 침묵으로써 상대방의 말을 받아 주는 것
인정 반응	상대방에게 주의를 기울이고 있다는 증거를 보여 주는 반응 비언어 단서 : 고개를 끄덕임, 앞으로 몸을 기울임, 미소지 　　　　　　음 등의 신체 동작 언어 단서 : '아하', '오오', '응, 그래' 등
대화의 문을 열게 하는 메시지	학생들이 더 깊은 이야기를 하도록 격려하는 언어 예) "그것에 대해서 좀더 말해 주겠니?", 　　"그것 참 흥미 있는데, 계속 해봐.", 　　"그것에 대해 강한 인상을 받을 것처럼 들려.", 　　"네가 말하고 있는 것에 흥미가 있어."
능동적인 경청	상대방의 얘기를 듣고 있을 뿐만 아니라, 정확하게 이해하고 있음을 나타내는 것 예) "음 너는 …에 대해서 걱정하고 있는 것 같구나."

그러므로 학생에게 문제가 생긴 경우에 비수용언어를 사용하는 것은 부적당하고 유용하지 못하다. 학생이 교사의 행동을 수용하지 못하고 있는 것은 학생이 가진 문제 때문인데도 불구하고, 학생의 문제를 파악하지 않고 단지 학생의 변화만을 요구하는 비수용언어는 효과적이지 못하다.

이때 교사는 수용언어를 사용하여 학생이 가진 문제가 무엇인지를 파악하고 이 문제를 먼저 해결해 주는 것이 필요하다. 수용언어는 수동적 경청, 인정 반응, 대화의 문을 열게 하는 메시지, 능동적인 경청 등을 순차적으로 표현하게 된다. 다음의 예를 가지고 수용언어의 중요성을 생각해 보자.

중학교 2학년의 아들이 말을 듣지 않는다고 하여 의논을 해 온 어머니가 있었다. 어머니의 말을 들어보면 아무리 달래 보아도 안 되고, 꾸중해 보아도 안 되고, 선물을 사준다면서 회유책을 사용해 보아도 안 되고, 칭찬해 주어도 안 되고, 농담을 던져도 안 되고, 한번 이성적으로 생각해 보자면서 논리적으로 따져도 안 된다고 하는 것이었다. 도무지 어머니 말이라면 고개를 돌리고 못들은 척 하거나 피해 버리든지, 아니면 반항을 한다는 것이었다. 이 말을 듣고 나는 즉각적으로 아들에게 문제가 있다는 것을 알려주고 아들이 소유하고 있는 문제를 해결하지 않는 이상 어떠한 말도 효과가 없다고 말해 주었다. 아들에게 충고하거나, 조언하거나, 달래거나, 칭찬하는, 모든 말들이 모두 비수용언어로서 아이에게 수용이 안 된다고 해 주었다. 그리곤 아들이 가지고 있는 이 문제를 찾아낼 수 있는 언어를 먼저 사용하라고 말해 주었다. 이른바 고든의 수용언어를 설명해 드렸다. 고든의 수용언어란 결국 상대방이 가지고 있는 문제를 파악하는 언어이다. 비수용언어란 상대방의 문제는 등한시하고 자신의 주장을 다양한 방법으로 상대방에게 전달하는 것에 불과하다. 따라서 문제가 있는 아동은 비수용언어로는 문제가 해결되지 않으므로 상대방의 말을 계속 수용하지 못하는 것이다.

이 어머니는 몇 번의 시행착오를 거듭한 끝에 (어머니가 수용언어의 사용이 익숙하지 않은 탓에 비수용언어가 빈번히 노출되었다고 함) 자녀의 문제를 파악할 수 있었다. 그리고 그 원인은 어머니 자신에게 있었다. 평소에 자기의 말만 옳다고 하면서 강압적인 언어를 자주 사용하는 어머니에게 자녀는 깊은 불만을 가지고 있었던 것이다. 자녀는 어머니는 무슨 말을 하든지 간에 결국 자기(어머니)만 옳다고 할 건데 들을 필요가 없다는 생각을 가지고 있었다. 이에 어머니는 자녀에게 평소의 말하는 습관을 사과하고 자녀의 문제를 푼 후에는 의사소통이 원활해졌다는 것이다.

이상 베르너와 고든의 말을 고려해 볼 때, 부모와 자녀 간의 의사소통에는 상호간의 호흡이 일치하여야 하고, 서로 문제가 있으면 그 문제가 무엇인지를 파악하여 먼저 해결해 주는 것이 필요하다는 것을 알 수 있다. 이를 바탕으로 부모와 자녀 간의 의사소통 방법을 제시해 보면 다음과 같다.

바람직한 의사소통 방법

친밀감을 위해서는 서로가 가진 문제를 해결하여야 한다.

베르너와 고든의 내용을 보면 결국 말하는 사람들 간에 생활공간이 일치하여야 한다는 것을 알 수 있다. 말하는 사람은 즐거운 상태에 있는데 듣는 사람이 불쾌한 상태에 있다든지, 말하는 사람은 호랑이를 생각하고 있는데 듣는 사람은 토끼를 생각하고 있다면 상호간에 효과적인 의사소통이 될 수 없는 것이다. 효과적인 의사소통이 될 수 없다는 것은 결국 마음이 통하지 않는다는 얘기이고, 이는 결국 서로에게 믿음과 친밀감이 형성될 수 없다는 것이다.

그러므로 부모는 자녀와 친밀감을 형성하기 위해서는 〈그림 5-14〉와 같은 과정으로 대화를 나누는 것이 필요하다.

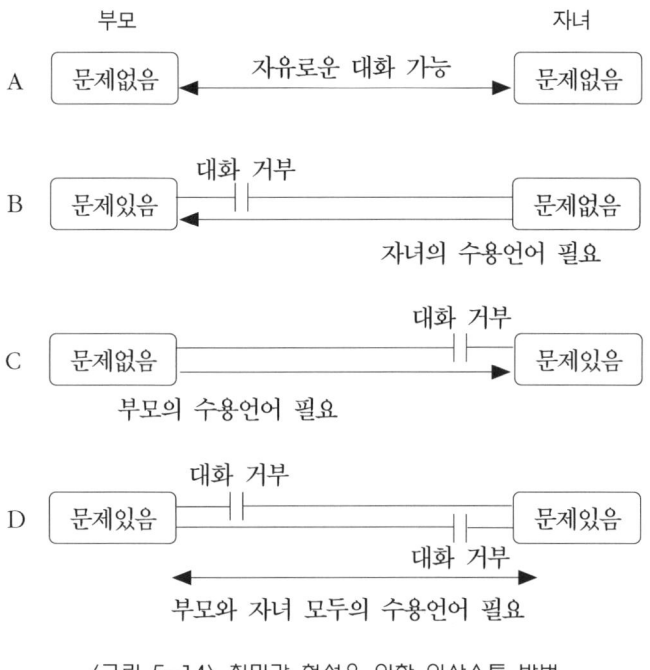

〈그림 5-14〉 친밀감 형성을 위한 의사소통 방법

첫째, 서로의 생각을 있는 그대로 전달하고 받아들이기 위해서는 서로의 세계, 즉 생활공간이 일치하여야 한다. 또 서로가 모두 문제를 소유하고 있지 않아야 한다. 이러한 경우(〈그림 5-14〉에서 A의 경우)에는 각자의 생각을 언어로 바르게 표현할 수 있고, 상대방도 그 언어를 바르게 해석하여 상대방의 생각을 왜곡하지 않는다. 이러한 경우에는 어떠한 언어를 사용하여 대화를 나눠도 무방하다.

둘째, 부모와 자녀는 각자 자신의 생활을 가지고 있으므로 항상 같은 생각, 같은 기분을 가지고 있는 것은 아니다. 서로가 같은 생각, 같은 기분을 가지고 있지 않을 때 특히 둘 중에 한 사람이 문제를 가지고 있거나 둘 모두 문제를 가지고 있는 경우(〈그림 5-14〉에서 B, C, D의 경우)에는 서로의 말이 서로에게 올바르게 전달될 수가 없다. 다음의 예는 딸아이가 문제를 가지고 있는 경우를 보여 주고 있다.

> 어머니 : 영미야, 이것 좀 해라.
> 영　미 : 싫어요.
> 어머니 : 너는 어떻게 매일 싫어요니? 좀 하면 안 되니?
> 영　미 : 내가 언제 매일 싫다고 했어요.
> 어머니 : 저, 말하는 것 봐라.
> 영　미 : …(아이는 씩씩대면서 눈을 흘기고 있다.)
> 어머니 : 엄마가 시키면 좀 하면 어때서 말이 그리 많니? 아이구
> 　　　　 골치야.
> 영　미 : 엄마는 매일 나만 보면 못 잡아먹어서…….

셋째, 누구든 문제를 소유하고 있으면 그 문제부터 먼저 해결하여야 한다. 상대방은 그 문제를 찾도록 노력하고 나아가 그 문제를 해결해 주어야 한다. 예를 들면 부모의 말을 자녀가 수용하지 않는다고 하면 (자녀가 문제를 소유) 부모는 비수용언어를 피하고 수용언어를 자녀에게 사용하여야 한다. 이때 부모는 자녀의 세계를 존중해 주는 태도를 더 가져야 한다. 수용언어란 결국 자녀에게 나타난 문제가 무엇인지를 파악하여 해결하려고 하는 것이므로 자녀 존중의 태도를 갖추어야 하는 것은 당연하다. 수용언어를 사용하여 자녀의 문제를 해결하였으면 이제 다시 어떠한 언어를 사용하더라도 무방하다.

넷째, 때로 문제가 자녀에게 있지 않고 부모에게 있는 경우도 있다. 이때 부모는 자녀의 말이 수용되지 않고 화가 나게 된다. 이러한 경우 부모가 자녀와의 친밀감이 상실되는 것을 막기 위하여 허위적 수용을 한다고 하면 부모의 문제는 더욱 커지고 나중에는 해결할 수 없는 비수용으로 발전하여 오히려 자녀와의 친밀감을 크게 파괴할 위험이 있다. 그러므로 부모가 문제를 소유해서 자녀의 말이 수용되지 않을 경우에도 즉각적으로 문제를 해결하는 것이 좋다. 그러나 자녀는 부모와는 달

리 미성숙자이므로 자녀가 부모의 마음을 미리 읽고 부모의 문제를 해결해 주기를 기대하는 것은 어렵다. 그렇다 하여 자녀에게 화를 낸다거나 거부함으로써 문제를 해결하려 한다면 영문을 모르는 자녀는 부모의 그러한 태도를 수용하지 못할 것이며, 나아가 부모의 문제는 동시에 자녀의 문제가 되어 버려 상호 비수용적이 된다. 이러한 경우 부모는 자녀로 하여금 부모에게 문제가 있음을 생활의 공유를 통하여 느끼게 만들어 주어야 한다. 다시 말하면 부모와 같은 생각, 같은 기분을 가질 수 있는 환경(생활공간)을 형성한 후 자녀에게 자신의 생각을 전달하여야 한다. 그러면 자녀는 부모의 입장에서 부모의 생각으로 부모의 말을 해석함으로써 부모에게 문제가 발생하였음을 알게 된다. 여기서 명심할 것은 일차적으로 자녀의 말을 수용(존중)하면서 점차 부모의 세계로 자녀를 불러 들어야 한다는 것이다. 다음의 예는 자녀의 입장을 이해하면서 부모의 입장을 설명하여 자녀가 부모와 같은 생각을 하도록 환경을 조작한 성공사례이다.

어머니 : 영미야, 이것 좀 해라.

영 미 : 싫어요.

어머니 : 왜? 엄마는 너의 도움이 필요한데…….

영 미 : 나 지금 숙제해야 돼요.

어머니 : 그래. 그럼 너는 바쁘겠구나! 그럼 어쩌지……?

영 미 : 왜요? 엄마!

어머니 : 이걸 해야 오늘 저녁에 모든 식구들이 맛있는 음식을 먹을 수 있는데 엄마는 난감하네? 바쁜 너를 시킬 수도 없고 혼자서는 안되겠고…….

영 미 : 엄마 혼자서 정말 안 되겠어요?

어머니 : 그래, 어렵겠다.

영 미 : 어쩌지……. 그럼 엄마 도와 드리고 숙제 좀 있다 할까요?

어머니 : 정말? 그런데 나중에 숙제할 시간 있겠어? 엄마가 미안
하네?

결국, 아동과 부모 간에 문제가 없으면 상호존중의 태도로 대화를
나누면 되지만, 문제가 있는 경우에는 그 문제를 먼저 해결하는 것이
바람직하다. 문제가 없는 상황에서 이루어지는 대화는 친밀감을 형성
하고 유지시켜 주지만, 각자 문제를 내포하면서 하는 대화는 친밀감을
훼손하게 된다. 원활한 의사소통을 위해 항상 생각해야 할 말은 다음
과 같다.

"상대방의 말과 행동을 수용할 수 없으면 상대방에게 문제가 있는
것이 아니라 나 자신에게 문제가 있다. 내가 소유하고 있는 이 문제를
스스로 해결하지 않으면 상대방과의 대화는 계속 장애를 입을 것이다.
우리가 영어 책을 읽을 때 그 내용을 내가 이해(수용)하지 못한다면 바
로 나 자신에게 문제가 있기 때문이다. 이른바 단어나 문법 실력이 부
족하기 때문이다. 그러므로 나 스스로 단어나 문법 실력을 증대시켜 그
문제를 해결하여야 한다."

주)

1) 백종억 · 권낙원 · 반용성 역, 성공적인 교사가 되는 길(Gordon, T.,
Teacher Effectiveness Training), 서울: 성원사, 1987.
2) Sternberg, R. J., op. cit., 1988.
3) 박시룡 역, 사고와 학습 그리고 망각(Frederic Vester 저, Denken,
Lemen, Vergessen), 서울: 범양사 출판부, 1993.
4) Ibid.

5) 이해명 역, 전인교육을 위한 학습지도방법, 서울: 교육과학사, 1985.

6) Crain, W. C., Theories of Development: Concepts and Applications, Englewvood Cliffs, N. T., Prentice Hall, Inc., 1980.

7) 1994. 7. 29. 조선일보.

8) Heinich, R., Molenda, M., & Russell, J. D., Instructional Media, New York: Macmillan Publishing Company, 1988.

9) Ibid.

10) Berne의 이론은 「인간관계의 개선과 치료」(이형태 · 이성태 역, 서울: 중앙적성)에 잘 소개되고 있다. 여기서는 간략한 소개만 하고자 한다. 더 공부하고 싶은 분은 이 책을 참고하시기 바란다.

11) Gordon의 수용언어와 비수용언어는 「성공적 교사가 되는 길」(Gordon 저, 백종억 · 권낙원 · 반용성 역, 성원사)에서 잘 설명해 주고 있다. 여기서는 그 내용을 간단히 간추려 소개하고 있다. 더 자세하고 깊은 내용을 알고 싶으면 이 책들을 참고하시기 바란다.

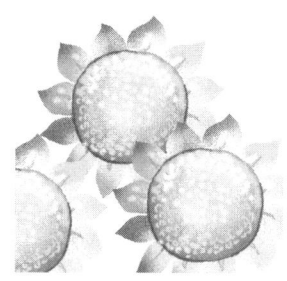

6

관심과 학습지도

공부로부터 자녀를 찾아오자

씨앗을 뿌리는 시기가 있듯이 배움에도 시기가 있다. 이 시기를 놓치면 공부를 한다는 것이 어렵기도 하거니와 어쩌면 불가능하기도 하다. 배움이라고 하면 우리는 흔히 학교교육을 생각하거나 미래생활에 대비하는 지적 교육만을 생각한다. 이에 따라 아동기나 청소년기에 열심히 지적 교육을 받지 않으면 미래에 불행해진다는 생각을 갖게 되고, 그 결과 부모는 부모대로 자녀는 자녀대로 모든 것을 희생하고 공부에만 전념하도록 강요된다. 이러다 보니 여러 부작용이 나타나고 있다. 예를 들어 '자녀의 불건전한 성장', '당연시되는 자녀의 밤늦은 귀가시간', '부모와 자녀 간의 정다운 대화 시간의 박탈 및 그에 의한 부모 자식 간의 형식화된 관계', '지나친 과외비 지출' 등이 있다.

이러한 부작용은 배워야 하는 시기에서의 배움을 잘못 이해한 부모의 독단에서 나타난 현상이다. 배움은 결코 학교교육에서의 지적 교육만을 의미하지 않는다. 배워야 하는 시기에서의 배움이란 각 연령단계에서 아동이 달성하여야 할 발달과업을 의미하는데, 그 시기에서의 배움은 단순히 미래생활을 위한 지적 교육뿐만 아니라 현재의 적응과 다음 단계로의 순조로운 발달을 도와주는 내용도 포함됨을 부모는 인식해야겠다.

기초를 튼튼히 하지 않은 성급한 공사로 인하여 아까운 인명이 피해를 입는 건축공사현장과 같은 잘못을 우리 부모는 자녀들에게 범하지 말아야 한다.

아동은 교사나 책을 통하여 많은 발달과업을 배우고 있으나 그에 못지않게 부모, 친구, 직접적인 사물을 통해서도 많은 것을 배우고

있다. 따라서 자녀의 시간을 지적 공부에만 모두 투자하는 잘못에서 벗어나야 한다. 책과 교사를 통한 배움인 학교수업, 과외수업, 자율학습 등에만 시간을 투자하도록 자녀에게 강요하지 말고 부모, 친구, 자연 등을 통한 시간도 갖도록 권장하자.

그러기 위해선 학교에서 돌아온 자녀를 또다시 학원으로 내쫓지 말고 부모와 따뜻하게 대화를 나누고, 같이 어려운 공부를 생각해 보고, 주말이면 가족·친구와 더불어 자연 속에서 생활하도록 유도하자. 생각만 해도 얼마나 즐거운가! 이로 인해 성적이 떨어지면 어찌나 하는 생각은 기우에 불과하다. 이미 학생들은 부모와의 은밀한 전쟁 속에 자기 시간을 갖기 위해 아까운 시간을 낭비하고 있기 때문이다. 차라리 부모가 동참하여 밝은 마음으로 함께 그들의 낭비되는 시간을 자연스런 배움의 시간으로 전환시켜 줌으로써 자녀와 즐거운 시간을 갖는 것이 보다 바람직할 것이다. 이러한 시간의 공유를 통하여 부모는 자녀의 세계를 보다 더 이해하게 된다.

성장할 때는 공부에 자녀를 빼앗기고, 성장한 후에는 그들이 독립해 버림으로써 외로워지는 부모가 되지 말고 공부로부터 자녀를 찾아오자. 그것이 자녀를 올바르게 키우는 길이다.

자료: 박영태, 공부로부터 자녀를 찾아오자. 조흥소식, 390호, 1992. 7., p.16.

학습지도에서 관심의 중요성

지피지기면 백전전승(知彼知己 百戰百勝)

모르는 게 약인가? 아는 것이 힘인가? 우리는 이 상반되는 진리 속에서 갈등을 느낄 수 있다. 때로 모르는 게 약이 된다. 그러나 이 말을 가만히 새겨 보면 아는 것이 힘이라는 말을 역설적으로 부각시켜 준다. 모르는 게 약이라는 말은 모르면 가만히 있으라는 말이다. 모르고 지내면 속이 편하다는 것이다. 긁어서 부스럼 된다는 말처럼 알지 못하면서 나서서 화를 자초하지 말고, 가만히 있으면서 2등이나 하라는 것이다.

병법에서 적을 알고 나를 알면 백전백승이라고 하였다. 이는 모든 조건을 파악하고 나면 올바른 작전을 구사할 수 있기 때문이다. 아무리 탁월한 전략가라고 하더라도 아는 것이 없으면 올바른 결정을 할 수가 없고, 아무리 성능이 좋은 컴퓨터라도 풍부하고 정확한 자료가 입력되지 않는다면 무용지물에 불과하다. 마찬가지로 학습지도에서도 학습지도와 관련된 요인들을 모르고서는 좋은 학습지도방법이 나올 수가 없다. 학습지도와 관련된 요인들을 많이 알면 알수록 더 좋은 학습지도방법을 강구할 수 있고, 그로 인해 학습효과는 향상된다.

학습하기전 학습자에 관하여 많이 알면 알수록 학습결과를 더 정확히 예측할 수 있다.

실제로 블룸(Bloom)은 그의 완전학습이론에서 학습과 관련된 요인을 파악하면 학습결과의 90%까지는 예측할 수 있다고 했다. 즉, 학습자의 출발점행동을 알면 학습결과의 65%를 알 수 있고, 여기다 가르치는 사람의 교수변인을 알면 25%를 더 알 수 있으므로 합하여 90%를 알 수 있다고 했다. 출발점행동이란 주어진 학습과제를 성공적으로 학습하기 위하여 미리 필요한 학습자의 특성으로, 여기에는 지능, 선행학습과 같은 지적 요인과 교과 또는 학업에 대한 자아개념과 같은 정의적 요인이 있다. 블룸은 학습자의 지적 요인을 알면 학습의 50%를 알 수 있고, 또 정의적 요인을 알면 25%를 알 수 있다고 했다. 지적 요인과 정의적 요인은 교차되는 부분이 있으므로 합해서 65%를 예측할 수 있다고 했다.

간단히 말하여 학습지도방법은 학습조건의 조작과 활용에 불과하다. 다시 말하면 학습과 관련된 제 요인들(조건들)을 파악하는 것이 학습지도방법이다. 따라서 관련된 제 요인들을 얼마나 파악하느냐에 따라 활용의 정도와 조작의 정도가 달라질 것이고, 또한 파악된 요인들이 어떠한 특성을 가지고 있느냐에 따라 조작의 방법이 달라질 것이다.

이와 같이 파악된 요인들(조건들)에 따라 학습지도방법이 달라지는 것을 크론바흐(Cronbach)는 적성-처치 상호작용이라고 하였다. 적성-처치 상호작용이론이란 학습자의 적성에 따라 학습지도방법을 상이하게 적용하는 것이 효과적이라는 것이다.

따라서 학습자의 특성을 보다 많이 그리고 보다 정확히 파악하면 할수록 보다 효과적인 학습지도방법을 강구할 수 있고, 그 결과 더 높은 학습결과를 얻을 수 있다.

그러나 타인에 대한 정보는 쉽게 얻을 수가 없다. 특히 개인에 대한 정보는 그 개인을 지켜 주는 비밀이기도 하기 때문에 자신에 관한 정보를 누구든지 쉽게 파악하도록 완전히 개방하는 사람은 없다. 그러므로 개인에 관한 정보를 얻기 위해서는 많은 노력이 필요하다. 특히 개인에 있어 매우 중요한 정보는 그 개인의 자존심과 연결되어 있어 더 깊은 비밀의 형태로 숨겨져 있다. 그러므로 학습향상에 결정적인 정보를 얻기 위해서는 매우 큰 노력이 필요하다. 노력이란 대상에 자신의 시간을 투자하는 것이므로 효과적인 학습지도방안의 강구를 위해서 자신의 시간을 학습지도와 관련된 요인들을 파악하는 데 보다 많이 투자할 것을 요구한다. 사랑은 이러한 시간을 투자하는 고통을 감내 하는 힘을 제공해 주며, 이 시간을 투자하여 그 대상에 탐닉하는 것이 바로 관심이다.

생활공간의 공유

상대방에 관심을 기울인다는 것은 상대방의 생활 속에 자신의 생활을 투자하는 것이다. 다시 말하면 상대방의 생활 속에서 자신의 생활을 찾는 것이다. 이광수가 지은 원효대사의 글 속에 효의 사랑에 대한 글이 나온다.

> 원효대사가 떠나자 그를 따르는 소녀가 원효대사에게 물었다.
> "대사님이 떠나고 나면 저는 무엇을 하고 있어야 하나요?"
> 이에 원효대사는
> "부모님께 효도를 하고 있어라."고 하였다.
> "대사님, 효도는 어떻게 하는 것입니까?" 하고 소녀가 묻자,
> 원효대사는
> "네 마음속에 네가 없고 부모님으로 가득 차 있을 때 그것이 바로 효이니라."고 하였다.

여기서 "네 마음속에 네가 없고 부모님으로 가득 차 있을 때 그것이 바로 효이니라."란 말은 사랑을 너무나도 간결하게 표현한 글로 보인다. 나의 마음속에 내가 들어 있지 않고, 네가 가득 차 있으면 이것이 바로 나의 너에 대한 관심이고, 이것이 바로 나의 너에 대한 사랑인 것이다. 이와 같이 관심은 바로 나의 생활공간에 너의 생활공간을 불러오는 것이고, 내가 너의 생활공간에 참여하는 것이다. 다시 말하면 관심을 통하여 나와 너의 생활이 공유되는 것이다. 이러한 생활공간의 공유로 인하여 나는 너에 대해서 더 많은 것을 알 수 있고, 나와 너의 의사소통은 더욱 원만히 이루어질 수 있다. 그러므로 관심이란 바로 나와

너의 생활공간의 공유를 말하고, 생활공간의 공유 정도가 바로 관심의 정도가 된다. 〈그림 6-1〉에서 보면 A의 경우보다 B의 경우에서 더 큰 관심이 이루어지고 있다.

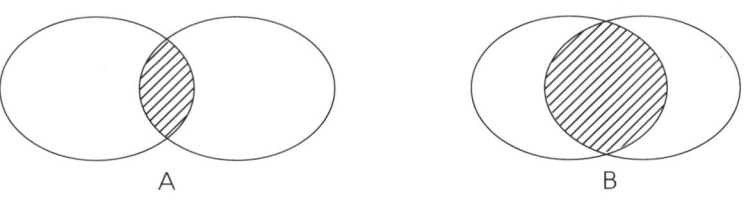

A

B

〈그림 6-1〉 생활공간의 공유와 관심의 크기

생활공간의 공유는 너와 나의 참만남을 의미한다.

생활공간의 공유는 부모와 자녀 간에 큰 의미를 부여한다. 생활공간의 공유는 바로 참만남을 의미하는 것이다. 형식적이고 피상적인 관계가 아니라 나의 자아와 너의 자아가 만나는 참만남이 이루어지는 것이다. 그리고 이를 통하여 너에 대한 모든 것을 보다 용이하게 알 수 있고, 나아가 너의 행동을 보다 용이하게 이해할 수 있게 된다. 레빈 (Lewin)에 의하면 인간의 행동은 생활공간에서 나온다. 그는 B=f(P, E)라는 공식으로 행동의 표출을 설명하고 있다. P는 개인의 성격을 의미하고, E는 그를 둘러싸고 있는 환경을 의미한다. 이때 환경이란 단순히 그를 둘러싸고 있는 환경이 아니라 그의 가치가 투사되어 있는 환경, 즉 유인가(誘引價)를 가지고 있는 환경을 말한다. 유인가란 환경적 요소가 개인의 특정 행동을 유발하는 자극으로서의 가치를 말한다. 여기서 개인의 성격과 환경을 합한 것을 생활공간이라고 한다(〈그림 6-2〉 참조). 그러므로 생활공간을 이해한다는 것은 그 개인의 성격과 그에게 영향을 주고 있는 환경을 이해한다는 것이고 이는 바로 그의 행동을 이해할 수 있음을 의미한다.

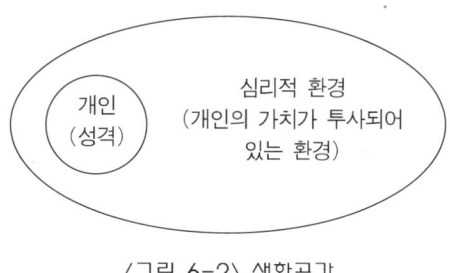

〈그림 6-2〉 생활공간

　이상을 간추려 보면 관심은 자녀의 삶의 세계를 보다 더 이해할 수 있도록 해 주며, 이를 통하여 부모는 자녀가 왜 그러한 행동을 하고 있는지를 알 수 있고, 또 다음 행동을 예측할 수 있으므로 효과적인 학습지도방안을 강구하는 데 도움을 줄 수 있다.

관심을 가져야 하는 사항

　부모(교사)는 자녀(학생)를 지배하기 위해서가 아니라 자녀(학생)의 발전을 도와주기 위하여 자녀(학생)에게 관심을 가지는 것이다.
　자녀에 대한 관심은 자녀의 생활공간에 열정적으로 참여하는 것이다. 일반적으로 타인의 생활공간에 참여하는 것에는 두 가지 유형이 있다. 하나는 타인을 지배하기 위하여 참여하는 유형이고, 다른 하나는 타인의 발전을 도와주기 위하여 참여하는 유형이다. 여기서 말하는 관심은 자녀의 발전을 도와주기 위한 것임은 말할 필요가 없다. 그러므로 자녀를 지배하기 위해 관심을 가진다면 올바른 관심이 아닐 것이다. 이는 관심이 아니라 간섭이다. 따라서 부모는 자녀의 생활공간에 관심을 가지고 참여하되, 자녀의 발전에 도움이 되는 사항에 관심을 가져야 할 것이다. 여기서는 자녀의 학업성취도와 관련하여 어떤 요인에 관심을 가져야 하는지를 살펴보고자 한다.

학업성취도에 영향을 주는 요인들

학업성취도에 영향을 주는 요인들은 너무나 다양하고 복잡하여 일률적으로 제시할 수가 없다. 여기서는 개별학습자에 중점을 둔 로베르(Rohwer)의 모형을 설명하고자 한다.

로베르[1]는 학업성취도에 영향을 주는 요소들을 크게 학생특성, 맥락특성, 공부활동으로 구분하고, 학생특성과 맥락특성은 다시 영향을 주는 방법에 따라 직접적 특성과 배경적 특성으로 구분하였다. 직접적 학생특성은 학습자의 공부활동과 학업성취도에 직접적으로 영향을 주는 요소들로서 처리능력, 선택된 지식, 과제경험, 과제불안, 주제에 대한 흥미 등이 있으며, 배경적 학생특성은 직접적 학생특성에 영향을 줌으로써 학업성취도에 영향을 주는 요인들로 연령, 공부지식, 능력, 통정부위, 성취동기 등이 있다. 직접적인 맥락특성은 학습자의 공부활동과 학업성취도에 직접적으로 영향을 주는 환경요소들로서 준거유형, 준거정보, 주제문제, 공부시간, 공부자료 등이 있고, 배경적 맥락특성은 직접적 맥락특성을 통해 학업성취도에 영향을 주는 요인들로서 학교, 가정, 부모, 동료, 전공 등이 있다. 공부활동은 학습자가 공부하는 방법으로서 인지적 활동, 성의석 활동, 사원관리 활농이 있다(공부활농은 8장에서 소개한다.). 로베르가 제시한 요인들을 그림으로 표현하면 〈그림 6-3〉과 같다.

학업성취도에 영향을 주는 요인들의 종합적 모형

일반적으로 학습에 영향을 주는 요인들은 크게 학습자 요인, 교육과정 요인, 환경요인 등으로 생각해 볼 수 있다. 학습자 요인은 다시 지적 특성, 정의적 특성, 발달수준, 준비성과 같은 정적조건과 학습자 활동과 같은 동적 조건으로 나누어 볼 수 있다. 이를 그림으로 나타내면 〈그림 6-4〉와 같다.

로베르의 모형

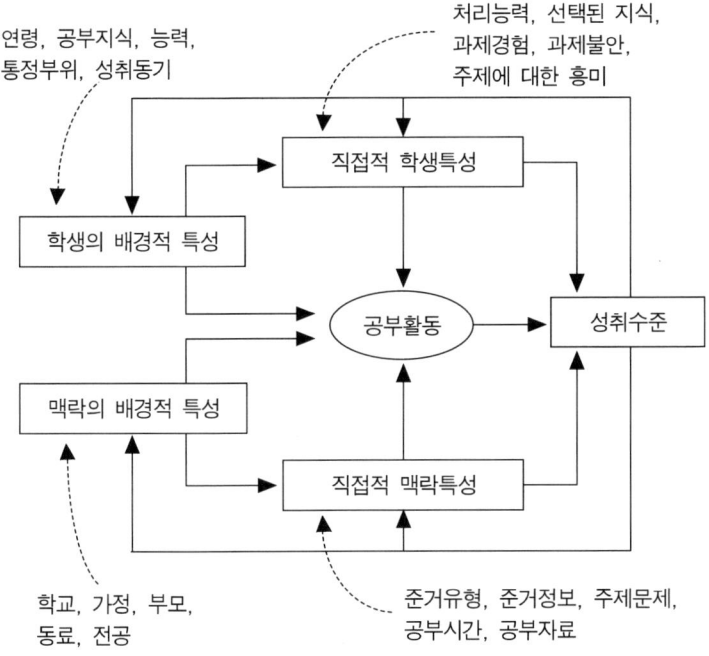

연령, 공부지식, 능력,
통정부위, 성취동기

처리능력, 선택된 지식,
과제경험, 과제불안,
주제에 대한 흥미

직접적 학생특성

학생의 배경적 특성

공부활동

성취수준

맥락의 배경적 특성

직접적 맥락특성

학교, 가정, 부모,
동료, 전공

준거유형, 준거정보, 주제문제,
공부시간, 공부자료

〈그림 6-3〉 로베르의 학업성취도에 영향을 주는 요인들

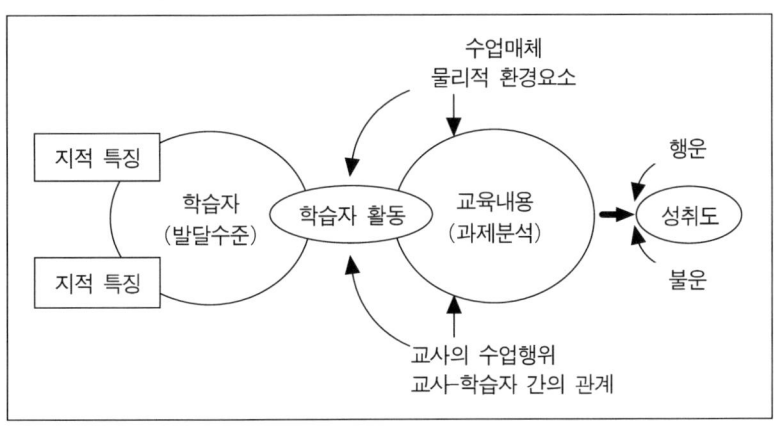

수업매체
물리적 환경요소

지적 특징

학습자
(발달수준)

학습자 활동

교육내용
(과제분석)

행운

성취도

불운

지적 특징

교사의 수업행위
교사-학습자 간의 관계

〈그림 6-4〉 학업성취도에 영향을 주는 요인들의 종합적 모형

이들 각 요인을 설명하면 다음과 같다.

1) 학습자 요인

학습의 주체는 학습자이므로 학습자에 관하여 많이 그리고 정확히 알면 알수록 효과적이다. 학습자 요인의 중요성은 여러 수업이론에서도 나타나고 있다. 즉, 브루너(Bruner)의 학습경향성, 블룸(Bloom)의 출발점행동, 가네(Gagné)의 학습자의 학습능력, 캐롤(Carroll)의 적성, 수업이해력 및 지구력 등은 학습자 요인의 중요성을 강조하고 있다. 부모나 교사가 관심을 가져야 할 학습자 요인을 보면 〈그림 6-5〉와 같다.

```
           ┌ 지적 특성 - 지능, 학습이해력, 창의력, 적성, 선수학습능력
  ┌ 정적 조건 ┼ 정의적 특성 - 불안, 동기, 성취동기, 자아개념, 포부 수준
  │        └ 신체적 특성
  │                        ┌ 인지적 활동
  └ 동적 조건 ─ 학습자 활동 ┼ 정의적 활동
                          └ 자원관리 활동
```

〈그림 6-5〉 학습자 요인

학습자 요인은 크게 정적 조건(靜的條件)과 동적 조건(動的條件)으로 나누어 볼 수 있다. 정적 조건이란 학습자가 유전 또는 과거의 경험(학습)을 통하여 이미 습득한 능력으로 현재 있는 상태 그대로 활용할 수는 있으나 쉽게 조작 또는 변용시켜 활용할 수 없는 요인들을 말한다. 이에는 지적 특성, 정의적 특성, 신체적 특성 등이 있다.

동적 조건이란 학습자가 직접적으로 학습을 하는 행위로써 부모나 교사 또는 학습자 스스로 조작할 수 있는 조건을 말하며 인지적 활동, 정의적 활동, 자원관리 활동 등이 있다. 그러므로 부모는 학습자의 정적 조건과 동적 조건을 파악하여 단기적으로는 동적 조건을 조작하여

학습효과를 기하고 장기적으로는 정적 조건의 변화에 관심을 가져야
될 것이다. 특히 관심을 가져야 할 요인들을 설명하면 다음과 같다.

(1) 지적 특성

지적 특성(知的 特性)은 인지적 요인을 말하며 이에는 지능, 창의력,
적성, 수업이해력, 선행학습능력 등이 내포된다. 이러한 요인들은 모두
학업성취도에 직접적으로 영향을 주는 중요한 요인들이다.

지능은 학업성적의 49% 정도를 결정하는 중요한 요인이다.

지능이란 개인의 어떤 사태나 상황에 주어졌을 때 발휘되는 통합된
정신기능, 생존에 필요한 판단력과 사물의 본질을 꿰뚫어 보는 힘,[2] 경
험으로부터 배우는 능력이나 지식을 획득하는 능력, 문제를 올바르게
보고 이것을 해결하기 위해서 추론을 사용하는 것[3] 등으로 정의되고
있으며, 마음의 작용 과정이나 정신활동의 절차를 거치지 않는 본능적
인 행동, 동물 본래의 반사적 행동 등은 지능에 포함되지 않는다.

일반적으로 지능과 학업성취도는 높은 상관관계(r=.70)를 유지하고
있으며, 학년이 올라갈수록 더 높아진다. 이러한 지능과 학업성적 간의
높은 상관관계는 지능이 학업성적을 49% 이상 결정한다는 것을 설명해
주고 있다. 이 수치는 단일요인으로서 학업성적을 좌우하는 것으로는
매우 높은 수치이다. 어떠한 학습요인도 단일요인으로서 이 정도로 높
게 학업성취도에 영향을 주는 것은 없다. 그러므로 자녀의 지능을 무시
하고 과도하게 학업성취를 요구한다고 하면 부모와 자녀 모두에게 깊
은 상처를 안겨 준다. 우리 속담에 뱁새가 황새를 쫓아가면 가랑이가
찢어진다고 했다. 이는 서투른 남의 흉내를 내지 말라는 말이다. 뱁새
는 뱁새로서의 행복한 삶이 있고, 황새는 황새로서의 행복한 삶이 있는
것이다. 황새가 뱁새보다 더 낫다거나 더 행복하다고 볼 수는 없다. 그

러므로 뱁새를 황새로 만들려고 하는 무리는 하지 말아야 한다. 따라서 우리는 자녀의 효과적인 학습지도를 위하여 자녀의 지능과 지능의 발달에 관하여 깊은 관심을 기울여야 한다.

그러나 지능이 낮다고 해서 부모가 자녀교육을 포기하여서는 안 된다. 학업성적의 49%는 지능에 의해 좌우되기는 하나 나머지 51%는 다른 요인들에 의해 영향을 받기 때문이다. 그러므로 부모는 지능 이외의 요인을 최대한 활용하여 학업성취를 도와 주어야 할 것이다. 지능이 낮다고 해서 자녀를 그렇게 바라보면 피그말리온 효과(pygmalion effect)가 작용하게 된다.

피그말리온 효과라고 하는 것은 상대방을 바라보는 대로 상대방이 변화되는 것을 말한다. 자녀를 바라볼 때 사랑스럽고 자랑스러운 자녀로 보면 자녀는 사랑스럽고 자랑스러운 자녀로 변하나, 밉상스럽고 보잘것없는 존재로 바라보면 실제로 밉상스럽고 보잘것없는 존재로 변해 가는 것이다.

아동의 지능이 낮다고 해서 절대 비방하여서는 안 된다. 아동의 지능은 전적으로 부모의 책임이지 아동의 책임이 아니다(8장 참조).

학습이해력이 높으면 적은 시간에 보다 많은 내용을 학습할 수 있다.

학습이해력이란 학습자가 어떠한 내용을 학습할 때 그 학습내용을 이해할 수 있는 기반 능력을 말한다. 가네의 학습능력, 캐롤의 적성 등은 학습이해력과 관련되므로 여기서 설명하고자 한다.

가네에 의하면 학습자의 학습능력은 위계성을 가지고 있다. 학습능력은 가장 낮은 수준인 신호학습능력에서부터, 가장 높은 수준인 문제 해결 학습능력에 이르기까지 8단계가 있으며, 학습자는 사전 학습 정도에 따라 8단계의 학습능력 중 어느 한 능력을 가지고 있다. 나아가 학습자는 학습하려는 학습 내용에 상응하는 내적인 학습능력을 가지고 있을 때 학습이 용이하게 이루어진다.

캐롤은 개인은 적성을 가지고 있으며, 이 적성에 따라 개인별 학습에 요구되는 소요시간이 달라진다고 하였다. 즉 적성이 높은 아동은 적은 시간을 투자하여도 학습이 용이하게 이루어지나, 적성이 낮은 아동은 보다 많은 시간을 투자하여야 학습이 이루어진다고 하였다. 적성이 학습시간을 단축시켜 준다는 이러한 특성은 아이에게 어떠한 적성을 길러 줄 것인가 하는 부모 역할에 중요한 과제를 던져 준다. 적성이 유전적 능력이냐 학습된 능력이냐의 논의는 무의미하다. 유전적이라고 하더라도 환경적 요소에 의하여 계발되지 않으면 소용없다. 그러므로 적성은 태어나서 현재까지 학습을 통하여 계발된 능력이라고 보아야 한다. 이에 따라 부모는 아이의 미래 학습을 위해 유아기에 어떠한 능력을 적성으로 길러 줄지 깊이 생각하여야 한다. 다음의 일화는 어려서 무엇을 학습시킬 것인가 하는 문제에 대해 다시 생각하도록 만들어 줄 것이다.

자녀 교육문제로 찾아온 어느 어머니와 나눈 대화이다.

"우리 애는 피아노를 하고 있어요."
"그래요."
"요즘은 태권도도 하고, 마술도 해요. 그 뿐이 아니라 미술학원에도 가요."
"그래요? 아이가 바쁘겠네요. 아이 앞으로 마술가가 될 건가요?"
"아니요."
"음악가로 만들 예정인가요?"
"아니요."
"운동선수로 만들 건가요?"
"아니요. 그냥 아이 사기를 키워 주는 거예요. 어렸을 때는 예체능을 많이 해 주어야 한다고 그래요."
"그렇군요. 심신을 단련하기 위해 예체능이 좋지요. 그런데 피아노는 상당히 한 걸로 알고 있는데…… 이제 그만하면 안 되나요. 워낙 아이가 배우는 게 많으니 힘들어 보이지 않아요?"

"아니에요. 친구들과 피아노 얘기를 나누려면 아직 멀었어요. 지금 실력으로는 친구와 대화를 못 나누어요."

"그래요?"

"예, 노래 경진대회에도 보낼 건데요."

"저번에도 상을 받았던데 또 받게요?"

"예, 그런 상은 받기 쉬워요. 아이 자아개념을 위해서 상을 많이 받게 해 주어야지요."

"그렇군요."

"아이가 친구와 대화 나눌 때 피아노 얘기만 하는가요?"

"아니 여러 가지 하겠지요."

"그런데 아이가 피아노로 얘기를 못 나눌까 봐 걱정을 하십니까? 피아노에 치중한 바람에 다른 영역의 얘기는 아예 말을 못하잖아요."

"……."

"그런데 한가지만 물어 봅시다. 나중에 아이가 자라서 자기는 무엇을 가장 잘 한다고 생각할까요?"

이상을 정리해 보면 학습이해력은 학습자의 학습을 가능하게 해 주거나 학습시간을 단축시켜 주고 또 용이하게 해 주는 주요한 요소이다. 그러므로 자녀의 학습이해력을 파악하면 같은 시간을 공부하고서도 그 결과가 다르게 나오는 사실을 이해할 수 있다.

학습이해력을 100m 달리기에서 달리는 속도에 비유해 보자.

· 영수는 100m를 20초에 달린다.
· 동택이는 100m를 25초에 달린다.

둘에게 똑같이 20초 동안 달리게 하면 영수는 100m를 가고 동택이는 80m밖에 가지 못한다.

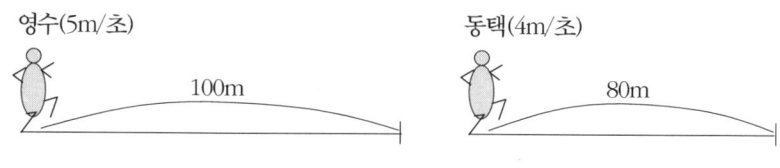

영수(5m/초)　　100m　　　　동택(4m/초)　　80m

〈그림 6-6〉 20초 동안 달린 거리

자녀의 학습이해력은 이웃집 아이와 같을 수가 없다. 심지어 형제 간에도 같을 수가 없다. 학습이해력이 다르므로 같은 시간을 공부해도 같은 성적을 올릴 수가 없다. 그럼에도 불구하고 이웃집 아동과 자녀를 비교하거나 형제 간을 서로 비교하여 비판하는 것은 바람직하지 못하다.

"너는 어쩨 동생보다 못하니. 동생은 조금만 해도 성적이 오르는데, 너는……" 하는 말은 자녀를 절망으로 몰아넣는 말이지 발전을 위한 말은 아니다.

창의력은 문제해결력을 높여 준다.

창조는 새로운 정보나 이미 알고 있는 지식을 조합하는 것이다.[4] 창의력이란 바로 이러한 창조적 능력을 말한다. 창의력이 높은 아이는 건전한 인성과도 직결된다. 오늘날 지식정보사회에서 지식 탐구력과 지식 조직능력이 크게 요구된다. 창의성은 바로 이러한 능력과 결부되어 교육에서 매우 중시되고 있다.

겟젤(Getzels)과 잭슨(Jackson)의 연구에서 창의력과 학습성취도와의 관련을 보면 창의력이 높은 집단은 비록 IQ가 낮음에도 불구하고 학업성취도는 높았다. 이러한 창의력과 지능 사이의 관계에 관하여 맥니마(McNemar)는 창의력과 지능 사이에는 대립적인 독립관계라기보다는 높은 정적 상관이 있으며, 이에 따라 지능지수가 낮으면 창의력도 낮을 가능성이 높으나, 지능지수가 높다고 하여 반드시 창의력도 높은 것은 아니라고 하였다. 그러므로 지능과 함께 아동의 창의력도 알아보고 이에 관심을 기울이는 것이 필요하다.

(2) 정의적 특성

정의적(情意的) 특성은 학습자가 학습시 표출하는 마음상태를 말한다. 이에는 동기, 욕구, 자아개념, 포부수준, 성취동기, 불안, 정서, 성격 등 다양한 마음상태가 내포된다. 지적 특성이 직접적으로 지식을 획득하는 능력이라고 한다면 정의적 특성은 지식을 획득하도록 하는 심리상태이다. 실제로 학습은 정의적 상태에서 마음이 결정된 뒤에 지적 요인이 작용하여 이루어진다. 그러므로 자녀가 어떠한 심리상태에 있는지를 파악하는 것은 공부하도록 만드는 중요한 단계임을 알 수 있다. 흔히 우리는 말을 물가로 끌고 갈 수는 있어도 물을 먹일 수는 없다고 한다. 이는 강제로 책상에 앉힐 수는 있어도 주의집중하여 공부를 시킬 수는 없다는 것을 의미한다. 여기서 물을 먹으려고 하는 것은 정의적 상태이다.

브루너의 학습경향성, 캐롤의 지구력 등은 바로 정의적 특성과 관련되어 있다. 이러한 정의적 특성으로 중요한 요소들을 설명해 보면 다음과 같다.

불안수준은 학습효과에 영향을 준다.

불안이란 학습자가 어떤 작업이나 활동을 할 때 내면적으로 가지고 있는 어느 정도의 긴장이나 심리적으로 긴박한 상태를 의미한다.[5] 불안과 학습과의 관계를 살펴보면 〈그림 6-7〉과 같다.[6]

〈그림 6-7〉에서 불안의 정도가 낮으면 학습량도 적고, 불안의 정도가 높아지면서 학습량도 증가하지만 학습량의 증가는 불안의 중간 수준까지이며, 불안의 정도가 더욱 높아지면 학습량은 다시 저하됨을 알 수 있다. 이러한 관계를 '역U' 함수 관계라고 말한다.[7]

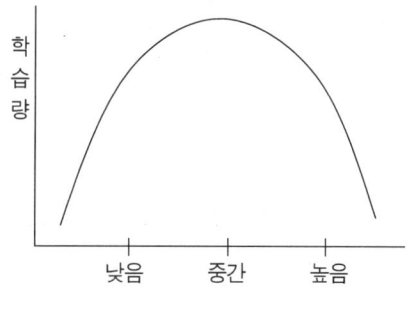

〈그림 6-7〉 불안과 학습과의 관계

특히 지능이 낮은 아동은 높은 아동보다 불안에 의해 더 큰 영향을 받는다. 즉, 지능이 높은 아동은 불안수준이 높아도 학습에 큰 장애가 없으나, 지능이 낮은 아동은 불안수준이 높으면 학습에 큰 장애를 받는다. 그러므로

"이번에 성적이 또 떨어지기만 해봐라."
"이것 일주일 이내로 해라. 안 하면 각오해!"

등 자녀의 능력수준을 고려하지 않고 자녀에게 위협적으로 던지는 말은 학습효과에 큰 지장을 준다. 그러나 학습의욕을 가지지 않는 자녀에게는 학습의욕을 가지도록 다소의 불안을 주어야 한다. 불안은 학습하도록 만드는 유인가가 된다(학습과 불안의 다른 측면은 8장에서 설명한다).

동기가 강하면 학습에 더욱 적극적으로 참여한다.
　동기란 어떤 행동을 초래하게 하는 원인 또는 이유로서 내적 · 외적 조건을 모두 지칭하는 것이다.[8] 동기는 욕구, 충동, 욕망 등과 유사한 개념으로 쓰이고 있다. 특히 학습자가 학습에 대한 의욕과 열의를 가지고 학습활동을 지속적으로 강력하게 전개하는 힘을 학습동기라고 하며, '외적 동기'와 '내적 동기'로 구분된다.[9] 외적 동기는 외적 사물이 가지

고 있는 어떤 유인가가 그 사람의 동기를 일으키는 것을 말하고, 내적
동기는 자기 성취감, 자기만족감 등에 의해 내적으로 우러나오는 동기
를 말한다.

이렇게 유발된 동기는 강하면 강할수록 학생들이 학습에 보다 적극
적으로 참여하도록 만들며, 그 결과 학습효과는 더 커진다. 그러므로
교사와 부모들은 학생들을 지도할 때 적절한 목표를 향해 나아가도록
동기를 유발시키는 것이 무엇보다도 중요하다는 것을 알 수 있다(동기
는 8장에서 구체적으로 설명한다.).

성취동기는 지속적 학습에서 나타나는 싫증과 피곤을 극복하여 준다.

성취동기는 자신에게 주어지는 과업을 달성하려고 하는 동기[10]이다.
다시 말하면 우월성의 어떤 내적 기준을 성취하고자 노력하는 것과 관
련된 계획, 행동, 느낌[11]을 말한다. 성취동기는 우월의 기준을 가지고
그것의 달성을 위해 경쟁하며 노력하도록 하는 행동의 활력소이므로
다른 어떤 정의적 요소보다 학교학습과 밀접한 관계를 맺고 있다.

성취동기가 높은 학생들은 어려운 과업을 달성하기 위해 지속적으로
노력하고, 자신의 학습능력에 자신감을 가지고 독립적으로 학습하며,
다른 학습자들보다 더 잘 학습하려고 하는 경향성이 있다. 특히 싫증과
피곤을 극복하는 경향이 강하다. 반면에 성취동기가 낮은 학생들은 학
습에 흥미가 없고, 선생님이나 동료들과도 함께 어울리지 않으며 계획
적이거나 조직적인 수업을 싫어하는 것으로 보인다.

이러한 성취동기는 2차적 동기로서 생득적인 것이 아니라 성장과정
에서 학습되는 동기이다. 부모가 자녀에게 행하고 있는 보상 또는 처벌
등은 자녀의 성취동기 형성에 큰 영향을 주고 있다.[12] 그러므로 부모는
자녀의 행동에 대해 관심을 가지고 성취동기의 육성을 고려하여야 할
것이다. 성취동기는 결핍이 있을 경우에 더욱 학습된다. 상류층 아동보

다 중류층 아동이 성취동기가 높다는 것은 바로 결핍 때문이다. 요즘 부모들이 아이들에게 결핍을 느낄 기회도 없이 욕구를 충족시켜 주는 것은 성취동기 학습에 큰 장애 요소이다.

긍정적 자아개념을 가진 아동은 매사에 적극적이다.

자아개념이란 한 개인이 자기 자신에 대해서 갖고 있는 견해를 말한다. 이러한 자아개념과 학업성취도와의 관계를 살펴보면 학업성취도가 높은 사람은 긍정적인 자아개념을 가지고 있고, 성취도가 낮은 사람은 부정적인 자아개념을 가지고 있는 것으로 나타났다. 또 긍정적 자아개념을 가진 아동은 매사에 적극적이나 부정적 자아개념을 가진 아동은 소극적이다. 따라서 교사와 부모는 학생들의 자아개념이 긍정적으로 나타나도록 학습방법을 유도해야 한다.

(3) **신체적 조건**

신체적 조건도 학습에 영향을 준다. 건강이 좋지 않으면 우선 정의적 상태에 영향을 주어 학습의욕을 감소시키는 것은 물론이고 나아가 지적 능력마저 저하시킨다. 그러므로 자녀의 건강을 항시 주시하고 이를 위해 가벼운 운동시간을 만들어 주는 것은 중요한 일이다. 그럼에도 불구하고 부모들은 자녀를 책상에만 매어 두고 신체적 건강을 위한 지도 대책에는 별로 관심이 없다.

건강을 유지하는 데는 두 가지 방향이 있다.

하나는 건전한 정신을 가지도록 만들어 주는 것이다. 이를 위해서 가정은 항상 사랑으로 충만하여 있고 공부에 대한 중압감과 긴장을 해소하여 아동으로 하여금 불안 속에서 생활하지 않도록 도와주어야 할 것이다. 이러한 사랑의 분위기는 아동의 감각기관을 통해 바로 두뇌 속으로 전달된다.

다른 하나는, 건강을 위한 환경을 조성해 주는 것이 바람직하다. 이를 위해서는 영양가 있는 음식도 중요하지만 적당한 운동, 맑은 공기도 중요하다. 음식은 장을 통하여 섭취되어 혈관으로 이동하지만 공기는 허파를 통하여 바로 혈관으로 들어간다. 그러므로 맑은 공기를 위해 실내에는 사치스러운 장식품을 놓기보다 푸른 식물을 기르는 것이 좋다. 때때로 답답한 실내에서 벗어나 맑고 밝은 자연환경으로 자녀를 유도하는 것도 바람직하다. 적당한 운동도 매우 필요하지만 맑은 공기에서 운동하도록 하여야 한다. 매연과 공해가 많은 지역에서 하는 운동은 오히려 혈관 속에 나쁜 물질을 더 빠르게 공급하는 것이 되어 건강을 더 망칠 수가 있다. 우리는 나쁜 공기가 있는 곳에서는 숨을 멈추어 흡수하지 않으려고 한다. 그런데도 불구하고 운동으로 더 숨을 가쁘게 몰아쉬면서 나쁜 공기를 더 빠르게 흡입할 필요는 없다. 맑은 공기가 가득한 가정이나 교실에서 학습하는 아이들은 참으로 행복하다.

2) 학습자 활동

학습자의 학습활동은 행위를 통하여 두뇌 속의 정보처리에 영향을 준다. 그러므로 학습활동의 파악은 즉시적으로 효과를 볼 수 있는 매우 중요한 요인이 된다. 로베르는 학습활동을 인지적 활동과 정의적 활동 그리고 자원관리 활동으로 크게 분류하고 있다. 인지적 활동에는 외현적(外顯的)인 인지적 활동과 내면적인 인지적 활동으로 나누고 있다. 외현적인 인지적 활동은 외부로 표출된 학습자의 학습행위를 말하며, 교재에 밑줄긋기, 학습내용을 노트에 적으면서 정리하기, 학습한 내용을 도표로 그리며 조직화하기, 관련문제 풀이하기 등의 학습자 활동을 포함하고 있다. 내면적인 인지적 활동은 주의집중하기, 유의미화(有意味化)하기, 시연하기, 상기하기 등 두뇌 속에서 이루어지고 있는 학습활동이다. 정의적 학습활동은 학습자가 불안 없이 학습에 참여하려는 활동

으로서 목표설정하기, 자기 대화하기, 자기 강화하기 등이 있다. 자원관
리활동은 주변의 자원을 활용하는 활동으로서 시간이나 노력 잘 배정
하기, 선생님이나 친구에게 도움을 청하기, 부교재나 유인물을 활용하
기 등이 있다(학습자 활동은 8장에서 다시 설명한다.). 학습자 활동 중 노
력에 대해 좀더 설명해 보고자 한다.

노력은 학업성취와 삶의 의미를 심어 주는 중요한 요인이다.
노력은 한 개인이 주어진 과제를 달성하기 위한 활동에 시간과 에너
지를 투자하여 참여하는 것을 의미한다. 이러한 의미에서 노력은 다음
과 같은 두 가지 기능을 가지고 있다.

첫째, 노력은 주어진 목적달성의 효과성을 제고시켜 준다. 아무리 개
인이 영특하다고 하더라도 목적달성을 위해서는 일정한 시간과 에너지
의 투입이 요구된다. 그러므로 필요한 시간과 에너지의 투입이 없다면
목적달성은 어려울 것이다. 노력을 하면 할수록 주어진 과제에 더 많
은 시간과 에너지가 투입되므로 목적달성이 더욱 용이해지는 것은 당
연하다.

둘째, 노력은 자기가 노력하는 대상에 대해 의미를 심어 줌으로써 그
생활에 적극 참여하도록 해 준다. 어떤 대상에 노력을 투입하면 관심을
가지게 되고, 관심은 그 대상의 의미를 알게 해 준다. 우리는 퐁네프의
연인들이라는 영화를 보며 삶의 허무를 느꼈다. 영화 속의 그들이 허무
한 삶을 사는 것은 그들이 삶을 위해 노력하지 않았기 때문이다. 그러
기에 그들은 삶의 의미를 몰랐다. 그들은 인간의 삶에 참여한 것이 아
니라 동물의 삶에 참여하고 있었다. 자기가 속한 세계의 삶의 의미를
모르면 그 세계에 속한 조그마한 일도 하기 싫고, 끝내는 그 세계의 삶
을 포기할 가능성이 있다. 삶의 의미를 느끼면 아무리 힘든 일도 기꺼
이 행할 수 있고, 삶의 의욕도 강렬하게 느낀다.

노력과 의미는 상호작용적이다. 마찬가지로 학생이면서 공부에 대한 노력을 하지 않는다면 그것으로 인해 학생은 학교생활의 의미를 상실하게 된다. 학생이면서 학생이 아닌 삶을 살게 되고, 그로 인해 학생의 삶에서 고통을 느끼게 된다. 그러므로 부모나 교사는 학생들의 노력을 유도하고, 노력을 통해 학습효과를 제고하고, 학교생활에 적극 참여하도록 유도하여야 한다.

노력에는 참된 노력과 헛된 노력이 있다.

노력의 이러한 특성으로 인해 노력은 곧잘 만병통치약으로 활용된다. 어떠한 일도 노력만 하면 모두 해결되는 것으로 생각하고 조금만 잘못되면 무조건 노력부족으로 간주하고 노력하라고 충고한다. 그러나 노력이 바로 수행을 의미하는 것은 아니다.

노력, 수행, 결과는 서로 다른 것이다. 노력은 일반적으로 주어진 과제에 시간을 투자하는 것을 말하고, 수행은 외적으로 나타나는 실제적인 학업성취를 말하며, 결과는 개인에게 나타나는 내적, 외적 모든 산물을 말한다. 노력, 수행, 결과의 관계를 보면 〈그림 6-8〉과 같다.[13]

여기서 보듯 수행과 결과는 동기보다 개인이 가지고 있는 능력, 기술, 지식 등에 의해 영향을 받고 있으므로 일치할 수 있으나, 노력은 동기적 요소에 의하여 영향을 받고 있으므로 노력한 것이 그대로 결과로 나타난다고 볼 수가 없다. 개인적 성취에 필요한 능력, 기술, 지식 등이 동반된 노력은 결과와 일치할 수 있으나 동반되지 않은 노력은 결과와 일치하지 않을 수도 있다. 이에 따라 노력도 참된 노력과 헛된 노력이 있을 수 있다.

참된 노력은 자신감을 가지고 자신이 가지고 있는 모든 능력을 최대한 활용하여 목적달성을 용이하게 해 주지만, 헛된 노력은 불안감이 수반되어 자신이 가지고 있는 능력을 최대한으로 활용하지 못하여 목적

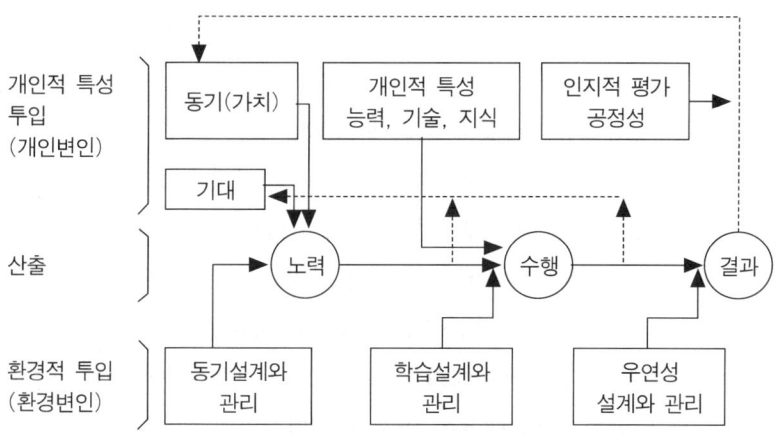

〈그림 6-8〉 학습동기, 학업수행 및 교수영향에 관한 이론

달성이 어렵다. 이러한 헛된 노력의 반복은 실패와 좌절감을 심어 주고, 나아가 부정적 자아개념을 형성시켜 더욱 자신감을 상실하게 하여 헛된 노력을 반복하는 악순환을 되풀이하도록 한다. 심하면 노력에 환멸을 느끼고 그 노력으로부터 벗어나게 만든다.

그러므로 공부에서 노력은 무조건 강요할 것이 아니라 헛된 노력을 배제하고 참된 노력을 하도록 도와주어야 한다. 헛된 노력에 대해서는 7장에서 다시 생각해 보고자 한다.

3) 교육내용 요인

교육내용에 있어서는 공부하는 내용, 공부내용의 제시형태, 내용의 표현양식, 공부내용에 대한 시간투자 등을 살펴보는 것이 좋다.

무엇을 공부하느냐에 따라 삶의 방향이 달라진다.

부모는 자녀의 공부내용을 살펴보아야 한다. 교육내용은 학습자의 삶의 방향을 결정하는 매우 중요한 요소이다. 우리가 어떠한 음식을 먹느냐에 따라 우리의 건강이 영향을 받듯이 어떠한 교육내용을 학습하느냐에 따라 미래의 삶이 영향을 받는다. 그러므로 아동들에게 무엇을 중점적으로 학습하도록 할 것인가 하는 것은 매우 중요한 문제이다.

자신이 학습한 내용은 삶을 살아가는 추진력의 에너지가 된다. 하루 종일 영어만 공부하고 있으면 영어를 잘하고 과학만 하고 있으면 과학만 잘하는 것은 너무나 뻔한 얘기이다. 이것은 여기서 끝나는 것이 아니고 영어를 잘하면 아동은 그 방면, 즉 외교관이나 번역사 등으로 삶을 살아갈 것이고, 과학을 잘하면 과학자나 기술자 등으로 삶을 살아갈 것이다. 하루 종일 책상에 붙어 있으면 교과에 담겨 있는 내용은 전문가가 되지만 인간관계는 약할 것이다.

우리 속담에 '뿌린 대로 거둔다', '콩 심은 데 콩 나고 팥 심은 데 팥 난다'는 말은 바로 이를 말해 주고 있다. 그러므로 부모는 자녀의 미래를 고려하여 자녀가 어떠한 내용을 공부하고 있는지 관심을 기울여야 한다.

자녀의 능력수준에 어려운 내용은 학습흥미를 상실시킨다.

부모는 주어진 내용의 구성이 얼마나 어려운지를 살펴보아야 한다. 자녀의 학습능력수준을 고려하지 않고 남들이 본다고 하여 어려운 책을 선정하여 공부시키면 학습자는 쉽게 좌절해 버리고 학습흥미를 상실해 버린다. 그 결과 학습효과가 낮아진다는 것은 분명하다. 가네의 과제분석은 바로 학습자의 능력수준에 부합되는 자료를 강조하고 있다.

그렇다고 하여 자녀에게 쉬운 내용을 제공하는 것도 바람직하지 않다. 흔히 눈높이 교육이라고 하여 자녀의 수준에 맞게 교육하는 것을 매우 좋은 교육으로 우리는 간주하고 있다. 그러나 눈높이라고 하는 것은 아이가 현재 혼자서 할 수 있는 수준이기보다 아이의 도전의욕을 불러일으켜 주는 잠재적 발달 가능 수준을 말한다는 것을 명심해야 한다.

외현적으로 나타난 능력수준에 부합되는 것은 훈련일 뿐이지 새로운 내용의 학습이 되지 않는다. 만일 눈높이라고 하는 용어가 주는 의미에서 혼돈이 생길 가능성이 있다고 하면 눈썹높이 교육이라고 하는 것이 더 바람직할 것이다. 다시 말하면 외현적으로 나타난 아이의 능력수준보다 스스로의 노력이나 성인의 도움을 통해 더 향상될 수 있는 능력수준의 내용을 제시해 주어야 한다. 이러한 내용이 아이들에게 호기심과 도전의식을 불러일으킨다. 눈높이가 아이 혼자서 풀 수 있는 문제수준이라면 눈썹높이는 아이가 선생님이나 부모, 친구들의 도움을 받아 풀 수 있는 문제수준이다. 이른바 비고츠키의 근접발달영역 내에 있는 수준의 문제이다. 학습지도에서는 눈썹높이의 교육이 필요할 것이다.

내용의 구성형태는 학습효과에 큰 영향을 준다.

부모는 내용의 제시형태를 살펴보아야 한다. 내용의 요점이 명확하거나 전체의 내용이 일목요연하게 드러나도록 단순화하여 제시되고, 전체적 틀이 구성되어 있으면 바람직하다. 오스벨(Ausubel)은 학습의 효율성을 높이기 위해서 선행조직자를 먼저 가르치는 것이 좋다고 하였다. 선행조직자는 앞으로 학습할 내용보다 추상성, 일반성, 포괄성의 정도가 높은 자료로서 학습자가 내용을 학습할 때 그러한 학습내용이 쉽게 조직화되고 구성되도록 도와줌으로써 유의미 학습이 되도록 만들어 준다. 그러므로 부모는 아동의 공부내용이 선행조직자를 중심으로 구성되어 있는지를 살펴보아야 한다. 롸이겔루스(Reigeluth)는 자료의 제시를 전체적 구조-세부적 내용-전체적 내용 등으로 제시하는 망원렌즈 이론을 제시하고 있다. 이에 의하면 공부내용은 전체적 틀을 먼저 제시하여 학습자로 하여금 내용의 전체 구조를 파악한 후 세부적으로 학습하도록 하며, 그 다음에 다시 전체적으로 정리하도록 하는 것이 효과적이라는 것이다. 메릴은 내용을 제시할 때 맥락, 도움말, 암기법 등을 동시에 제시하면 효과적이라고 했다. 메릴은 인쇄매체, 전자매체 등을 통하여 내용이 학습자들에 제시되는 교수형태로 일차제시형과 이차제시형을 소개하고 있다. 일차제시형은 목표한 학습이 일어나게 하기 위한 가장 기본적인 자료제시형태로서 〈표 6-1〉과 같이 제시하였다. 여기서 보면 자료제시 내용은 정의, 절차, 원리 등 일반적인 것과 구체적 상황 속에서 나타난 예로 구분되고, 자료제시 방법은 설명적으로 하는 것과 질문적으로 하는 것으로 구분된다.

〈표 6-1〉 메릴의 일차자료제시형

		설명적 Expository(E)	질문적 Inquisitory(I)
정의, 절차, 원리를 추상적으로 진술	일반성 Generality	EG 법칙	IG 회상
구체적 상황 속에 나타난 정의, 절차, 원리의 예	사례 Instance(eg)	Eeg 예	Ieg 연습

또 일차제시형을 정교화하여 보다 유의미한 부가적 학습이 일어나게 하기 위하여 이차자료제시형을 〈표 6-2〉와 같이 제시하였다. 이 이차자료제시형에서 맥락, 선수학습, 도움말, 암기법, 표현법, 피드백 등을 소개하였다.[14] 여기서 보면 학습내용만을 기계적으로 제시하지 말고 그 내용과 관련된 선수학습내용, 맥락 등을 함께 제시하여 이해를 도와주고, 나아가 암기법이나 표현법 등을 이해하여 학습을 촉진시켜야 한다.

이상을 고려하여 부모는 자녀가 책상에 앉아서 공부하는 것에만 만족하지 말고 공부내용이 어떻게 조직화되어 제시되고 있는가에 관심을 기울여야 한다.

〈표 6-2〉 메릴의 이차자료제시형

		일차제시형			
		EG 힘이란 질량과 가속도의 곱한 값이다	Eeg	Ieg	IG
이 차 제 시 형	맥락(c)	EG 위 법칙이 나오게 된 배경설명			
	선수학습(p)	EG 질량과 가속도의 定義설명(이전 배운 것)		▨	▨
	암기법(mn)	EG 힘질가곱하자(암기하기 좋도록 변형)		▨	▨
	도움(h)	EG 주의환기를 위해 밑줄, 큰 글자 등 이용			
	표현법(r)	EG 말 대신 그림, 공식, 표로 표현(f=ma)			
	피드백(FB) 바른 답(Ca) 도움(h) 사용(u)	▨	▨		

▨ : 해당영역 없음

EG : 법칙설명형,　Eeg : 사례설명형,　Ieg : 사례질문형,　IG : 법칙질문형

내용의 표현방법도 학습효과에 큰 영향을 준다.

내용의 표현이 어떻게 구성되었는지를 살펴보아야 한다. 동일한 내용이라고 하더라도 그 표현양식에 따라 학습을 도와주기도 하고 어렵게 만들기도 한다. 부르너에 의하면 지식의 표현양식에는 작동적 표현, 영상적 표현, 상징적 표현 등 세 가지가 있다.

작동적 표현은 행동을 통하여 내용을 전달하는 것이다. 이른바 시범이나 모범을 통하여 보여 주거나 실제 행동을 통하여 학습내용이 표현되는 것이다. 영상적 표현은 그림, 사진, 영화 등 실제적 모습을 담은

자료로써 학습내용을 표현하는 것이다. 상징적 표현은 언어나 기호로써 내용을 표현하는 것이다. 그러므로 가장 쉽게 이해할 수 있는 것은 작동적 표현이고 다음으로 영상적 표현이다.

상징적 표현은 이해수준이 가장 낮다(〈그림 6-9〉 참조). 그것은 상징적 표현은 그 상징에 관한 학습자의 선행지식을 요구하고 있고 또 관련지식을 쉽게 활성화하여 보여 주지 못하기 때문이다. 그에 비해 작동적 표현이나 영상적 표현은 사전지식이 없더라도 다소 무방하며 자료의 제시 자체가 전체적 구조를 보여 주므로 관련지식이 쉽게 활성화될 수 있다. 그러나 작동적 표현과 영상적 표현이 반드시 좋은 내용 표현방법은 아니다. 학습자의 학습 정도에 따라 때로는 상징적 표현이 적합할 수도 있다. 상징적 표현은 동일한 내용이라도 작동 기억의 용량을 적게 차지하여 관련된 다른 사실의 활성화를 가능하게 해 주어 단시간에 많은 내용을 유의미하게 학습할 수 있도록 해 준다.

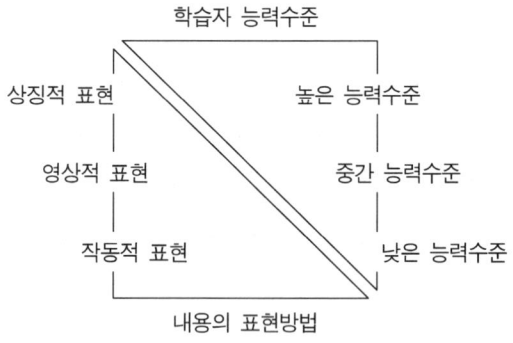

〈그림 6-9〉 학습자의 능력수준과 내용 표현방법

표현방법에서 또 생각해 볼 것은 상징을 하나의 그림이나 표의 형태로서 영상적인 이미지로 표현하는 것도 좋다는 것이다. 메릴은 자료를 표현할 때 글자 모양, 크기 등을 변화시켜 주는 것이 좋다고 한다.

그렇다고 하여 그래픽, 음향효과, 상호작용적 대화, 게임 등의 신기한 특성 등을 지나치게 이용하여 학습자의 호기심을 유발시키고 있는 것은 재고해 보아야 한다. 이러한 내용은 처음 학습하는 학습자에게는 동기유발의 효과를 가질 수 있으나 자주 사용하는 학습자에게는 신기함이 차츰 감소되고 나아가 동기유발의 기능을 상실하게 된다. 맥파랜드(McFarland)는 이를 비판하여 "시각자료들은 선정주의 또는 즐거움 산출을 위해 시장을 더럽히고 있다. 다시 말하면 고기를 파는 것이 아니라 지글지글 끓는 소리를 판다."고 했다.15)

그러므로 부모는 학습내용의 표현형태에도 관심을 기울여 먼저 학습에 용이한지부터 살펴보아야 할 것이다.

4) 환경조건

환경이란 인간행동을 계획적으로 변화시키는 내·외적 조건(요인들)의 집합이다. 인간의 능력은 결국 어떠한 환경을 접하고 있느냐에 따라 좌우된다. 인지이론에 의하면 인간의 능력은 태어날 때부터 원래 가지고 있다고 하나 그 능력도 환경과의 접촉이 없다면 나타날 수 없고, 행동주의 이론에 의하면 태어날 때는 무능력하지만 환경과의 접촉에 의해 능력을 쌓아 가게 된다. 이른바 환경이란 개인의 능력을 촉발시키거나 습득해 주는 중요한 요소이다.

동일한 환경이라도 개인에 따라 다르게 느껴진다.

부모가 관심을 기울여야 하는 것은 개인마다 환경요소를 다르게 받아들이고 있다는 것이다. 동일한 가정에서 생활하고 있더라도 아버지가 느끼고 있는 환경이 다르고, 어머니가 느끼는 환경이 다르고, 자녀가 느끼는 환경이 다르다. 특히 자녀들 간에도 서로가 느끼는 환경이 다르다. 다시 말하면 개인이 동일한 환경 속에서 생활하더라도 실제로 그들이 느끼면서 생활하는 환경은 각기 다른 것이다. 개인은 실제적 환경에 사는 것이 아니라 자신이 느끼는 환경 속에서 살아가고 있기 때문이다. 그러므로 동일한 환경이라도 개인에 따라 교육적 환경으로 느껴지기도 하고 비교육적 환경으로 느껴지기도 한다.

일반적으로 환경구성은 개인에게 제공해 주는 안정성과 자극제공의 측면에서 고찰되어야 한다.

환경은 아동에게 안정감을 느끼도록 해 주어야 한다.

매슬로우의 욕구위계에 의하면 개인은 생리적 욕구 다음으로 안전과 안정의 욕구가 기본적 욕구이다. 그러므로 가정이나 학교에서 부모나 교사는 아동에게 안정적 공간을 확보해 주는 것이 좋다. 다시 말하면 개인영역을 확보해 주어야 한다. 개인영역이란 개인 주변에 형성되어 개인이 점유하는 공간, 타인이 침범할 수 없는 개인을 둘러싸고 있는 보이지 않는 경계를 가지고 있는 구역을 말한다. 이러한 개인영역의 확보를 통하여 개인은 안정감을 갖게 되고 이 안정감을 바탕으로 새로운 도전을 하게 된다.

개인적 공간의 크기는 상황적 맥락(상대방의 매력도, 유사성, 접촉분위기 등), 개인차(나이, 성격, 성, 개인의 능력 등), 물리적 변수 등에 의해 결정된다. 상대방이 친밀하고 위협이 없으면 개인공간을 좁힐 수 있으나, 상대방이 위협적 존재라면 개인은 더 넓은 개인공간을 요구할 것이다. 그러나 개인공간이 너무 크면 안정감은 커지나 의사소통이 어려워지게 된다.

개인영역을 확보시켜 주기 위하여 가정에서는 자녀의 공부방을 가능한 마련해 주고 동시에 그의 영역으로 부모가 간섭하지 않는 것이 좋다. 학교에서도 개인자습의 공간을 확보해 주는 것이 바람직하다. 학생들의 약 85%가 혼자 학습하기를 좋아한다고 한다. 공부방을 마련해 주는 경우에 자녀와의 대화시간을 염두에 두어야 한다. 공부방은 개인의 안정성은 확보해 주지만 의사소통의 단절을 초래할 수 있기 때문이다.

안정적인 개인적 공간을 확보해 주는 것은 물리적 환경에 한정되는 것은 아니다. 오히려 심리적 환경에서의 안정성 확보가 더 중요하다. 위협적인 학교풍토는 아이에게 불안을 심어주고 나아가 성장의 욕구를 저해한다. 사랑은 아이에게 안정적인 심리적 환경을 만들어 주는 최상의 방법이다.

환경은 아동에게 적절한 자극을 주어야 한다.

환경이 개인에게 적절한 자극을 제공해 주어야 한다는 것은 개인의 안정된 장소로서 개인영역을 확보해 주는 것만큼 중요하다.

자극은 인간발달의 기초이다. 적당한 자극 없이는 정상적 형태의 발달과 지속은 불가능하다. 그러나 과다한 자극 또는 상실은 생리적 · 심리적 스트레스의 원인이 되고 있다. 풍부한 환경 속에 자란 동물들이 우수한 문제해결능력을 습득한다고 말해지나, 환경 속에 자극이 많을수록 좋다는 것은 아니다. 실제로 환경이 복잡하지 않을수록 학습능력이 증가하고 실수가 적어진다는 연구결과도 있다. 자극의 정도와 학생의 성취도, 주의집중도와의 관계를 보면 〈그림 6-10〉과 같다.[16]

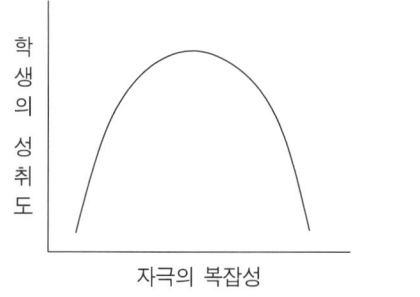
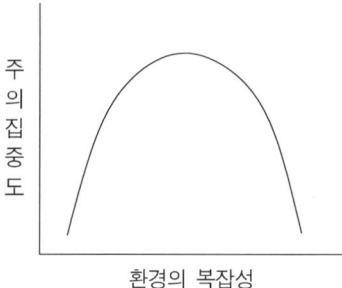

〈그림 6-10〉 자극의 정도와의 관계

자극의 결핍과 과다에 관한 연구는 적절한 자극의 중요성을 보여 주
고 있다. 피험자의 얼굴을 가리고, 온몸에 솜을 두르고 방음장치된 방
에 가두어두거나 또는 호흡장치를 하고 수중 속에 빠뜨려 놓아둠으로
써 감각상실의 피해를 연구한 결과를 보면 그들은 몇 시간 후 사고과정
이 해체되고, 약 1일 후 수면과 불면 간의 경계선이 소멸되어 환각, 과
대망상, 발작 등의 현상이 일어났다. 반면에 환등기 2대, 영사 슬라이드
1대, 영사기 1개, 스피커 4개, 녹음기 2대, 스토로브 라이트 2대 등을
이용하여 피험자에게 과다한 자극을 제공함으로써 감각과다의 피해를
연구한 결과를 보면 그들은 모두 강한 적대감과 스트레스 징후를 보였
다. 자극의 양에 따른 만족도를 나타내면 〈그림 6-11〉과 같다.[17)]

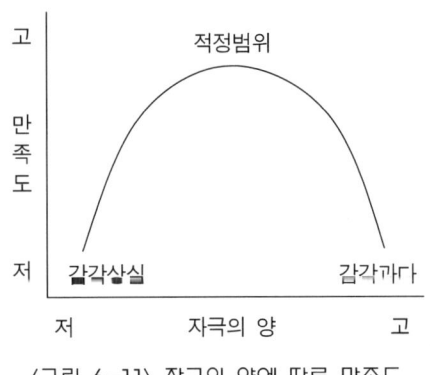

〈그림 6-11〉 자극의 양에 따른 만족도

그러므로 환경구성도 적정 자극이 제공되도록 구성하는 것이 매우
중요하다. 가정에서는 책, 가구, 장식, 전자제품 등의 배치를 통하여 자
극의 강도를 조정하고 때로는 가족 구성원 간의 대화를 통하여 자극의
강도를 조정하여야 한다. 일정한 자극의 반복된 제시는 자극으로서의
가치를 상실하므로 때때로 집안의 가구, 전자제품, 장식 등을 이동하여
자극주기의 변화를 시도하는 것도 바람직하다.

부모는 자녀의 안정적인 개인공간의 확보와 적정한 자극 제공의 환경을 위해 이와 관련된 제 환경조건에 관심을 가져야 한다. 이를 나타내어 보면 〈표 6-3〉과 같다.

〈표 6-3〉 관심을 가져야 할 환경요인

안정성을 위한 개인공간확보	변화를 위한 적정 자극 부여
공부방, 자습실	풍부하고 다양한 서적
자발적 행동 중시	풍부한 자극물
자녀 행동 존중	창의적 풍토
민주적 리더십	잦은 대화
일관성 있는 가치관	성취지향적인 언어구사
자신의 일 인정	삶의 의미 생성
가정의 경제	현장견학(도서관, 명승지, 산업체)
가구 및 벽지의 색	성취인과의 만남(성공사례)

주)

1) Rohwer, Jr. W. D., An Invitation to a developmental Psychology of Studying, Appilied Psychology, Academic Press, Inc., 1984.
2) 손영수 역, 지능이란 무엇인가?, 서울: 전파과학사, 1988.
3) 김현숙 역, 인공지능의 ABC: AI의 사고방법, 학습방법, 사용방법, 컴퓨터 시리즈 8, 서울: 전파과학사, 1991.
4) Ibid.
5) 김정규·김영수, 교육방법 및 교육공학, 서울: 형설출판사, 1987.
6) 이성진, 교육심리학 서설, 서울: 교육과학사, 1990.
7) 상게서.
8) 정종진, 동기와 학습, 서울: 성원사, 1991.

9) 김정휘 · 주영숙, 교육심리학 탐구, 서울: 형설출판사, 1978.

10) 정원식, 청소년지도 가능성의 탐구, 서울: 배영사, 1980.

11) Ball, S., Motivation in Education, New York: Academic press inc., 1977.

12) Castenell, L. A., Achievement Motivation; An Investigation of Adolescents, Achievement, Patterns, American Educational Research Journal, Vol. 20, 4, pp.503-510., 1983.

13) 정인성 · 나일주, 전게서, 1989.

14) 박성익 · 임정훈 역, 교수설계의 이론과 모형(C. M. Reigeluth 저), 서울: 교육과학사, 1993.

15) McFarland, R. D., Ten Design Points for the Human Interface to Instructional Multimedia, T. H. E. Journal, Vol. 22, No. 7, 67-69, 1995.

16) 임승빈, 환경심리: 형태론, 서울: 보성문화사, 1988.

17) 상게서.

7

올바른 의사결정과 학습지도

결과보다 최선의 노력에 칭찬하자

매우 가난하게 사는 두 사랑하는 젊은 부부의 내용이 담긴 '크리스마스 선물'의 이야기를 우리는 모두 알고 있다. 아내는 자기가 가장 자랑스러워하는 긴 머리카락을 팔아 남편의 시계 줄을 사 오고, 남편은 자기가 가장 아끼는 금시계를 팔아 아내의 긴 머리카락에 꽂을 머리핀을 사 온다. 둘 다 자기에게 가장 소중한 것을 팔아서 상대방에게 가장 필요한 것을 사 왔으나 이제는 소용없는 물건이 되었다. 크리스마스날 서로의 선물을 주고받는 장면을 머릿속에 상상해 보면 눈시울이 촉촉해지는 감동을 느낀다. 아마도 그들은 서로를 포근히 껴안고 환희의 눈물을 흘리고 있었으리라……. 이 부부는 잘못된 결과에는 관심이 없고, 서로의 사랑을 확인할 수 있었던 과정에만 관심이 있었다.

이 이야기를 제시하는 것은 자녀지도에 있어 노력의 과정과 시험의 결과에 대해서 한번 생각해 보고 싶어서이다. 우리는 곧잘 결과를 보고 자녀를 평가한다. 결과가 잘 되면 과정이야 어쨌든 자녀에게 칭찬을 해 주거나 기뻐하는 표정을 짓고, 결과가 나쁘면 자녀가 노력을 했든 안 했든 간에 꾸중을 하거나 섭섭한 표정을 짓는다. 이에 따라 자녀도 결과가 좋으면 기뻐하고 결과가 나쁘면 슬퍼한다. 노력하는 과정은 오로지 결과를 위해 참고 극복해야 하는 고통의 순간들일 뿐이다.

공부에 있어서 노력한 과정이 그대로 결과로 나타나기 어렵다. 공부에 개재된 많은 조건을 학습자가 모두 통제할 수 없기 때문이다. 이에 따라 통제하지 못한 조건이 이롭게 작용하면 행운이, 불리

하게 작용하면 불운이 시험성적에 끼어들게 된다.

그러므로 자녀의 시험점수에 너무 연연하지 말자. 평소의 노력 그것으로 자녀를 칭찬하고 자녀에게 기쁨을 보여 주자. 자녀가 열심히 노력하면서 "어머니, 이번에 성적이 안 오르면 어떡해요."라고 걱정하면 "성적이 오르고 안 오르고 그게 뭐 중요한 거니? 너가 이렇게 열심히 공부하는 모습을 보니 그냥 기분이 좋다."라고 말해 주자. "어머니, 그러다 성적이 오르면 어떻게 해요?"라고 자녀가 말하면, "그러면 엄마 입이 이만큼 찢어지겠지…… 좋아서 말이야."라고 말해 주자. 혹 결과가 잘못 나오면 "노력을 했는데 운이 없었다. 그지? 다음에는 더 열심히 해서 운도 정복하자."라고 말해 주자. 열심히 노력한 자녀가 결과까지 책임질 수는 없다. 포근히 안아 주자. 그러나 노력하는 모습을 보이지 않으면 노력을 해야 하는 그때에 과감히 꾸중하자. "노력 없이 요행만 바라는 인간은 소용이 없다."고 말이다.

자료 : 박영태, 결과보다 최선의 노력에 칭찬을 하자, 조흥소식, 396호, 1993. 1.

학습지도에서 올바른 의사결정의 중요성

자녀의 긍정적 자아개념 형성

사람은 의식적이든 무의식적이든 생각한 후에 행동한다.

자녀에게 바른 사랑을 베풀기 위해서는 사랑의 행동을 하기 전에 올바른 판단이 우선적이다. 인간의 행동은 생각으로부터 나온다. 무의식적인 행동으로 보이는 것도 행동 이전의 생각을 우리가 의식하지 못할 뿐 사실은 행동을 예측하고 이루어진다. 반두라(Bandura)는 인간의 행동은 기대에 의해 나타난다고 했고, 켈리(Kelly)는 인간의 행동은 가설을 설정해 놓고 그에 따라 움직인다고 했다. 엘리스(Ellis)의 ABCD이론은 개인의 행동(C : consequence)은 현재 일어나고 있는 환경(A : activation events)에 의해서가 아니라 자신이 가지고 있는 생각(B : belief systems)에 따라 표출된다고 했다. 이러한 것을 증명하는 좋은 예는 길을 걷는 행위, 계단을 오르는 행위 등에서 잘 나타나고 있다. 길을 가다 웅덩이가 있으면 자신도 모르게 움찔하고, 계단을 오르다 계단이 없고 평지가 나오면 자신도 모르게 헛발을 디뎌 넘어지게 된다. 이러한 행위는 이른바 무의식적 행동의 전형으로 보이지만 실제로 우리는 어떠한 생각틀을 가지고 행동하고 있다는 것을 잘 보여 준다. 그러므로 우리의 사랑의 행동도 의식적으로 생각하고 하건 무의식적으로 행동하건 어떠한 생각틀이 전제되고 있다는 것을 알아야 한다. 여기서 우리가 다시 한 번 생각하고 넘어가야 할 것은 무의식적인 생각은 단지 의식적 생각이 반복되어 형성된 습관화된 생각, 자동화된 생각에 불과하다는 것이다. 걷는 행위도 어린아이일 때는 단계적으로 하나하나 생각하면서 걷다가 점차 성숙하면서 자동화 · 습관화되어 버린 것이다. 그 결과, 행동은 자동적으로 표출되고 이를 우리는 무의식적 행동으로 보고 있다. 이러한 경험은 자동차 운전에서도 나타난다. 처음에는 하나하나 생각하면서 이루어지나 숙달되면 무의식적으로 일어나는 것이다. 처음 배우는 사람이 "길이라도 알면 좋을 텐데……."라고 하는 것도 여기에 연유한다. 자동차 운전 기술을 생각하랴, 길을 생각하랴 그는 몹시 바쁜 것이다.

행동을 표출함에 있어 반드시 명심하여야 하는 것은 상대방을 위한다는 근본적 생각을 가지고 있어야 한다. 만일 이러한 생각이 없다면 상대방의 자아개념에 손상을 주는 말과 행동을 할 위험성이 높다. 자아개념은 자신의 능력을 바라보는 자신의 생각으로서, 이것이 긍정적이면 적극적으로 행동을 하지만 부정적이면 소극적으로 행동하게 된다. 이른바 자아개념은 자신의 행동을 미리 예측하고 유도하는 무의식적 기제이다. 자아개념은 아동의 전 생애적 발달에서 중요한 역할을 한다. 부모나 교사가 행한 올바른 의사결정은 바로 아동의 자아개념 형성에 큰 영향을 준다.

노력의 강요는 아동의 자아개념을 손상시킬 수 있다.

일반적으로 우리는 노력만 하면 무엇이든지 이룰 수 있다는 생각을 가지고 있으므로 자녀의 교육에 있어 성적이 오르지 않으면 우리는 거의 무의식적으로 노력을 강조한다. 그러나 노력한다고 해서 모든 것이 다 이루어지는 것은 아니다. 앞에서 말한 바와 같이 노력에는 참된 노력과 헛된 노력이 있다. 헛된 노력은 아무리 하더라도 효과는 오르지 않는다. 그럼에도 불구하고 빈번하게 요구되는 노력의 강요는 아동에게 노력에 대한 환멸을 느끼게 만들고 급기야는 아동의 자아개념을 손상시켜 버리고 만다. 헛된 노력에 관하여 예전에 들은 적이 있는 이야기를 소개하고자 한다.

여기 폭이 30㎝, 두께가 20㎝, 길이가 10m쯤 되는 널빤지가 있다. 이 널빤지를 책상 위에 걸쳐 놓고 한 소녀보고 건널 수 있느냐고 물으면, 아마도 소녀는 미소를 띠우며 "그까짓 것 문제없어요." 라고 하면서 재빨리 도전해서 가볍게 성공할 것이다. 때로 춤을 추면서, 어쩌면 노래까지 불러 가면서 말이다. 다 건너고 난 뒤 한번 더 물어 본다. "정말 그 널빤지를 건널 수 있느냐?" 하고 말이다. 그러면 소녀는 자신만만한 표정으로 "예! 자신 있어요."라고 대답할 것이다. 그러면 우리는 "그래……? 자신 있다면 한번 더 해보자."라고 하면서 장소 이동을 한다.

이번에는 널빤지를 15층 건물옥상들 간에 걸쳐 놓는다. 그리고 나서 한번 해보라고 한다.

"자! 자신 있다고 했지? 한번 더 해봐. 조금 전과 똑같은 널빤지야." 그러면 아마도 소녀는 얼굴이 새파래지면서 회피할 것이다. 그녀는 널빤지는 똑같아도 상황이 달라졌다는 것을 강조할 것이다.

이런 경우, 우리들은 곧 잘 미끼(보상)를 던진다. "이것을 건너기만 하면 큰 선물을 줄게.", "네가 저번에 자전거를 갖고 싶다고 했지? 이번 기회에 한번 성공하면 사 주마." 때로 어떤 부모는 강제로 시키기도 한다. "반드시 건너야 해! 안 건너면 너는 혼날 줄 알아!", "이놈이, 누구누구는 잘만 하던데 너는 어찌된 셈이지? 이번에는 꼭 해!" 이와 같이 갖가지 사탕발림의 말 또는 동원할 수 있는 모든 언어폭력을 구사하여 아이로 하여금 도전하도록 만든다. 소녀는 그 보상 또는 억압으로 인해 노력을 하지만 결국 실패하고 만다.

이 두 경우를 비교해 보면 전자의 경우에는 노력 없이도 성공했지만 후자의 경우에는 노력을 거듭해도 실패하고 만다는 것을 알 수 있다. 그래서 진정 자녀를 사랑한다면 무턱대고 노력을 강요하기보다 자녀가 처한 상황을 잘 파악하여, 자신의 능력에 부합되는 상황 속에서 노력을 하도록 해 주어야 한다. 여기서 자녀가 처한 상황 또는 조건은 외부에 존재하는 객관적 상황뿐만 아니라 스스로 만들어 놓은 내부에 존재하는 주관적 상황도 포함된다. 객관적 상황은 쉽게 파악이 되나 학습자 내부의 주관적 상황은 파악되기 어렵다. 이 주관적 상황을 파악하여 그에 부합되는 노력을 하도록 하는 것이 의사결정의 힘이다. 성공이 수반된 노력은 능력을 길러 주고 참된 노력의 발판이 되지만, 실패가 수반된 노력은 무능력을 심어 주고 헛된 노력의 발판이 된다. 그러므로 자녀가 어떠한 조건에 처해 있는지를 고려해 보지도 않고 습관적으로 자녀에게 공부를 강조하는 것이 자녀의 자아개념 손상에 얼마나 큰 영향을 주는지를 반드시 생각해 보아야 한다. "노력을 해도 안 된다.", "영어단어를 외워도 외워도 안 된다.", "수학문제를 풀어도 풀어도 안 된다."라고 하면 이미 자녀는 헛된 노력을 하고 있는 것이다. 그는 이미 자아개념이 손상되어 있다는 증거다. 그런데도 불구하고 노력만을 강조하는 부모가 있다면 자녀는 더욱 나빠지는 것이다.

손상된 자아개념을 가진 아동은 매사에 소극적이고 부정적이다. 이 상태에서 학습효과를 향상시키기는 어렵다.

자녀의 미래 생명 결정

우리는 자신에게 주어진 상황만 고려하여 판단을 하기 쉽다.

우리는 순간적으로 자신이 처한 상황에서 결정을 내리기 쉽다. 이른바 우리는 분위기에 약하다. 영화를 볼 때 주인공과 쉽게 일체감을 형성하여 자신의 생각이 진행되는 것을 보면 잘 알 수 있다. 우리는 자녀에게 나쁜 일을 해서는 안 되고, 악인은 반드시 벌을 받는다고 가르치면서도 '우리에게 내일은 없다'라든지, '겟어웨이'라는 영화를 보면서 두 은행강도가 마지막 장면에서 죽지 않기를 갈구하고, '폭풍 속으로'라는 영화를 보면서도 은행강도인 주인공이 파도 속에서 잘 빠져나가기를 바란다. 또 '귀여운 여인'에서는 상류층 멋쟁이가 거리의 여인과 결혼하는 모습에서 환희의 눈물을 짓는다. 심지어는 살인과 온갖 악행을 저지른 자도 그가 주인공이면 그의 행동이 어쩔 수 없었다는 점을 내세우며 합리화시켜 준다. 이러한 생각은 깊이 생각하면 동조할 수 없는 부분이다. 은행강도가 경찰에 잡히지 않고 활개친다면 사회가 혼란스러워질 것이고, 조건이 크게 차이 나는 두 남녀의 결혼이 단기적으로는 행복하겠지만 장기적으로는 여러 가지 장애가 나타나서 결국 불행으로 치달을 수밖에 없을 것이라는 것을 알게 된다. 이와 같이 우리는 다른 여러 조건을 모두 고려해 보면 올바른 판단을 내릴 수 있으나 몇 가지 조건만을 고려한 순간적 생각으로는 올바른 판단이 되기 어렵다.

　우리의 생각은 두뇌 속에서 가장 용량이 작은 작동기억에서 이루어지므로 우리의 사고범위는 무척 좁다. 〈그림 8-1〉에서 우리의 사고과정을 보면 모든 의식적 사고활동은 작동기억에서 이루어진다. 작동기억은 감각기억으로부터의 자극에 의해 활성화된 정보를 바탕으로 사고활동이 이루어진다. 그런데 작동기억의 용량은 5개에서 9개의 정보다발(chunk)로 한정되어 있으므로 동시에 많은 조건을 고려할 수 없다. 그러므로 순간적으로 손쉽게 활성화되는 정보를 이용하여 판단을 내리기 쉽다.

무심결에 내린 판단이 아동의 미래를 망칠 수 있다.

　순간적 판단으로 나타난 사랑의 행위는 자칫 아동의 미래의 생명을 앗아갈 위험이 있다. 다음의 일화는 이러한 순간적 판단의 위험을 잘 일깨워 주고 있다(이 일화는 기아자동차의 사보에서 읽은 내용으로 저에게 깊은 감동을 주었습니다. 이야기의 내용이 바르게 기억이 나지 않아 전체 흐름은 그대로이나 구체적 표현은 다름을 미리 말씀드립니다.).

　한 노신사가 열차를 타고 시베리아 벌판을 달리고 있었습니다. 기차의 속도는 느리고, 바깥은 휘몰아치는 바람을 따라 엄청난 눈이 방향 없이 퍼붓고 있었습니다. 바깥의 살을 에이는 듯한 추위가 기차 속에 옮겨져 노신사는 추위를 느끼고 있었습니다. 노신사의 옆 좌석에는 20대 초반의 애띤한 여인이 이제 5개월도 채 안된 듯한 갓난아기를 안고 창살에 비치는 햇살을 받으며 포근히 잠자고 있었습니다. 노신사는 한 아기의 어머니라고 보기에는 너무나 소녀 같은 여인의 표정에서 무한한 평화와 행복을 느꼈습니다. 기차가 역에 닿자 잠든 여인이 불현듯 눈을 뜨고는 바깥을 두리번거리며 그 역이 어디인지를 몰라 안절부절 어쩔 줄을 몰라 했습니다. 바깥은 거친 눈발이 몰아치며 그 역이 어디인지를 알려주는 푯말을 보지 못하도록 하고 있었던 것입니다. 다행히 신사는 잠을 자지 않았던 탓으로 역에 도착하는 순간 푯말을 보았기에 그 어린 여인에게 역 이름을 알려 주면서 어디에서 내리느냐고 물었습니다. 노신사는 여인이 내려야 하는 역은 지금 역의 다음 역이고 동시에 자신이 내리는 바로 이전의 역으로서 너무나도 잘 아는 곳이라 그 여인에게 친절히 말했습니다.

"부인이 내려야 하는 역은 바로 다음 역입니다. 그 역은 내가 내리기 바로 전의 역이기도 한데, 아주 잘 알고 있으니 계속 주무시면 깨워 드리겠습니다. 마음껏 주무시지요." 그 여인은 얼굴을 붉히며 고맙다는 인사를 하고서 보채는 아이에게 젖을 물리면서 그냥 스르르 잠이 들고 말았습니다. 한참 달리던 기차가 멎자 노신사는 여인을 깨워 역에 도착했으니 빨리 내리라고 했습니다. 그 여인은 잠결에 고맙다는 말을 하고 아기를 안고 내렸습니다. 바깥은 여전히 한치 앞도 볼 수 없을 정도로 눈이 내리고 있었습니다. 추위는 더욱 기승을 부리고 노신사는 옷깃을 더욱 여몄습니다. 기차가 다음 역에 도착하자 노신사도 자신이 내려야 하는 역이라 내렸습니다. 그런데 역으로 나가던 노신사는 푯말을 보고 깜짝 놀랐습니다. 그 역은 자신이 내려야 할 역이 아니라 그 여인이 내려야 하는 역이었습니다. 노신사는 역장을 찾아가 조금 전에 도착한 역은 어디냐고 물어 보니 역은 없고 중도에 기차에 문제가 발생하여 잠깐 정차하였을 뿐이라고 하였습니다. 노신사는 눈앞이 캄캄하였습니다.

시베리아 벌판으로 인적도 없고, 눈이 퍼붓고 살을 에는 추위가 몰 아치는 곳에 젊은 여인과 아기를 내려놓았으니 말입니다. 뒤늦게 찾은 여인은 아기를 꼭 껴안은 채 눈 속에 얼어 죽어 있었습니다.

이 일화에서 느껴지듯 악의는 없으나 잘못된 판단은 한 사람의 미래 의 생명을 좌우하고 있음을 알 수 있다. 마찬가지로 잘못된 부모의 판 단은 자녀의 미래를 망칠 수 있다. 학생은 스승을 잘 만나야 하듯이 자 녀는 부모를 잘 만나야 한다는 말이 실감이 간다. 그러므로 교사는 학 생을 사랑한다고 하면 수업과 관련된 모든 조건을 파악하고 올바른 판 단을 내려야 한다.

수업방법도 마찬가지이다. 어느 한 방법이 언제나 좋은 것은 아니다. '죽은 시인의 사회'란 영화를 보고 『섬머 힐』(summer hill)이라는 책을 읽고 스님들의 수양모습을 보고 무협영화에서 무술 수련 장면을 보고 나서, 순간적으로 자신의 가슴속에 와 닿는다고 하여 어느 특정한 방법 을 어떤 조건에서나 적용하려고 한다면, 위가 아픈 아동에게 위장약이 효과가 있는 것을 보고 맹장염에 걸린 아동에게도 위장약을 투여하는 것과 다를 바가 없다.

올바른 의사결정, 그것은 올바른 사랑의 표출이며 동시에 올바른 수 업을 위한 하나의 방법이다.

올바른 의사결정의 방법

전술한 바와 같이 학습지도방법은 학습결과에 의미 있게 영향을 주 는 조건들을 조작 · 통제 · 활용하는 것이다. 그러므로 올바른 의사결정 은 학습결과에 영향을 주는 조건들 중 유의미하게 영향을 주는 조건들 을 얼마나 많이 파악하고 그 조건들 간의 상호관계를 얼마나 정확하게 파악하여 조작, 활용하는가와 깊이 관련된다. 그러므로 올바른 의사결정이 있기 위해서는 자녀에 대한 관심이 선행되어야 함을 한번 더 알 수 있다.

여기서는 올바른 의사결정을 도와주기 위하여 학습결과를 어디로 돌릴 것인가의 귀인이론을 살펴봄으로써 의사결정의 방향을 생각해 보고, 여러 조건을 고려하여 의사결정을 도와주는 사고의 방법, 수업효과를 제고하기 위하여 고려하여야 하는 수업방법 등에 대한 체제적 접근을 소개한다.

귀인이론

잘되면 제 탓 못되면 조상 탓

우리는 잘되면 모두 제 탓이고 못되면 곧잘 남의 탓으로 돌린다. 이 탓의 논쟁으로 인해 부모와 자식 간의 관계는 부드러워지기도 하고 묘하게 뒤틀어지기도 한다. 특히 청소년을 자녀로 가진 부모들은 이 탓의 논쟁으로 인해 부모 자식 간의 관계가 원수지간(?)으로 발전하기도 하는 슬픔을 겪기도 한다.

누구의 탓이라고 하는 것은 그 결과의 원인이 누구인가를 따져서 영광을 주거나 책임을 묻는다는 뜻이 내포되어 있다. 따라서 좋은 결과는 자기 자신에게로 돌리고 나쁜 결과는 남에게 미루고 싶은 것이 사람의 마음이다. 그렇다고 하여 좋은 결과를 부모의 덕분으로 돌려 영광을 가로채거나 나쁜 결과를 자식의 탓이라고 하여 책임을 미루면 부모와 자식 간의 인간관계는 험악해질 수밖에 없다. 그래서 부모는 자녀에게 모든 영광을 돌리고 책임은 부모가 지는 것이 바람직하다. 이에 따라 성장하는 자녀는 부모를 믿게 되고 또 그러한 부모의 행동을 모방하여 부모에게 영광을 돌릴 줄도 알 것이다.

이 탓을 어디로 돌리느냐에 따라 자녀의 자아개념과 학업성적은 상호 관련하여 크게 영향을 받는다. 일반적으로 긍정적인 자아개념을 가지고 있는 아동은 매사에 적극적이고 도전적이며 자신감에 충만하나, 부정적 자아개념을 가진 아동은 매사에 소극적이고 회피적이며 열등감에 빠져 있다. 이로 인해 긍정적 자아개념을 가진 아동은 학업성적이 우수하지만 부정적 자아개념을 가진 아동은 열등하다고 한다. 따라서 부모는 자녀의 긍정적 자아개념 형성을 위하여 학습결과의 원인을 어디로 돌려야 할 것인가를 잘 생각해서 말해야지 기분 내키는 대로 말해서는 안 된다. 원인을 어디로 돌려야 할 것인가에 관한 이론이 귀인이론이다.

바이너(Weiner)의 귀인이론에 의하면 학습결과의 원인을 〈표 7-1〉과 같이 돌려볼 수 있다.

〈표 7-1〉 귀인의 내적 원인 및 외적 원인

	내적 원인	외적 원인
안정적	능력	과제난이도
비안정적	노력	운

이 이론에 의하면 자녀가 발전적이기 위해서는 학습의 결과를 외적 원인으로 돌리기보다 내적 원인으로 돌리는 것이 바람직하다. 다시 말하면 자기 책임으로 또는 자기의 덕분으로 돌리는 것이 발전을 위해 필요하다. 그러나 전술한 바와 같이 모든 경우에 덕분과 책임을 모두 아동에게 돌리는 것은 아동의 자아개념과 부모자녀 간의 인간관계에 큰 영향을 미치므로 일률적으로 그렇게 할 수가 없다. 그러므로 행동의 원인을 돌릴 때 다음과 같이 하는 것이 바람직하다.

아동의 성적이 오르면 아동에게 능력이 있다고 해 주자.

자녀가 계속 성적이 오르는 경우 그 결과를 자녀의 능력으로 돌리는 것은 바람직하다. 자기가 능력이 있다고 지각함으로써 자신감을 가지게 되고, 이러한 자신감은 매사에 도전적이게 하고 또한 학습흥미를 유발시키는 원인이 되기도 한다. 자신감은 도전 뒤의 성취를 예상하도록 해 주고, 그 결과 주위의 칭찬도 생각하게 만든다. 이러한 순환적인 흐름은 아동으로 하여금 더욱 도전적이게 만들고 자신감을 고양시킨다. 노래를 못하는 사람은 음악시간이 싫어지고, 노래를 잘하는 사람은 음악시간이 기다려지는 것은 이를 잘 말해 준다.

아동의 성적이 오르지 않으면 노력이 부족했다고 말해 주자.

아동의 성적이 오르지 않는 경우에 능력부족으로 돌려서는 안 된다. 흔히 우리가 쉽게 던지는 말 "어이구, 저 돌대가리! 저 머리로 무얼 하겠다고" 하는 말은 아동에게 있어 치명적이다. 이 말은 자녀의 자아개념에 손상을 입혀 매사에 소극적으로 만든다. 여기서 명심할 것은 성적이 오른 경우에도 반드시 능력 덕분으로 돌리는 것이 좋지 않은 경우도 있다는 것이다. 자녀가 자만심에 빠져 있는 경우에는 능력보다는 오히려 노력의 결과로 돌리는 것이 바람직하다. 다시 말해 자녀가 자만심에 빠져 있거나 성적이 오르지 않는 경우에는 먼저 노력의 문제로 돌리자. 노력을 하지 않으면 어느 누구도 성적이 오르지 않음을 자상하게 들려주고 노력을 강조하자.

아동이 노력하였음에도 불구하고 성적이 오르지 않으면 공부방법이 잘못되었다고 해 주자.

아동이 열심히 공부하였음에도 불구하고 성적이 오르지 않으면 노력이 부족했다고 이야기할 수 없다. 밤잠을 자지 않고 나름대로 열심히 하였는 데도 불구하고 더 노력을 해야 한다고 하면 아동은 좌절하기 쉽다. 이 경우에는 잘못된 공부방법으로 돌리자. 같은 시간을 투자하더라도 공부방법이 서툴면 노력한 만큼 성적이 오르지 않기 때문이다. 이 공부방법은 부모의 지대한 관심이 필요하다. 공부방법은 획일적인 최상의 방법이 존재하는 것이 아니라 자녀의 조건에 따라 다양하기 때문에 한번 관심을 갖는 것으로는 최선의 방법을 찾아내지 못하기 때문이다.

가르쳐 준 공부방법으로 노력하였음에도 불구하고 성적이 오르지 않으면 시험문제가 어려웠거나 운이 나빴다고 해 주자.

공부방법도 크게 나쁘지 않다고 여겨지면 공부방법으로만 돌릴 수도 없다. 이렇게 되면 성적이 안 오르는 원인을 자녀에게 돌릴 수 없게 된다. 자칫하면 자녀의 자아개념 형성과 부모와 자식 간의 관계를 손상시키기 때문이다. 이 경우에는 그 원인을 바깥으로 돌려야 한다. 문제가 어려웠다고 말해 주자. 혹 문제가 쉬웠다고 한다면 운이 없었던 것으로 돌려주자. 이렇게 함으로써 자녀의 자아개념을 보호해 주어야 한다. 절대로 능력부족으로 돌리지 말자. 능력이란 단기간에 변화시킬 수 없는 것이므로 능력이 부족하다고 하면, 자녀는 조금씩 능력을 쌓기 위해 노력하기보다 늘 먼저 낙심하여 포기하기 때문이다.

아동과 함께 괴로워하고, 함께 기뻐하자.

다시 한 번 더 강조하면 순간적으로 내뱉은 부모의 말 한마디는 자녀의 자아개념과 부모 · 자녀 간의 인간관계에 치명적인 상처를 입힌다. 그러므로 학습결과의 원인을 쉽게 아동에게 상처 주는 쪽으로 해석하여 감정적으로 내뱉지 말고 아동의 감정을 먼저 생각하자. 아동도 성적이 오르면 기뻐하고 성적이 떨어지면 고통스러워한다. 여기서 부모가 더불어 기뻐해 주는 것은 괜찮으나 아동을 질타하는 것은 바람직하지 못하다. 아동은 부모를 기쁘게 해 주는 도구적 존재가 아니라 스스로 능력을 발전시켜 나가는 주체적 존재이다. 그러므로 아동의 성적이 떨어져 부모에게 고통을 준다고 생각하지 말고, 스스로 발전하지 못하고 고통스러워하는 자녀를 바라보며 도와주어야 한다. 이러한 경우에 부모는 아이의 의지 형성과 관련하여 유념하여야 할 것이 있다. 아이가 어느 정도 힘들어하더라도 스스로 극복하도록 그냥 지켜보면서 격려하는 정도에 그치는 것이 좋다. 직접 나서서 해결 방안을 제시해 주는 것은 바람직하지 않다.

특히 아이가 자신의 잘못을 알면서도 또 스스로 고칠 수 있는데도 불구하고, 나태하여 고치지 않는 경우에는 따끔하게 혼내 주어야 한다. 잘못된 행동을 반복하는 경우에는 무엇이 잘못되었는지 확실히 짚어 주어야 한다. 다른 사람이 자신의 잘못을 수용해 주지 않는다는 것을 알려 주어야 한다.

아이와 함께 기뻐하는 것도 상황에 따라 달라질 수 있다. 다음의 일화는 우리를 생각하게 만든다.

구구셈까지 할 수 있는 아이가 학교에서 한 자리 수의 덧셈과 뺄셈의 문제에서 연이어 100점을 받아왔다. 이에 어머니는 "아이구, 우리 아이 수학 참 잘하는구나." 하고 매번 칭찬하며 기뻐했다. 아이도 뿌듯해 하며 기뻐하였다. 그리곤 "수학 자신 있어요. 이제 수학공부는 필요 없어요."라고 말했다. 그 다음에 또 그러한 문제에서 100점을 받고 아이가 의기양양하자 어머니는 다음과 같이 말했다.

"애야, 엄마는 네가 100점 받은 것이 별로 기쁘지 않다."

"왜요? 엄마?"

"너는 이러한 문제보다 더 어려운 문제도 풀 수 있는데 문제가 너무 쉬워 너의 능력을 무시하는 것 같다."

생각하는 방법

1) 체제적 사고

자녀의 올바른 학습지도를 위해서는 올바른 사고(思考)가 필요하다. 올바른 사고를 한다는 것은 관련되는 모든 요소를 고려하여 올바른 결론을 유도하는 것이다. 그러므로 사고에도 체제적 사고가 필요하다. 체제적 사고란 하나의 문제를 조직의 전체적인 입장에서 파악하고 이와 관련된 여러 요인들과의 상호관련 하에서 해결하고자 하는 개방적 사고이다.

다시 말하면 외부에서 어떤 사실이 투입되면 그것과 관련된 모든 요소들이 고려되고 그 요소들 간의 상호작용이 고려되어 바람직한 결과가 산출되는 것이 체제적 사고이다. 그런데 능력의 부족으로 모든 요소를 고려하지 못하거나 자신이 가지고 있는 욕심, 이해관계, 가치관, 습관화된 사고 등으로 인해 관련되는 요인들과 그 상호관련성을 모두 배척하고 자신의 기분을 맞춰 주는(?) 일부요인으로 결과를 산출한다면 그 의사결정은 바람직하지 못한 것이 아니라 잘못된 것일 것이다. 설사 본인은 체제적 사고를 한다고 하더라도 몇 요인들이 너무나 강렬하게 작용한다면 다른 요인들은 작용할 수 없게 되고 따라서 체제적 사고는 어렵게 될 것이다(〈그림 7-1〉 참조).

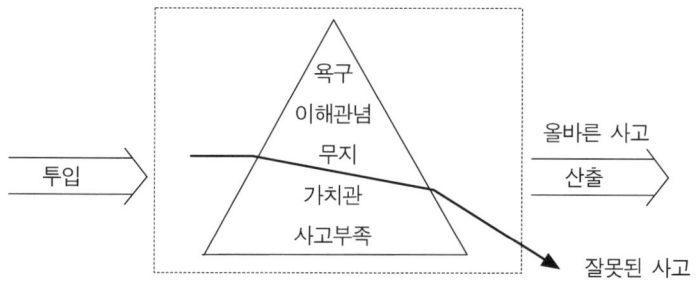

〈그림 7-1〉 체제적 사고와 잘못된 사고

이러한 잘못된 판단으로부터 벗어나 올바른 의사결정을 하기 위하여 다음에 사고의 방법으로 여섯 가지 사고모와 IDEAL, 그리고 초인지적 사고를 소개하고자 한다.

2) 여섯 가지 색깔의 사고모[1]

드보노(de Bono)는 여섯 가지 색깔의 사고모(思考帽)라는 사고훈련방법을 제시하여 습관적으로 생각하는 우리들에게 많은 것을 가르쳐 준다. 그는 우리의 사고방법을 여섯 가지로 나누어, 이 여섯 가지 사고방법에 색깔을 연계시켜 여섯 가지 색깔의 모자를 만들었다(〈그림 7-2〉 참조).

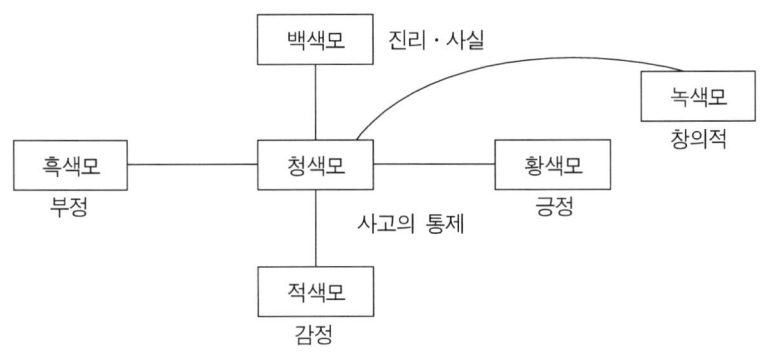

〈그림 7-2〉 여섯 가지 색깔의 사고모

평상시에 우리는 어느 한 방향의 사고에 습관화되어 다른 방향으로는 생각하기가 쉽지 않다. 예를 들면, 평소에 감정적으로만 생각하는 사람은 사실에 근거한 생각은 하지 못할 것이고, 평소에 부정적으로만 생각하는 사람은 긍정적으로 생각하지 못할 것이다. 그 결과 우리는 올바른 판단을 내리기가 무척 어렵게 된다. 드보노는 이러한 습관화된 사고의 틀을 깨기 위하여 일종의 역할극과 같은 사고방법을 제시하였다.

즉 여섯 가지 색깔의 모자를 번갈아 머리에 써 보면서, 자신이 쓰고 있는 모자 색깔과 맞추어 그러한 방향으로 생각하여야 한다고 제안하였다. 그 모자색깔이 지시하는 방향으로 생각하기 싫더라도 그 모자를 쓰면 자신에게 주어진 역할이 그러하다고 생각하고 그 방향으로 생각하는 체 하라고 한다. '체'하는 생각을 하다 보면 그 방향으로 여러 가지 사실이 생각되고, 그 사실들은 판단에 도움을 준다고 보았다.

색깔별 모자를 쓰고 생각하는 방법과 그 예를 설명하면 다음과 같다.

첫째, 백색모를 머리에 쓰면 반드시 진리, 사실 등만을 생각하여야 한다. "○○은 이번 시험에서 하루 3시간씩 책상에 앉아 있었다.", "공부할 때 보면 월, 화, 금요일은 3시간 중 1시간은 멍하니 벽만 보고 있었다." 등과 같이 감정을 배제하고 관찰이나, 책이나 남에게 들은 사실만 생각하는 것이다.

둘째, 적색모를 머리에 쓰면 반드시 느낌이나 감정만을 생각하여야 한다. "또 성적이 떨어졌어? 아이고 미쳐."와 같이 그 순간 떠오르는 감정을 있는 그대로 표현한다. 이때 그런 감정이 떠오르는 이유를 제시하지 않아도 된다.

셋째, 흑색모를 머리에 쓰면 부정적으로만 생각하여야 한다. 이 때 부정적으로 보는 이유를 제시하여야 한다. "계속해서 성적이 내려가니 이렇게 해서는 대학에 갈 수 없다."와 같이 부정적인 생각과 이유가 동시에 제시된다.

넷째, 황색모를 머리에 쓰면 긍정적으로 생각하여야 한다. "계속해서 성적이 내려갔지만 영어와 수학은 오르고 있으니 앞으로 대학에 갈 수 있을 정도로 성적이 오를 것이다."와 같이 좋은 점을 생각한다. 이때 단지 그렇게 되었으면 하는 희망 사항으로 제시해도 된다.

다섯째, 청색모를 머리에 쓰면 생각의 흐름을 통제하는 생각을 해야 한다. "나는 지금 계속해서 흑색모만 쓰고 있잖아, 이제 백색모를 써

보자." 와 같이 다른 방향으로 생각하도록 생각의 물꼬를 돌려보는 것
이다. 이 경우에 반드시 모자 색깔로 말한다. 이 청색모는 다양한 방향
으로 생각하게 만든다.

여섯째, 녹색모를 머리에 쓰면 주제에서 벗어난 다른 방향의 말을 하
여야 한다. "며칠 전에 그곳에 놀러 가서 참 재미있게 놀았잖아?"와 같
이 현재 진행되고 있는 것과는 주제가 일치하지 않는 엉뚱한 얘기를 하
는 것이다. 이 엉뚱한 말은 창의적 아이디어의 기반이 되기도 한다.

이와 같이 여섯 가지 사고모는 우리의 생각을 진리와 사실, 감정, 부
정적 관점, 긍정적 관점, 새로운 아이디어 등 6개의 방향으로 생각하도
록 만드는 사고법이다.

자녀의 성적이 계속 하락한 경우에 여섯 가지 사고모를 통하여 자신의 자
녀지도 방법을 결정하는 어느 부모를 가정해 보자.

청색모 : 지금부터 ○○○의 학업성적에 대해 생각해 보자. 여러 가
지 색깔의 모자가 있으니 하나하나 써 가면서 모자색깔의
규칙에 맞추어 말해 보자.

적색모 : 또 성적이 떨어졌어? 어이구 나 미쳐!

적색모 : 어이구 저 병신, 꼴도 보기 싫어!

적색모 : 더 노력해! 잠도 자지 말고 죽으라고 공부 해! 지금 안 하면
언제 공부할 거니?

흑색모 : 계속 성적이 떨어지고 있으니 다음에 또 떨어질 거다.

청색모 : 왜 자꾸 적색모만 사용하고 있지? 백색모도 써 보자.

백색모 : (마음을 가다듬고) 백색모는 진리와 사실만 얘기하는 것이지.
그렇다면 이 애가 공부한 모습을 생각해 보자. 평소에 매일
공부하고 있었어. 밤 12시까지. 특히 시험 때는 일주일 전
부터 밤 2시까지 했어.

청색모 : 그런데 왜 성적이 떨어졌을까? 좀더 사실을 따져 보자.

백색모 : 전번 시험에서는 5등이 떨어졌는데 이번에는 3등이 떨어졌어.

흑색모 : 5등이나 3등이나 떨어진 것은 마찬가지야. 다음에 또 떨어질 것이고, 그 성적으로는 대학은 꿈도 꿀 수 없어.

황색모 : 그렇지 않아. 5등과 3등은 달라. 비록 계속 떨어지고 있으나 떨어지는 정도가 달라. 이것은 다음에는 안 떨어질 수도 있다는 것을 보여 주는 거야.

적색모 : 그래도 떨어지는 건 기분 나쁘다.

백색모 : 얘가 평소에 놀 시간도 주지 않고 매일 공부만 시킨다고 자주 말했지.

백색모 : 시험치고 일주일 전부터 집에서는 공부가 잘 안 된다고 하면서 저녁마다 얘가 도서관에 갔었다.

흑색모 : 이렇게 공부하는데도 불구하고 성적이 떨어지는 것은 얘의 머리가 돌대가리라는 것일 게다.

적색모 : 어이구 속상해. 어디서 저런 돌대가리가 태어났을까?

청색모 : 속상해 하지 말고 다른 모자를 써 보자.

황색모 : 애 아버지도 괜찮고, 내 머리도 별로 나쁘지 않으니 머리가 돌대가리는 아닐 거다. 반드시 다른 이유가 있을 것이고 그 이유만 해결해 주면 앞으로 반드시 성적이 오를 거다.

녹색모 : 아이고 골치야! 공부 못하면 자기 인생이 불쌍해지지 내가 왜? 철수 어머니에게 놀러나 가자.

백색모 : 가만 있자. 옆집 철수는 토, 일요일은 꼭 노는데도 성적이 항상 1, 2등을 유지하고 있다.

청색모 : 가만있자. 토, 일요일을 노는데도 불구하고 성적이 좋은데, 매일 죽으라고 공부하는데도 성적이 계속 내려간다는 것은

무슨 문제가 있다. 아이만 탓할 것이 아니라 다시 생각해 보자.

백색모 : 시험 때 독서실로 전화해 보았을 때 이 애가 자리에 없었다. 그때 잠깐 바람쐬러 간다고 자리에 없었다고 했지?

흑색모 : 자리에 없었던 경우가 더 자주 있었고 또 그때 잠깐 나갔던 것이 아니고 아예 독서실에 가지 않았던 것은 아닐까?

황색모 : 아니야, 그건 잠깐이고 계속해서 공부했을 거야.

백색모 : 우연히 그 애와 대화를 나눌 때 그 애는 극장에서 상영하는 영화는 거의 내용을 알고 있었다.

청색모 : 흥분하지 말고 백색모를 써 보자.

백색모 : 옆집 철수 어머니가 한 말 중에 '아이에게 노는 시간을 만들어 주니 평소에 무척 열심히 공부하더라'는 말이 있었는데…….

백색모 : 우리 애는 평소에도 시험 때도 토, 일요일 없이 공부했었다.

흑색모 : 계속 공부만 시키니까 이 애가 시험 때 공부 안하고 영화구경 간 것은 아닐까?

황색모 : 아니야. 시험 땐데…….

흑색모 : 성적은 계속 떨어지고, 시험 때 공부한다고 독서실에 계속 갔고, 어쩌다 전화해 보면 독서실에는 없었지 않은가? 이것은 시험 때 영화구경을 갔다는 증거야.

청색모 : 생각을 정리해 보자. 혹 갔을지도 모르니 ○○○에게 조용히 물어 보자.

(이후 어머니는 ○○○에게 조용히 물어 보니 처음에는 완강히 공부했다고 하다가 나중에는 사실 시험 중압감에 영화구경을 간 적도 있다고 하였다.)

적색모 : 아니 이럴 수가? 시험 땐데 영화구경을 가? 이런 미친 짓

이…….

적색모 : 아니야, 얼마나 답답했으면 영화구경을 갔겠어…… 불쌍한
것. 시험에 짓눌려서…….

흑색모 : 영화구경을 가고 하는 것을 보니 절망적이다. 이 애는 앞으
로 형편없겠어. 때려서라도 영화구경을 못 가도록 해야지.

백색모 : 놀지 않고 계속 공부만 하면 바보가 된다고 했는데…….

백색모 : 쉬지 않고 계속 공부하면 주의집중력이 떨어진다고 했는데.

황색모 : 평소에 계속 공부를 시키니 시험 때가 되면 주의집중력이
떨어진 거야. 평소에 좀 놀려 주면 시험 때는 더 열심히 하
겠지.

청색모 : 생각을 좀 간추려 보자.

이상의 생각하는 과정을 〈표 7-2〉와 같은 표로 만들어 기록하면 올
바른 판단을 내리는 데 크게 도움이 된다. 생각의 순서를 표시해 주면
생각의 변화도 알 수 있다.

〈표 7-2〉 여섯 가지 색깔의 사고모에 사고과정

백색모	적색모	흑색모	황색모	청색모	녹색모
평소에 12시까지 공부했어. 시험 때는 2시까지도(7)	아이구 미쳐(2)	계속 성적이 떨어질 거다(5)	5등, 3등은 달라. 다음에는 안 떨어질 수도 있다(11)	○○○의 성적에 대해 생각해 보자(1)	철수 어머니에게 놀러 가자(19)
저번에는 5등, 이번에는 3등이 떨어짐(9)	꼴도 보기 싫어(3)	대학은 꿈도 꿀 수 없어(10)	아버지 어머니 머리가 괜찮으니 머리는 좋을 거다(18)	왜 적색모만 쓰지? 백색모도 써 보자(6)	

애가 평소에 공부만 시킨다고 말했다(13)	잠도 자지 말고 죽으라고 해라(4)	애 머리가 돌대가리일 것이다(15)	독서실에는 갔을 거야(23)	왜 성적이 떨어질까?(8)
시험치기 일주일 전부터 공부가 안 된다고 도서관에 갔다(14)	떨어지는 것은 기분 나쁘다(12)			속상해 하지말고 다르게 생각해 보자(17)
철수는 평소에 노는데도 1, 2등이다(20)	아이구 속상해! 애가 돌대가리라니 (16)			
우리 아이는 놀 시간을 만들어 주지 않았다(26)				

*( )속의 숫자는 생각의 순서를 말한다.

이상의 기록을 보면 이 어머니는 어떠한 방향으로 생각을 많이 하는지 알 수 있다. 동시에 어머니가 종합적인 판단을 내리는 데 도움을 주게 된다. 즉 사실, 감정, 부정적 생각, 긍정적 생각, 아이디어 등이 모두 고려되어 처음의 감정적 생각보다 더 나은 판단을 내리게 될 것이다.

3) 브랜스포드와 스타인의 IDEAL[2)]

브랜스포드(Bransford)와 스타인(Stein)은 우리의 사고방법을 IDEAL로 나타내고 있다. IDEAL은 확인하기(Identifying), 정의하기(Defining), 탐색하기(Exploring), 적용하기(Acting), 평가하기(Looking) 등의 영문글자들의 첫자를 따서 표시한 것이다. 이 단계를 설명하면 다음과 같다. 다음에 한 아동의 예를 가지고 의사결정하는 과정을 살펴보자.

〈영숙의 생활〉
평소의 성적 : 학급에서 10위 이내를 유지
평소의 공부 : 아침 6시에 기상하여 1시간, 밤 11시까지 3시간씩
반드시 공부
평소의 행동 : 밝고 명랑
최근 부모 눈에 띈 행동 : 아침공부를 안 하고 있고, 밤에도 10
시 이전에 취침, 밝고 명랑하던 행동이 다소 어두
움
문제행동의 참된 원인 : 자신도 모르게 몸이 피곤하고 어딘가 아
픔, 부모가 걱정할까 봐 혼자 숨김

(1) 문제를 발견하고 확인하기(Identifying)

문제를 발견하고 확인한다는 것은 주어진 상황에서 해결해야 할 어떠한 문제가 있는지를 생각하는 것으로 문제해결과정 중 가장 중요한 부분이다. 즉 문제가 있다고 판단되면 그 해결을 위한 다음 단계의 사고가 이루어지나, 문제가 없다고 판단되면 다음 단계로 사고가 진전이 되지 않는다. 문제발견에 실패하는 공통적 이유는 사람들이 여러 가지 상황을 개선할 수 있는 가능성에 대해 생각해 보지 않기 때문이다. 문제가 있음에도 불구하고 문제를 파악하지 못하고 넘어간다거나 문제가 없음에도 불구하고 문제가 있다고 생각하는 것도 모두 바람직하지 못하다. 평범한 일상적인 일이고 일과성으로 넘어갈 수 있음에도 불구하고 문제화하여 문제로 만들어 감으로써 시간과 노력을 낭비할 가능성이 있다. 이른바 긁어서 부스럼 만든다는 우리의 속담이 여기에 해당된다. 평소에 일찍 일어나던 아이가 한 이틀 연이어 늦잠을 잤다고 해서 '이거 큰일이다. 무엇 때문에 늦잠을 잤느냐'고 하면서 꾸중을 한다면

작은 일이 더 큰 일로 번지는 것이다. 위에서 말한 영숙의 예로써 보자.

> 부모 A : 이 애 봐라! 요즘 아침 공부는 물론 밤에도 10시도 안
>   되어서 자네…… 이거 어쩌려고 그러지? 게다가 표정까
>   지 어둡고. 이거 뭔가 문제가 있구나.
> 부모 B : 얘가 평소답지 못하네. 저러다가 괜찮겠지…….

이 예에서 부모 A는 영숙에게 문제가 있다는 것을 파악하였으나 부모 B는 문제가 있음을 파악하지 못하였다. 만일 영숙이의 몸에 큰 이상이 없다면 문제가 없으나 이상이 있다면 부모 B의 판단은 잘못된 것이 된다.

(2) 문제를 정의하고 표상하기(Defining)

문제를 정의하고 표상하는 것은 확인된 문제가 어떠한 성격을 가지고 있는 것인지를 생각하는 것으로, 올바른 자녀지도의 핵심적 요인이 된다. 문제발견과 문제정의는 서로 다르다. 예컨대 문제가 있다는 점에서는 동의하나 문제를 정의하는 방법에는 일치하지 않을 수 있다. 문제가 있다는 것은 평상과는 다른 행동, 목표방향으로의 행동에서 벗어난 행동 등에서 느낄 수 있다. 그러나 문제를 정의하는 것은 그 문제를 바라보는 사람의 생각이 중요하다. 어떻게 문제를 정의하느냐에 따라 문제를 해결하는 방법이 달라진다. 다음의 예를 보자.

> 부모 A : "얘가 어디 아픈 모양이구나. 그러지 않고서는 저럴 리
>   가 없지."
> 부모 B : "얘가 무슨 남학생이 생긴 모양이구나. 뭔가 숨기는 듯
>   한 태도가 심상치 않아. 공부도 안 하고 성적도 떨어지
>   고 말이야. 언젠가 책에서 보니 이성교제를 하면 성적
>   이 떨어지고 뭔가 숨기는 듯한 태도를 보인다고 했는데
>   말이야. 그것하고 똑같애."

이 예에서 부모 B의 문제정의는 잘못되었음을 알 수 있다. 부모 A와 부모 B의 이러한 문제 정의의 차는 다음의 해결 방안에도 크게 영향을 주게 될 것이다. 부모 A는 자녀의 아픈 곳을 파악하여 그것의 해결과 관련된 방안을 강구할 것이나, 부모 B는 이성교제는 공부의 적이므로 이 기회에 누구인가를 철저히 따져서 다시는 이성교제를 못하도록 하는 방안을 강구할 것이다.

(3) 가능한 전략을 탐색하기(Exploring)

가능한 전략을 탐색하기는 문제를 해결할 수 있는 가능한 방법을 탐색하는 것이다. 문제에 대한 자신의 반응 방법과 추후에 사용될 수 있는 다른 전략을 탐색한다. 개인이 적절한 전략을 사용하지 못하는 이유는 전략과 문제와의 관련성을 깨닫지 못한 경우이거나 전략의 중요성을 알면서도 그 문제에 필요한 특수전략을 알지 못하기 때문이다. 따라서 문제를 하위요소로 분석하고 여러 전략과 개념적 도구를 탐색하는 것이 필요하다. 다음의 예를 보자.

> 부모 A : 몸이 안 좋으면 공부를 좀 쉬게 하고 건강을 회복하도록 해야겠다는 생각을 가지고 딸에게 몸이 안 좋거나 피곤하면 좀 쉬었다 하라고 얘기하려고 한다.
> 부모 B : 공부할 때는 으레 긴장으로 인해 몸이 아프므로 긴장을 풀어 주는 말을 해 주고 격려해 주려고 한다.

이렇게 모색한 해결방안의 차는 다음 단계의 행동에도 영향을 줄 것이다.

(4) 전략을 적용하기(Acting)

전략을 적용하기는 생각해 낸 전략을 실제 적용하여 문제를 해결하는 것이다.

　　부모 A : 요즘 너 어디 아픈 것 같구나. 평소의 너답지 않은데 왜
　　　　　　그러지? 혹 몸이 안 좋으면 쉬었다 하든지 아니면 병원
　　　　　　에라도 가 보자.
　　부모 B : 요즘 너 공부한다고 무리했구나. 성적에 너무 구애받지
　　　　　　말고 차분히 공부해라. 너무 긴장하면 몸이 아픈 듯 하
　　　　　　니까 마음 풀고 느긋하게 해라.

　여기서 부모 A는 자녀의 건강에 신경을 쓰면서 계속적으로 자녀에게 관심을 기울일 가능성이 높지만, 부모 B는 충고 한마디로 끝나 버릴 가능성이 높다.

　(5) **전략효과를 평가하기**(Looking)

　전략효과를 평가하기는 문제해결과정에서 실시한 전략의 효과를 확인한다. 위의 예에서 영숙이의 반응을 보면서 부모는 자신의 행동을 재점검할 것이다.

　이 예에서 보듯 사고의 과정에서 문제를 올바르게 정의하는 것이 매우 중요함을 알 수 있다. 부모 A는 문제를 바르게 파악하고, 그에 따라 바르게 사고하는 모습을 보였고, 부모 B는 잘못판단을 내리고 일을 그르치고 있다. 이 사고과정을 그림으로 표현하면 〈그림 7-3〉과 같다.

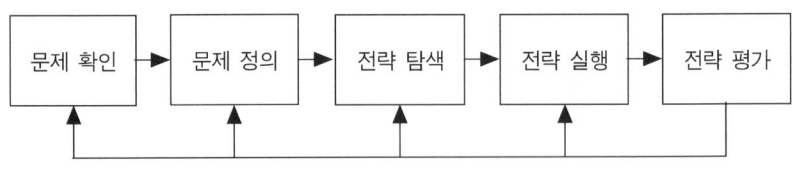

〈그림 7-3〉 브랜스포드와 스타인의 사고과정

4) 초인지적 사고과정

　최근에 교수학습에서 매우 중요하게 부각되고 있는 초인지(超認知)도

학습지도를 위한 의사결정의 좋은 사고방법이 된다. 학습지도를 위한 의사결정에서 초인지적 사고는 〈그림 7-4〉와 같다.

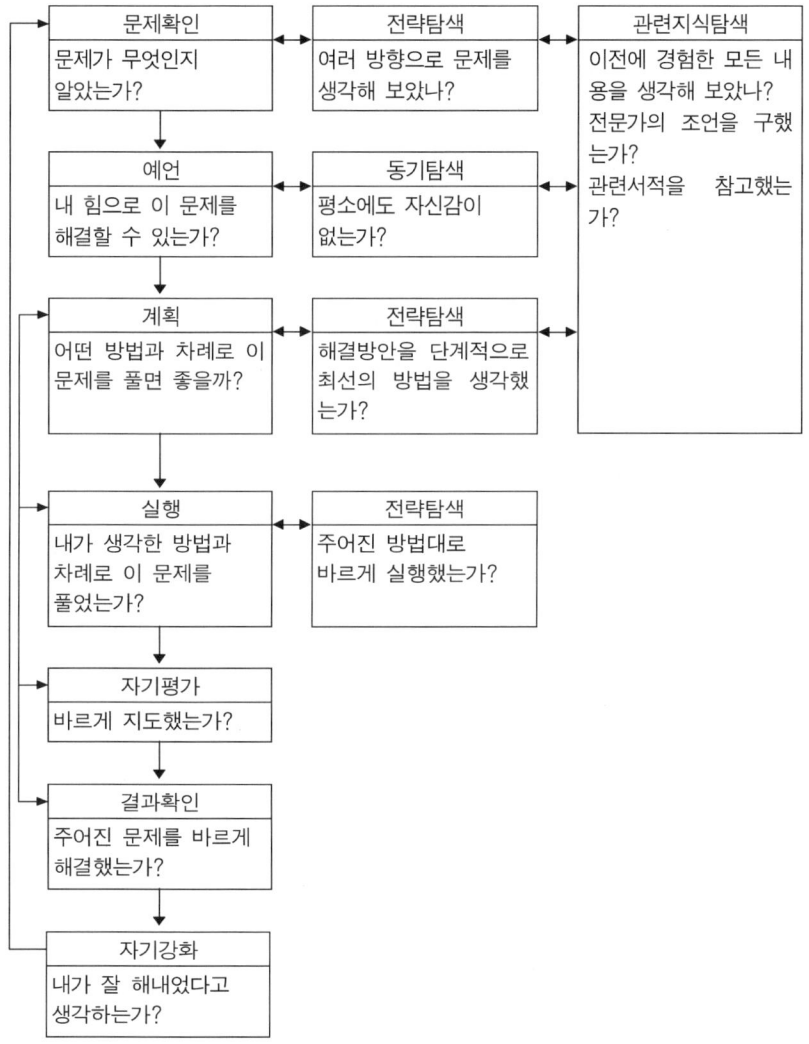

〈그림 7-4〉 초인지적 사고과정

초인지를 적용한 사고과정은 크게 사고의 진행단계, 전략(동기)탐색, 관련지식 탐색으로 구성된다. 사고과정의 진행단계는 다시 문제확인, 예언, 계획, 실행, 자기평가, 결과확인, 자기강화의 7단계 흐름으로 진행된다. 각 단계는 문제상황에 따라 점검과 통제과정으로 자기질문들이 포함되어 있다. 전략(동기)탐색은 문제해결과정에서 개인이 가지고 있는 전략과 배경지식을 능동적으로 활용하도록 한다. 관련지식 탐색은 개인이 가진 지식을 생각해 내거나, 스스로의 힘으로 해결하지 못하는 경우에 이웃 전문가의 의견을 구하여 도움을 받는 것이다. 그러므로 개인은 이웃 전문가의 도움을 받을 자세가 되어 있어야 한다. 성적이 떨어진 자녀를 예로 들어 단계별 사고를 살펴보면 다음과 같다.

첫째, 문제확인단계에서 부모는 자녀의 학습에 있어 문제가 무엇인지를 분명히 알아야 한다. 이때 단순히 문제를 정의하지 않고 이전 경험을 고려하고 또 여러 측면으로 문제를 생각해 보아야 한다.

> ○○이 이번에 성적이 5등 떨어졌다. 이것은 문제가 되는 것일까? 전에도 4등이나 떨어졌지만 다음에는 다시 원래의 성적만큼 오른 적이 있다. 그러므로 이번은 모른 척 지내도 되는 것일까?(이전 경험 생각)
>
> 그런데 이번에는 보니까? 전번과는 달리 평균점수도 많이 떨어졌다(석차뿐 아니라 평균점수도 고려).
>
> 더구나 기본교과인 영어, 수학의 성적이 떨어졌다(각 교과의 성적도 고려).
>
> 이것은 그냥 둘 수 없는 상황이다.

둘째, 이 문제를 부모가 해결할 수 있는지를 생각해 본다. 만일 현명하게 해결할 마음이 들지 않는다면 현명하게 해결할 수 있다고 스스로 다짐한다. 또한 문제가 해결된 상태를 머릿속에 그려본다.

나의 판단으로 이러한 문제를 현명하게 해결할 수 있을까? 화부터 내지 말고 현명하게 해결해 보자. ○○은 나보다 더 고통을 받고 있을 텐데 좋은 방법을 생각해 보자. 나는 가장 바람직한 방법을 생각해 낼 수 있다(화를 내지 않고 현명히 해결한다고 스스로 다짐).

셋째, 해결책을 계획한다. 성급히 결정하지 않고 차근차근 여러 방향으로 관련된 모든 요인을 고려하면서 해결방안을 모색한다.

평소에 공부한 시간은 어떠한가?
평소에 공부할 때 주의집중하여 했는가?
시험범위 내의 공부를 모두 했는가?
영어가 떨어진 이유는 무엇일까?
공부는 어떠한 방법으로 진행하였나?
등등 관련된 모든 요소를 생각해 본 후 해결방안을 다음과 같이 설정하였다.
평소에 공부했던 모습을 자세히 적어서 편지로 보낸다. 그리하여 스스로 반성할 기회를 만들어 준다. 그리고 나서 다음의 행동을 본다.
만일 효력이 없으면 불러서 야단을 친다.

넷째, 계획한 방안을 단계적으로 실천에 옮긴다.

편지를 써서 자녀의 가방 속에 살짝 넣어 두고 살펴본다.

다섯째, 계획의 실천이 제대로 되었는지를 반성해 본다.

○○이 나를 괴롭게 만들었지만 나는 이성적으로 원래의 계획대로 실천하였다.

여섯째, 자녀의 행동변화를 관찰하여 원래의 문제가 해결되었는지를 확인한다.

자녀의 성적이 올랐구나. 이번의 해결방안은 적절히 설정하였다.

일곱째, 문제가 바르게 해결되었을 경우에 자기 자신을 칭찬한다.

음! 나는 화를 내지 않고 현명한 방법으로 자녀를 변화시켰다. 나는 역시 다른 부모들과는 달리 진정한 사랑을 자녀에게 주고 있다.

바람직한 학습지도방법 탐구를 위한 체제적 접근

체제적 접근은 학습에 관련된 모든 조건을 고려하여 올바른 학습지도방법을 강구하는 하나의 방법이다. 이에는 여러 학자들이 다양하게 제시하고 있다. 여기서는 하이니히(Heinich) 등의 ASSURE 모델을 소개한다.

하이니히 등의 ASSURE 모델

ASSURE 모델3)은 학습상황에서 실제로 매체를 어떻게 사용할 것인가에 중점을 두고 있는 방법이다. ASSURE는 학습자 분석(A : Analyze learners), 목표진술(S : State objectives), 방법, 매체와 학습자료 선정(S : Select methods, media, and materials), 매체와 자료의 활용(U : Utilize media and materials), 학습자 참여 요구(R : Require learner participa

A	S	S	U	R	E
학습자 분석	학습목표 진술	방법, 매체, 자료 선정	매체, 자료 활용	학습자 참여 요구	평가와 수정

〈그림 7-5〉 ASSURE 모델

tion), 평가와 수정(E : Evaluate and revise)의 첫자를 따서 만든 것이다.

이를 그림으로 나타내면 〈그림 7-5〉와 같다.

이 모델에 따라 올바른 학습지도 방안을 강구하는 과정을 알아보면 다음과 같다.

(1) 학습자 분석

학습을 하는 주체는 학습자이므로 학습자가 어떠한 조건에 처해 있는지를 파악하는 것은 학습자에 적합한 학습지도방법을 생성하는 데 있어 근본적인 문제이다.

하이니히 등은 일반적인 학습자 특성, 특정교과능력, 학습양식 등을 제시하고 있다. 일반적인 학습자 특성은 학습내용과 직접적인 관련은 없으나 학습수준을 결정하거나 학습동기를 유발하기 위해 필요하다. 특정교과에 대한 능력은 학습하려는 내용과 직접적인 관련이 있는 능력으로서 이를 잘 파악하여 학습내용을 결정하여야 한다. 학습양식은 상이한 자극을 지각하고 이에 반응하는 방법과 관련된 학습자의 심리적 특성이다. 이밖에도 6장에서 설명한 바와 같은 다양한 학습자 조건을 일차적으로 고려해야 한다.

(2) 목표 진술

학습목표는 개별학습자가 도달하도록 기대되는 것이다. 다시 말하면 학습종료시 학습자가 획득해야 할 새로운 능력으로서 학습자가 변화되어 있어야 할 모습이다. 이러한 목표는 방법을 바르게 선택하도록 해주고, 적절한 학습환경의 구성과 관련된다.

목표설정은 명백하고 구체적이어야 하고 학습자가 달성할 수 있도록 설정되어야 한다. 목표는 학습자를 학습활동으로 이끄는 강한 힘이 있

으므로, 목표를 달성함으로써 자신에게 주어지는 기쁨이 무엇이라는 것
도 부각시키는 것이 바람직하다. 이때 어떠한 물질적 보상을 약속하는
것보다 그 목표를 달성함으로써 이전에 할 수 없던 새로운 일을 할 수
있고, 그로 인해 타인으로부터 인정받을 수 있다는 느낌을 주는 것이
좋다.

목표 진술에서 특히 고려하여야 하는 것은 인지적 목표뿐만 아니라
정의적 목표도 동시에 설정하여야 한다. 지식이란 정보적 측면과 정서
적 측면을 가지고 있으므로 정보적 측면에서 인지적 목표를 설정하여
야 하고, 정서적 측면에서 정의적 목표도 설정하여야 한다. 흔히 교육
에서 무엇을 학습할 것인가에 치중한 나머지 그 학습되는 무엇(내용)과
연결된 정서의 함양을 무시하는 경우가 많다. 이에 따라 교육이 인지적
교육에 치우치고 정서적 교육을 등한시하고 있다고 비판을 받고 있다.
인지적 교육과 정서적 교육은 별개의 것이 아니라 함께 이루어지는 것
이다.

(3) 방법, 매체, 자료의 선정

이 단계에서는 목표를 달성할 수 있는 내용과 그 내용을 효과적으로
전달해 줄 수 있는 매체, 그리고 방법을 선정한다. 매체란 학습내용을
전달해 주는 모든 수단을 말한다. 이에는 책과 같은 인쇄매체, OHP
(Overhead projector), 슬라이드, 실물환등기 등을 활용하는 시각매체,
라디오, 녹음기 등을 활용하는 청각매체가 있다. 또 시청각 자료를 복
합적으로 활용하는 비디오, TV, 영화 등의 시청각매체도 있다. 최근에
는 컴퓨터가 중요한 학습매체로 부각되고 있다. 특히 웹(web)을 이용
한 매체가 가상교육과 함께 부각되고 있다. 매체는 그 자체가 능력을
향상시켜 주는 것은 아니지만 학습내용을 효과적으로 전달해 주는 기
능을 하고 있다. 종래에는 대부분의 교재가 교과서이므로 다른 매체를

선정할 선택의 기회가 없었으나 오늘날은 다양한 매체로 학습내용을 전달하고 있으므로 고려해야 한다.

우리가 아이스크림을 사 먹을 때와 빵을 사 먹을 때를 비교해 보면 매체 선택의 중요성을 알 수 있다. 아이스크림은 냉동실에서 찾아야 하고, 빵은 실온의 저장소에서 찾아야 한다. 이때 아이스크림과 빵은 내용이고 냉장고와 실온의 저장소는 일종의 매체이다. 아이스크림은 냉장고에 담겨 있어야 원래의 성분을 보관할 수 있고, 빵은 실온의 저장소에 있어야 된다. 이와 같이 학습내용도 그 내용이 효과적으로 전달되는 매체가 있다. 그러므로 부모는 자녀의 학습내용을 고려하여 그 내용을 효과적으로 전달해 줄 수 있는 매체를 선정하여야 한다. 과외교사도 하나의 매체에 속한다. 따라서 부모는 무턱대고 자녀를 과외로 보낼 것이 아니라 자녀의 학습내용이 과외교사를 통하여 전달하는 것이 바람직한지를 잘 판단하여 선정하여야 한다. 우유는 냉동실을 갖춘 차로 배달하는 것이 바람직하나 과일은 냉동실을 갖춘 차로 배달할 필요가 없다. 냉동실을 갖춘 차로 배달하면 보다 많은 경비가 소모되는 것은 말할 나위도 없지만 그 영양분의 손실이 일어날 가능성도 있다. 마찬가지로 교재를 사 주어 혼자 공부하여도 충분한 것을 과외를 시킴으로써, 부모는 많은 경비가 지출되고 자녀는 알찬 학습보다 잘못된 학습태도가 형성될 위험이 있다.

또 같은 매체라고 하더라도 내용의 구성, 제시방법이 어떠한지를 고려하여 결정하여야 한다. 만일 적합하지 않은 경우에는 부모가 내용을 재구성해 주는 것도 필요하다.

(4) 매체와 자료의 활용

일단 바람직하다고 인정된 매체를 선정하였으면 생각으로 그치지 말고 실제로 활용하여야 한다. 이때 유의하여야 할 것은 선정된 매체가 본래의 목표를 위하여 활용되고 있는지를 살펴보아야 한다. 비디오를 이용한 학습을 하라고 비디오를 구입해 주었는데 영화를 보고 있다든지, 멀티미디어를 이용한 학습을 하라고 컴퓨터를 구입해 주었는데 게임만 하고 있는지를 살펴보아야 할 것이다.

(5) 학습자 참여요구

어떠한 매체를 통하여 학습을 하더라도 학습자는 항상 능동적이어야 한다. 수동적인 자세에서는 학습동기가 유발되기도 어려울 뿐만 아니라 학습 그 자체도 손실을 보게 된다. 따라서 학습자가 적극적으로 학습에 참여하도록 하기 위하여 다음을 고려하는 것이 좋다. 첫째, 매체를 활용하기 전에 중점을 두어야 하는 내용이 무엇이며, 어떠한 관점으로 내용을 학습할 것인지를 알려 주어 능동적 학습활동을 유도한다. 둘째, 매체를 활용하는 도중에 내용과 관련하여 여러 가지 질문을 하여 그 질문에 답하도록 한다. 셋째, 활용이 끝난 후에 토의를 한다든지, 감상문을 작성하도록 요구한다.

(6) 평가와 수정

학습이 끝난 후에 모든 결과를 스스로 확인해 보고 잘 되었는지를 평가하고, 다음 학습을 위한 자료로 삼는다. 다시 말하면 학습자들이 학습목표를 달성했는지를 점검하고, 선정된 매체가 학습목표의 달성에 도움을 주었는지를 점검한다.

1) 여섯 가지 사고모에 관하여서는(박권생 · 손기준 공역, 여섯 가지 사고모 -deBono의 사고개발기법, 서울: 교육과학사, 1991)에 잘 소개되어 있다.

2) IDEAL은(김인주 역, 사고기능의 교육, 서울: 문음사, 1987)에 잘 소개되어 있다.

3) Heinich, R., Molenda, M., Russell, J., and Smaldino, S., Instructional Media and Technologies for Learning, New Jersey: Prentice Hall, Inc., 1996.

8

실행과 학습지도

가정에서의 피그말리온 효과

　'마이 페어 레이디'라는 영화를 보면 길거리에서 꽃을 팔던 천한 소녀가 히긴스 교수를 만나 고상한 상류층 여인으로 변화하는 감격스런 장면을 보게 된다. 그러나 히긴스 교수는 교육 중에는 물론 그 후에도 그 여인을 꽃파는 소녀로 생각하고 함부로 대한다. 이에 비해 교수의 친구는 꽃파는 소녀를 항상 숙녀로 생각하고 정중히 대해 준다. 꽃파는 소녀에서 점차 고상한 숙녀로 변화해 가던 여자 주인공은 히긴스 교수의 이러한 태도에 불만을 품고 교수의 친구에게 다음과 같은 말을 하고 있다.

　"나는 히긴스 교수에게는 꽃파는 소녀가 될 수밖에 없습니다. 왜냐하면 그는 날 꽃파는 소녀로 대하기 때문입니다. 그러나 나는 당신에게는 숙녀가 될 수 있습니다. 왜냐하면 당신을 날 숙녀로 대해 주기 때문입니다."

　이 말은 상대방이 자기를 어떻게 대해 주느냐에 따라서 꽃파는 소녀도 될 수 있고, 숙녀도 될 수 있음을 나타내고 있다. 이와 같이 상대방이 바라보는 대로 자신이 변해 가는 현상을 피그말리온 효과라고 한다. 피그말리온 효과는 교육에서 중요시되고 있다. 교사가 학생을 어떻게 생각하고 대해 주느냐에 따라 학생의 행동과 모습이 좌우된다고 보기 때문이다. 이러한 효과는 학교보다도 오히려 가정에서 더 나타난다. 가정에서는 부모와 자녀 간에 끊임없는 상호작용이 이루어지고 있기 때문이다.

　가정에서의 피그말리온 효과는 부모와 자녀 간의 인간관계와 자녀의 미래 모습의 형성에 큰 영향을 준다.

　예를 들면, 부모가 자녀를 매번 부정적으로 보면 자녀의 긍정적

측면은 간과되어 버리고 부정적 측면만 부각되어 자녀의 모든 행동이 못마땅해질 것이고, 자녀는 이에 반발하여 부모를 불신하게 될 것이다. 또 자녀의 행동은 부정적인 측면이 지속적으로 강하게 부각되므로 그러한 방향으로 고착될 것이다. 반면에 부모가 자녀를 매번 긍정적으로 대해 주면 부모와 자녀 간에는 따뜻한 인간관계가 형성되고 자녀의 행동은 긍정적 방향으로 고착된다.

그러므로 만일 자녀의 행동이 만족스럽지 못하다고 하면 자녀를 탓하기 전에, 자녀와 부모 자신과의 인간관계를 먼저 생각해 보자. 자신의 마음속에 자녀를 못마땅해 하는 마음이 있고 자녀도 부모에게 퉁명스럽게 대하고 있다고 여겨지면 피그말리온 효과가 부정적으로 작용하고 있다는 것을 명심하여야 한다. 이는 자녀가 나쁘기 이전에 평소에 부모가 자녀에게 무심결에 던진 말 한마디 한마디에 문제가 있는 것이다. 이러한 경우 자녀의 행동을 고치겠다고 던지는 "너는 맨날 놀기만 하니 성적이 오르겠니?", "너는 해도 소용없다.", "○○ 좀 봐라, 그런데 너는 어쩔 수 없구나." 등과 같은 부정적 충고는 자녀를 더욱 나쁘게 만들 뿐 아니라 자녀를 적(?)으로 만들기도 한다. '너는 정말 멋진 아이다.', '엄마는 네가 자랑스러워.'라는 말을 한다면 자녀는 그렇게 변할 것이다.

자료 : 박영태, 가정에서의 피그말리온 효과, 조흥소식, 제400호, 1993. 5.

학습지도에서 실행의 중요성

인간은 행동으로 자신의 존재를 표현한다. 또한 그 행동을 통하여 자신의 가능성이 현실적 능력으로 변화된다. 이에 따라 우리는 타인의 행동을 보고 그 사람의 존재를 이해하고 평가한다. 그러므로 우리가 아무리 타인을 사랑하더라도 그것을 행동으로 표출하지 않으면 상대방은 알 수가 없다. 사랑이 넘치는 부모들의 훈육방식은 사랑이 없는 부모들의 훈육방식보다 질적으로 월등히 낫다고 한다. 청소년들의 반항적 행동은 그들이 부모를 거역하는 것이 아니라 부모들이 사용하고 있는 좋지 못한 훈육방법에 반항하는 것이라고 한다.[1] 따라서 부모는 자녀를 사랑한다는 마음만 가질 것이 아니라 행동으로 사랑을 표출하는 것이 중요하다. 자녀가 부모의 사랑을 느끼지 못하고 있다면 이는 부모의 사랑을 몰라주는 자녀의 탓도 있으나 이보다 더 중요한 것은 부모의 사랑을 자녀가 느끼지 못하도록 표출하고 있는 부모의 사랑 표현에 문제가 있는 것이다.

올바른 사랑은 이론을 알고, 또 반복된 실천을 통하여 자연스럽게 나타난다.

프롬은 올바른 사랑을 하기 위해서는 사랑의 기술을 배워야 하며, 그 기술을 배우기 위해서는 이론을 알고 나아가 그 이론을 실천하여 숙달하여야 한다고 하였다.[2] 사랑의 행동은 다른 행동과 마찬가지로 반복된 실행을 통하여 자동적으로 표출된다. 행동이 자동적으로 표출된다고 하는 것은 꾸밈이 없고 자연스럽다는 것을 의미한다. 어쨌거나 사랑의 실제적 행위는 사랑의 총체적 표현이고, 나아가 사랑의 결실이다. 실행이 없는 사랑은 육체가 없는 영혼에 불과하다. 예전에 패트릭 스웨이지와 데미 무어가 주연으로 나온 '사랑과 영혼'이라는 영화를 보고 형언할 수 없는 감동을 느낀 적이 있다. 육체가 없는 영혼이 사랑의 표출을 할 수 없어 안타까워하는 모습은 보는 사람의 가슴을 아프게 했다. 사랑이란 바로 이런 것이다. 부모가 제 아무리 마음속에 사랑하는 마음을 가지고 있다고 하더라도 그것을 신체의 동작을 통한 행동으로 표현하지 못한다고 하면 자녀는 부모의 사랑을 느끼지도 보지도 못할 것이다. 그러므로 사랑이란 바로 실행인 것이다.

실행하여야 할 행동 : 학습환경의 조성

사랑으로서 실행하여야 하는 행동은 앞에서 진술한 모든 내용이 포함된다. 즉 자녀를 존중하는 행동, 자녀에게 관심을 기울이는 행동, 자녀를 지도하기 위해 올바르게 판단하는 행동 등은 바로 사랑의 행동이고, 실행이란 바로 이러한 행동을 행하는 것이다. 그러나 이러한 행동은 앞에서도 언급되어 있으므로 여기서는 자녀의 발달에 필요한 환경의 조성에 중점을 두고 말해 보고자 한다.

인간은 환경에 의해 만들어져 간다.

인간은 유전적 소질을 가지고 환경과 상호작용하면서 형성되어 가는 존재이다. 여기서 부모들은 자녀는 이미 형성되어 있는 존재가 아니라 형성되어 가는 존재라는 것을 새삼 고려하여야 한다. 형성되어 가는 존재로서의 자녀에 있어 가장 중요한 것은 유전적 소질이 아니라 환경과의 만남이다. 환경과의 만남이 더 중요한 이유는 첫째, 유전적 소질은 결정적인 것으로 변화가 불가능하지만 환경은 선택적인 것으로 변화가 가능하고, 둘째, 유전적 소질도 환경과의 만남에 의해서만 그 가능성이 실현되기 때문이다. 하나의 씨앗을 생각해 볼 때 그 씨앗 속에는 강렬한 생명과 그 생명의 발전방향이 깃들어 있다. 씨앗이 적절한 습도와 온도를 만나면 그 생명력은 피어날 것이나, 부적절한 습도와 온도를 만나면 그대로 썩어 버릴 것이다. 또 씨앗이 비옥한 토지와 따스한 태양열을 만나면 화려한 꽃과 알찬 열매를 맺을 것이나 황폐한 토지를 만나면 생명이 피어났을 망정 초췌한 모습으로 시들어 버리고 말 것이다.

마찬가지로 우리의 자녀도 강렬한 생명력과 무한한 발전가능성을 가지고 있다. 그러므로 그에 부합되는 환경을 제공해 주면 자녀의 생명력은 피어날 것이고, 나아가 그 발전가능성은 활짝 꽃을 피우고 자신의 세계를 밝게 맞이할 것이다. 그러나 그러한 환경을 만나지 못하면 자녀의 생명력과 가능성은 긴 어둠의 통로 속에 갇힌 채 암울한 나날을 지내야 할 것이다.

자녀가 처해 있는 환경은 어항 속의 물고기가 처해 있는 환경과 같다.

환경은 선택적이라고 하나 어린 자녀에게 있어서는 선택적이라기보다 결정적이다. 부모가 제공해 주는 환경을 그대로 수용할 뿐이다. 어항 속의 물고기가 주인의 태도에 따라 생명이 좌우되는 것과 마찬가지로 어린 자녀는 부모의 태도에 따라 그들의 현재의 모습, 나아가 미래의 모습이 좌우된다. 자녀가 가지고 있는 유전적 소질이 100% 부모로부터 이어받았고, 자녀가 만나는 환경마저 부모가 통제하고 있는 것을 고려해 볼 때 자녀에게 형성된 현재의 모습은 바로 누구의 책임이라는 것은 분명해진다. '콩 심은 데 콩 나고 팥 심은 데 팥 난다', '심은 대로 거둔다'고 하는 자연법칙의 인과관계가 인간의 성장에서도 그대로 나타난다. 자신이 뿌린 씨앗은 전혀 고려하지 않은 채 다른 형태의 자녀 모습을 원한다는 것은 결국 자신이 양육하지 않은 타인의 자녀를 원하는 것과 같다.

이와 같이 유전적 요소와 환경적 요소를 모두 결정하는 부모는 자녀의 운명을 쥐고 있는 절대자이다. 자녀들은 어떠한 부모를 만났는가에 따라 자신의 미래가 결정된다. 좋은 운명의 만남은 사랑을 실천해 주는 부모와의 만남일 것이다.

사랑의 실천은 바로 학습환경을 구성하는 행동이다. 따라서 자녀의 생명력을 더욱 꽃피워 주는 환경을 조성하는 행동이야말로 자녀에 대한 부모의 실천적인 사랑이며, 자녀에게 있어 행운을 안겨 주는 좋은 절대자와의 만남이다.

학습환경이란 스스로 공부하고 싶어지도록 만드는 환경과 학습시간을 줄여 주는 환경을 말한다.

자녀의 학습지도와 관련된 환경은 다음 두 가지로 생각해 볼 수 있다.

첫째, 자녀로 하여금 스스로 공부하도록 만드는 환경

둘째, 보다 적은 시간을 공부하더라도 학업성취도를 높여 주는 환경

학습환경을 이와 같이 둘로 나눈 것은 캐롤의 이론에 근거한다. 캐롤은 학습의 정도를 학습시간으로 표시하고 있다. 즉 학습의 정도는 학습에 사용한 시간을 학습에 필요한 시간으로 나누면 나타난다고 하였다. 만일 학습에 사용한 시간이 10시간이고 학습에 필요한 시간이 20시간이라면 이 학생의 학습의 정도는 50%이다. 캐롤이 제시한 이론을 공식으로 보면 다음과 같다.

$$\text{학습의 정도} = \frac{\text{학습에 사용한 시간}}{\text{학습에 필요한 시간}} = \frac{\text{지구력, 학습기회}}{\text{적성, 수업이해력, 수업의 질}}$$

이 공식에서 보면 자녀의 학업성적을 향상시키기 위해서는 자녀의 공부시간을 늘려야 한다. 즉 노력을 하도록 하여야 한다. 그러나 아동의 공부시간은 한도가 있다. 아동은 공부 이외에도 할 일이 많다. 피아노를 배워야 하고, 태권도를 배워야 하고, 웅변을 배워야 한다. 이러한

것은 공부의 하나라고 하더라도 친구와 놀아야 하고, 부모와 대화를 나누어야 하고, 취미생활도 하여야 한다. 그럼에도 불구하고 공부에만 모든 것을 투자하도록 만든다면 이러한 것들은 모두 희생이 될 수밖에 없다. 따라서 자녀는 기계적이 되거나 그러한 행동을 하지 못하는 데서 오는 고통을 감수하여야 한다. 그 결과 정작 공부시간에도 잡념과 공상에 빠져 제대로 공부를 하지 못한다. 그러므로 자녀에게 무조건 많은 시간을 공부만 하도록 할 수는 없다. 그들에게 자유시간도 주어야 한다. 그렇게 하면서도 자녀의 학업성취도를 100%로 할 수 있다. 공부에 필요한 시간을 줄여 주면 된다. 비록 자녀가 10시간밖에 공부를 하지 않았다고 하더라도 목적달성을 위해 필요한 학습시간을 10시간으로 줄여 주었다면 자녀의 학습 정도는 100%가 될 수 있는 것이다.

여기서 자녀의 바람직한 학습환경이란 스스로 학습을 하도록 만드는 환경과 학습에 필요한 시간을 줄여 주는 환경이라고 말할 수 있다.

스스로 학습을 하도록 만드는 환경 조성

스스로 많은 시간을 공부하도록 만들기 위해서는 주의력을 높여 주고, 동시에 학습동기를 유발하여야 한다.

캐롤에 의하면 학습에 사용한 시간은 지구력과 학습기회로서 나타난다. 그러므로 학습을 하도록 만드는 환경은 아동의 지구력을 길러 주고, 학습기회를 제공하는 환경이다. 지구력이란 학습자가 주의집중하여 학습하는 시간을 말한다. 그러므로 온갖 잡념에 빠져 책상에 앉아 있다고 하면 아무리 긴 시간을 앉아 있었다고 하더라도 직접 학습에 사용한 시간, 즉 지구력은 얼마 안 된다. 학습기회란 학습자로 하여금 학습에 참여할 시간을 부여하는 것이다. 여기서 지구력을 높이기 위해서는 자녀의 주의집중을 제고하여야 할 것이고, 학습기회를 제공하기 위해서는 학습하려는 의욕을 불러일으켜 주고 학습에 시간을 투자하도록 만들어 주어야 한다. 부모의 강권에 의한 학습참여는 주의력을 흩트려 지구력을 약화시킬 것이므로 참된 학습기회는 스스로 학습에 참여하고 싶어 하는 욕구를 불러일으켜야 한다. 즉, 학습동기를 불러일으켜 주는 것이 필요하다. 주의력이 집중되면 학습동기도 지속될 것이다. 여기서는 편의상 주의력을 제고시켜 주는 환경과 학습동기를 유발하는 환경으로 나누어 설명한다.

주의력을 길러 주는 환경

주의집중은 우리의 주관적 삶과 학습을 위해서 반드시 필요하다.

우리는 정보의 홍수 속에 살고 있다. 매 순간마다 우리의 모든 감각기관은 어지러울 정도로 수많은 자극을 받아들이고, 이 자극들은 뇌로 보내진다. 이 모든 자극들이 동시에 처리된다면 우리는 혼란상태에 빠지게 될 것이다. 다행스럽게도 감각기관에 도달되는 대부분의 정보는 무시되어지고 오로지 적은 비율의 정보만 이 능동적 처리단계에 실제로 도달된다.

이러한 정보의 선택이 주의이다. 선택적 주의는 무수한 자극을 가진 주위환경의 지배로부터 우리를 자유스럽게 할 수 있기 때문에 우리의 생존에 매우 중요하다. 주의집중은 우리의 삶에서 다음 두 가지를 결정해 준다.

하나는, 우리가 필요로 하는 정보를 선택하여 그 정보 속에서 살아갈 수 있도록 해 준다. 우리 주위에 다양한 세계가 널려 있으나 우리는 주의집중에 의하여 우리에게 필요한 세계를 선택하여 그 세계 속에서만 살 수 있게 된다. 이른바 주관적인 삶을 영위할 수 있다. 스포츠에 주의집중을 하는 사람들은 운동 속에 살아갈 것이고, 컴퓨터에 주의집중을 하는 사람들은 컴퓨터와 함께 살아갈 것이다.

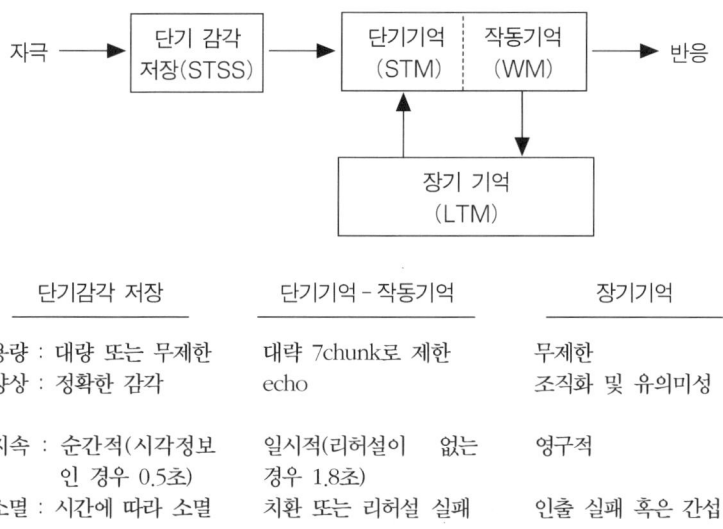

〈그림 8-1〉 인간의 정보처리 모형과 특성

다른 하나는, 학습이 두뇌 속에서의 정보처리를 통하여 이루어진다는 것을 고려할 때 주의는 학습의 가장 중요한 출발점이 된다. 정보처리이론에서 주의집중이 되지 않은 정보는 단기기억으로 들어갈 수 없고, 그 결과 학습이 이루어지지 않는다. 다시 말하면 주의가 수반되지 않은 행동은 아무리 반복하더라도 학습이 되지 않는다. 주의집중이 학습의 출발점이라는 것을 알아보기 위하여 인간의 정보처리과정을 소개하면 〈그림 8-1〉과 같다.

인간의 두뇌는 일반적으로 감각기억, 단기기억, 장기기억으로 나누어진다. 감각기억은 외부에서 들어온 정보가 물리적 형태로 저장되어 있는 곳이고 장기기억은 필요시 관련 정보를 제공해 주는 정보의 광대한 저장고이다. 단기기억은 정보를 외부에서 들어오는 정보와 장기기억에

서 불러낸 정보를 자료로 하여 의식적으로 처리하는 곳이다. 단기기억
은 감각기억과 장기기억이 무한대의 저장공간을 가지고 있는데 비해
한정된 작업공간을 가지고 있다. 이른바 7±2청크(chunk)의 용량을 가
지고 있다. 그러므로 단기기억에 정보가 들어가기 위해서는 감각기억과
장기기억에 있는 무수한 정보들 중에서 필요한 일부 정보를 선택할 수
밖에 없고, 선택된 정보만이 단기기억에서 새로운 정보로 조작되어 학
습된다. 이러한 정보의 선택이 바로 주의집중이다. 그러므로 주의집중
이 안된 정보는 학습이 이루어질 수 없다는 것을 알 수 있다.

환경 속의 여러 사실들은 우리의 주의를 빼앗아 가기 위해 치열한 경쟁을
벌이고 있다.

환경 속의 사실들은 단순한 사실들이 아니다. 그것들은 언제나 우리
들의 주의를 분산시키는 힘을 가지고 있다. 그러므로 효과적인 학습을
하기 위해서 학습자는 학습내용에 주의를 집중시키는 치열한 전투를
해야 한다. 이때 주변환경이 학습자의 의도에 따라 학습내용에 주의를
집중시키도록 도와준다면 학습자는 불필요한 곳에 에너지를 낭비하지
않고 학습 그 자체에 집중적으로 투자할 수 있을 것이다.

이 글은 주의집중에 영향을 주는 요인을 심리적 요인, 물리적 요인,
학습시간 요인으로 구분하여 이와 관련된 학습환경을 생각해 본다.

주의집중에 영향을 주는 심리적 요인

심리적 요인은 주의집중에 매우 강하게 영향을 준다. 이에는 목적의
식, 부모형제 및 타인과의 관계, 자신과 외적 사실과의 관련성, 자신
감, 만족감 등의 요인들을 들 수 있다. 이를 하나씩 설명하면 다음과
같다.

목적의식은 주의집중 쟁탈의 전투에서 가장 강력한 무기이다.

목적은 두뇌의 중앙처리기에 상주하여 의식적이든 무의식적이든 목적과 관련된 정보, 사실(그 정보가 자신의 바깥에 있든 자신의 두뇌 속에 있든 불문)들을 선택하여 작동기억으로 넘겨 준다. 목적의식이 강하면 강할수록 목적 이외의 정보에는 거의 주의력을 뺏기지 않는다. 그러므로 가장 강렬한 주의집중의 힘은 학습환경에 존재하는 것이 아니라 바로 자신의 내부에 존재하고 있음을 먼저 인식하여야 한다. 따라서 목적의식이 강한 사람은 환경을 탓하지 않는 것이다.

가랑비에 옷 젖는다. 아무리 단단한 바위라도 지속적으로 떨어지는 물방울에 의해 구멍이 뚫린다.

그러나 주변이 목적의식을 흐리게 하는 요소들로 가득 차 있다면 아무리 목적의식이 강한 학습자도 점차 약해질 수밖에 없다. 사람도 자연의 일부이므로 물에 열을 계속 가하면(100℃까지) 수증기로 변하듯이 주변환경이 엉뚱한 목적을 향해 계속해서 쏘아 대면 학습자의 목적은 변질될 수밖에 없고, 그 결과 주의력은 약해질 것이다. 따라서 학습자는 강한 주의집중을 위해서 목적의식을 강하게 가져야 하고, 목적의식의 약화를 막기 위해서 목적의식을 더욱 강하게 하는 환경요소에 자신을 투자하여야 한다. 그것이 어려우면 적어도 자신의 목적을 방해하지 않는 환경을 찾아야 한다. 법조인이 되고 싶으면 법의 세계에서, 의사가 되고 싶으면 의술의 세계에서, 교육자가 되고 싶으면 교육의 세계에서 삶의 장점을 찾아야지 다른 방향에서 삶의 장점을 찾는다면 목적의식은 약해질 것이다. 따라서 부모는 자녀로 하여금 뚜렷한 목적의식을 갖도록 유도하고 이러한 목적의식이 자신의 행동을 이끌어 나가도록 해주어야 한다. 동시에 이러한 목적의식의 형성과 유지에 필요한 환경을 만들어 주는 데 실천적인 행동을 보여야 한다. 다음과 같은 행동은 바로 목적의식의 형성과 유지에 필요한 부모의 행동일 것이다.

- 빌 게이츠의 모습과 그의 성공담, 그리고 주위의 찬사를 스크랩하여 벽에 걸어 둔다.
- 성공한 사람이 사회에서 존경받는 모습을 부부 간은 물론 부모 자녀 간의 대화로써 떠올린다. 이때 자녀에게 그렇게 되라고 요구하기보다 스스로 성공하고픈 마음이 들도록 유도한다.
- 어느 영역에서든 성공하여 존경받고 있는 사람을 자녀와 함께 방문하여 그들의 생활하는 모습을 보여 준다.
- 서점이나 도서관을 자주 들러 미래를 위해 열심히 노력하고 있는 사람들의 모습을 보여 준다.
- 때로는 좌절하여 고통 속에 있는 사람을 예로 들어 왜 그렇게 실패를 거듭하고 있는지 자녀와 함께 분석해 본다.

부모 형제 및 타인과의 관계도 주의집중과 강하게 관련되어 있다.

부모와의 갈등, 형제와의 반목, 친구와의 갈등 등은 한정된 작동기억의 용량을 차지하여 학습에 대한 주의를 분산시킨다. 이러한 갈등은 불안을 야기하여 사고를 마비시키기도 한다. 타인과의 관계에서 특히 부모와의 관계 및 이성(異性)에 대한 관심은 모든 주의를 뺏어 갈 가능성이 있다. 그러므로 학습에 대한 주의집중을 위해서 부모, 형제, 친구 간에 갈등이 없는 원만한 관계를 유지하는 것은 물론 이성에 대하여 지나치게 관심을 투자하는 것을 조심하여야 한다.

만일 부모 자녀 간의 관계가 원만하지 못하다면 성숙자인 부모가 미성숙자인 자녀에게 양보하여 원만한 관계로 변화시켜야 한다. 자녀에게는 아직 부모와의 관계를 변화시킬 능력이 없다. 양보와 이해는 보다 그릇이 큰 사람이 할 수 있는 것이다. 5장에서 말한 의사소통기법은 부모 자녀 간의 관계를 원만하게 만드는 데 도움을 줄 것이다.

만일 이성(異性)으로 인하여 모든 자기 생활이 마비된다면 이성에 대한 자신의 생각을 재고해 보도록 분위기를 만든다. 이성문제는 자신이 능력 있는 사람으로 변하고 나면 더 높은 단계에서 다시 시작해 볼 수 있다는 것을 인식시켜 준다. 조그마한 쟁반은 한두 가지 음식으로 가득 차지만 큰 쟁반은 한두 가지 음식으로는 부족하다. 이는 자신이 아직 발전하지 못했을 때는 이성을 보는 안목이 좁으나 자신이 발전했을 때는 이성을 보는 안목이 넓어진다는 것을 의미한다. 그리고 자신이 요구하는 이성은 자신의 능력이 향상되고 발전되면 얼마든지 교제할 수 있다. 자신의 능력이 10이고 이성의 능력이 20이라면 자기의 친구가 될 수 없다. 나의 능력으로는 그 능력을 수용할 수 없기 때문이다.

따라서 부모는 자녀가 가족 간의 문제로 또는 친구 간의 문제로 또는 이성 간의 문제로 인하여 고통을 느끼고 있는지를 파악하여 이를 해소해 주도록 노력하여야 한다. 다음과 같은 행동은 바로 대인 간의 관계에 문제점을 해소해 주는 데 필요한 부모의 행동일 것이다.

- 자녀에게 많은 것을 요구하지 않고 그들의 요구를 잘 수용한다.
- 자녀의 어려움을 파악하기 위하여 수용적 언어를 구사한다.
- 부부간에 다툼이 없고 화목한 분위기를 조성한다.
- 폐쇄적 · 금지적이기보다 개방적이고 허용적인 분위기를 조성한다.
- 자녀가 청소년인 경우에는 이성을 자유로운 대화내용으로 이끌어 이성교제가 신비로운 것이 아니고 일상생활에서 평범한 활동 중의 하나로 생각하도록 만든다. 만일 자녀가 이성교제를 한다고 하면 이를 금할 것이 아니라 부모에게도 소개하고 자연스런 친구로 교제하도록 분위기를 조성한다. 사람은 원 안에 있으면 원 밖으로 나오고 싶어하고 원 밖에 있으면 원 안으로 들어가고 싶어하기 마련이다. 부모는 자연스레 자기의 자녀와 이웃의 자녀를 동시에 지도할 수 있게 된다.

자신과 외적 사실과의 관련성도 주의집중에 영향을 준다.

자신과 외적 사실과의 관련성도 두 방향으로 주의집중과 크게 관련된다. 첫째, 관련성은 자신이 왜 그것을 공부해야 하는가에 대한 정당한 이유를 제시해 준다. 그로 인해 개인은 더욱 공부에 몰두할 수 있게 된다. 둘째, 관련성은 학습의 유의미화를 도와줄 수 있다. 자신이 아는 내용, 친밀한 사실, 자신의 욕구와 관련된 사실, 또는 자신의 목적과 관련된 사실은 주의를 끌게 된다. 이는 전술한 정보처리모형에서도 시사해 주지만 자신과 관련된 사실의 외적 자극은 쉽게 유의미화되어 작동기억으로 넘어올 가능성이 큰 것이다. 그러므로 그러한 외적 자극들에 의한 행동이 자신의 학습을 저해하는 것이라면 자신과 관련된 그러한 외적 자극을 멀리해야 한다. 평소 주벽이 있는 사람은 술을 멀리하여야 하고, 평소 당구를 좋아하는 사람은 당구를 멀리하여야 할 것이다. 그러나 외적 자극에 의한 행동이 학습에 대한 주의집중에 도움이 된다면 더 주변에 두어야 한다. 예를 들면, 고시공부를 하는 사람은 고시와 관련된 잡지라든지 합격에 관한 경험담이 주변에 있는 것이 좋을 것이다. 다음과 같은 행동은 바로 주의집중을 도와주는 데 필요한 부모의 행동이다.

- 자녀의 학습에 도움이 되지 않는 물건이나 부정적인 연상을 하도록 만드는 물건은 가능한 제거한다. 일전에 부모님이 숨겨 둔 비디오 테이프를 초등학교 4학년 아동이 친구를 불러 놓고 "이건 우리 부모가 숨겨 놓고 보는 것이다." 하면서 같이 감상하였다는 신문기사는 부모들을 아찔하게 만드는 것이다. 그러므로 자녀가 점차 성장하면 자녀의 학습에 방해가 되는 모든 것은 가정에서 완전히 제거하는 것이 바람직하다. 이제 가정은 더 이상 부모들만의 세력범위 내에 속하는 공간은 아닌 것이다.
- 자녀의 학습에 도움을 주는 물건은 항상 자녀 곁에 비치한다. 시

야에 없으면 마음에도 없다고 한다. 외부에서 들어오는 자극들은
자녀의 주의력을 강하게 불러일으킨다.

자신감 역시 주의집중과 직결된다.

자신감은 성공에 대한 강한 기대감으로, 이 기대감이 크면 도전의욕
은 생기게 마련이다. 즉 자신감은 그 사실에 주의를 집중하도록 만든다.

그러므로 조그마한 성공이 축적되는 환경, 언제나 능력을 인정해 주
고 북돋워 주는 환경, 언제나 스스로 통제하도록 허용되는 환경이 필요
하다. 다시 말하면 '너는 이것만 하면 다른 것도 충분히 할 수 있어'라
면서 학습자가 능히 처리할 수 있는 학습내용을 구성하여 성취감을 느
끼도록 만들어 주는 환경이 필요하다. 다음과 같은 행동은 바로 자신감
을 고취하는 데 필요한 부모의 행동일 것이다.

- 조그마한 성공에도 칭찬을 아끼지 않는다.
- 자녀에게 지나치게 어려운 과제의 해결을 요구하지 않는다.
- 자녀의 자발적 행동을 격려해 준다.
- 자녀의 실수를 수용한다.
- 실패를 두려워하지 않도록 격려한다.

만족감 역시 주의집중과 관련된다.

만족감은 학습자가 스스로 수행한 것에 대하여 기분 좋게 느끼는 것
이다. 만족감은 외부에서 개인에게 제공되는 보상에 의한 만족감보다
개인이 행한 행동에 대하여 스스로 느끼는 만족감이 더 중요하다. 그러
므로 개인의 행동이 목적을 어느 정도 달성하고 있는지를 확인해 주는
환경이 중요하다. 다음과 같은 행동은 바로 만족감을 고취하는 데 필요
한 부모의 행동일 것이다.

- 자녀의 행동 결과에 대해 긍정적으로 피드백 해 준다.

- 자녀의 행동에 대해 구체적인 정보를 제공해 준다. 즉 무엇이 잘 되었고 무엇이 부족한지를 분명히 밝혀 준다.

주의집중에 영향을 주는 물리적 요인

주의집중에 영향을 주는 물리적 요인은 다시 청각적 요인, 시각적 요인, 감각적 요인 등을 들 수 있다.

조용한 것은 주의집중에 필연적이다.

학습 시에 들려 오는 소음은 정신건강은 물론 신체건강에까지 영향을 준다. 지나친 소음은 청각에 영향을 주는 것은 말할 것도 없다. 그러므로 공부방은 소음을 제거할 수 있도록 구성하는 것이 좋다. 이를 위해 실내의 벽면은 흡음력이 있는 재료를 사용하고, 커튼을 설치하여 소리를 흡수하도록 하는 것이 바람직하다. 학습 시에 들리는 TV나 라디오 소리는 더욱 바람직하지 않다.

그러나 학습 시에 들려 오는 노래는 소음으로 작용하는 것인지 아니면 각성을 유도하여 학습을 도와주는 것인지에 대해서는 논란이 있다. 때로 주의집중을 하면 노래가 들리지 않으므로 학습에 방해가 되지 않고, 오히려 학습내용에 주의집중이 되지 않았을 때 노래에 주의가 전환됨으로써 다른 사실, 즉 잡념이나 공상에 주의를 뺏기지 않는 장점이 있다. 그러나 들려 오는 노래는 학습내용과 주의 쟁탈을 벌일 것은 틀림없다. 아무리 주의집중을 하여 학습을 하더라도 자신이 잘 아는 노래가 나오면 자신도 모르게 그 노래를 흥얼거리게 되고 끝내는 주의를 뺏기게 된다. 따라서 부모는 자녀의 청각을 자극하는 불필요한 소리는 제거하는 것이 좋다.

다음과 같은 행동은 바로 청각적 요인으로부터 주의력을 지켜 주는 부모의 행동일 것이다.

- 커튼은 시야의 차단뿐만 아니라 소음을 흡수할 수 있도록 설치하여야 한다.
- 학습 시에 TV나 라디오의 소리는 물론이고 자녀의 청각을 자극하는 소리는 제거하는 것이 좋다. 특히 자녀와 관련된 이야기는 하지 않는 것이 좋다. 자신과 관련되는 얘기는 주의를 쉽게 뺏어 간다.

조명, 색, 책상의 배치 등은 주의집중과 관련되는 주요 시각적 요인이다.

빛은 정보입수의 근원이며 생명의 근원이다. 또 인간의 정서를 통제하기도 한다. 어두우면 마음이 가라앉거나 침울해지며, 밝으면 명랑해지거나 불안정해진다. 그러므로 학습 시 조명은 학습자의 주의집중과 큰 관련이 있다. 일반적으로 적당히 밝은 곳에서 학습자는 각성의 정도가 높아져 학습능률이 향상된다고 한다. 따라서 학습장소의 조명에 각별한 신경을 기울여야 한다. 시력을 보호하기 위해서는 직접조명보다 간접조명이 바람직하다. 왜냐하면 간접조명이 빛의 질이 더 고르고 부드럽기 때문이다. 전체 조명에 비해 부분 조명이 정신통일에 좋고, 눈의 휴식에 적합하다고 한다. 그러나 조명의 차가 심하면 눈의 피로를 쉽게 가져올 수 있으므로 전체 조명도 고려하는 것이 좋다. 또 조명의 위치는 왼쪽이 바람직하다.

색도 역시 주의집중과 관련된다. 적색은 근육긴장, 뇌파, 맥박수, 호흡수, 각성을 높이는 흥분성 색채이며, 청색은 반대로 침착성 색채이다. 백색, 엷은 노란색, 엷은 적색, 엷은 녹색, 어두운 녹색 등은 색에 대한 즐거움을 제공해 준다. 그러므로 학습의 장소는 학습자를 지나치게 각성시켜 학습에 장애를 초래하는 붉은 색을 배제하고, 안정감을 주거나 즐거움을 주는 청색, 녹색, 백색 등의 색채로 꾸미는 것이 바람직하다.

책상의 위치나 실내의 가구배치도 시야에 들어오는 자극으로 인하여 주의집중과 관련된다. 책상의 위치는 일반적으로 벽면에 붙이는 것이 좋다고 한다. 이는 시야를 차단하여 불필요한 자극을 받지 않도록 하기 위해서이다. 그러나 책상의 위치는 본인이 원하는 대로 두는 것이 바람직하다. 요즘 주거형태로 아파트가 많아 창 너머로 사람이 다니기보다 나무가 있다거나 먼 경치가 전개되어 있는 경우가 많다. 그러므로 책상 위치는 학습도중 한번씩 시야를 멀리 둘 수 있도록 벽면보다 오히려 창이 한 옆으로 있는 것이 좋다. 이는 학습자의 시각적 피로를 풀어 주고, 주의집중에서 오는 정신적 긴장을 풀어 주는 데 적합하기 때문이다. 또 책상 위는 항상 깨끗하고 넓은 상태로 정돈하는 것이 바람직하다. 책상 위가 깨끗하고 넓은 것은 마치 두뇌속 학습의 장이 넓어지는 느낌을 주고, 동시에 잡다한 사실로부터 주의를 지켜 준다. 책상 위와 앞에는 학습과 관련되는 것 이외에는 없애는 것이 좋다.

마찬가지로 실내의 구조도 단순화하는 것이 좋다. 풍부한 환경 속에 자란 동물들이 우수한 문제해결능력을 습득한다고 하나 학습환경은 복잡하지 않고 단순한 것이 좋다. 생활을 통하여 무엇인가를 배우는 학습의 장소이면 다양한 학습자료와 내용이 존재하는 것이 좋으나, 주어진 특정 내용을 학습하기 위한 학습의 장소라면 그 내용 이외의 것은 없는 것이 바람직하다. 실제로 환경이 복잡하지 않을수록 주의집중이 잘 되고 학습능력이 증가하고 실수가 적어진다는 연구결과가 있다.

따라서 부모는 시각적 요인과 관련해 자녀의 주의력을 확보하기 위해서는 다음의 행동이 필요하다.

- 책상 위의 조명을 적절하게 해 주어야 한다. 주의집중을 위하여 책상 위 부분조명이 바람직하나 이때 빛의 반사에 의하여 눈이 부시지 않도록 하여야 한다.
- 공부방의 벽지는 화려한 붉은색 계통보다 밝은 청록색으로 해 주는 것이 바람직하다.
- 책상의 위치는 아동이 원하는 대로 해 주는 것이 바람직하다. 가

능하다면 멀리 바라볼 수 있는 창이 한쪽 옆으로 있는 것이 좋다.
• 공부방의 실내장식은 요란하지 않게 단순화시켜 준다.

적절한 온도와 맑은 공기 역시 주의집중에 영향을 주는 감각적 요인이다.

온도는 인간에게 만족감을 주는 중요한 요인으로 학습능률과 크게 관련된다. 예전에는 방안이 따뜻하면 잠을 잔다고 하여 추운 겨울철에도 냉방에서 학습하도록 한 적이 있었다. 그러나 실내온도가 13℃ 이하가 되면 근육의 기민성이 저하되어 반응속도가 떨어져 학습능률이 떨어지고, 32℃가 넘어서면 각성이 저하된다. 학습뿐 아니라 인간의 최적 온도는 18℃ 내외이다. 그러므로 학습의 장소는 18℃를 유지시켜 주는 것이 바람직하다.

온도 못지않게 공기도 중요하다. 실내 공기가 0.1% 이상이 탄산가스로 채워지면 비위생적이고 신체에 위해가 된다. 오염된 공기는 운동신경을 마비시키고 주의집중에 장애를 초래한다. 그러므로 환기를 고려하여 창이 있는 방이 학습의 장소로 좋다. 창은 바람이 잘 통할 수 있도록 바람의 방향을 고려하여 만들어져야 한다. 때로 맑은 공기를 마시기 위해 산을 찾는 것도 매우 바람직하다.

다음과 같은 행동은 바로 감각적 요인으로부터 주의력을 제고하는 부모의 행동일 것이다.
• 실내온도를 18℃로 유지시켜 준다.
• 가능하면 공부방은 창이 있는 곳으로 하여 실내 공기를 맑게 유지시켜 주고 때로 야외로 나가 맑은 공기를 마시도록 해 준다.

주의집중에 영향을 주는 학습시간요인

학습시간도 주의집중과 관련된다.

우리는 학습하는 시간이 많으면 많을수록 좋은 것으로 여긴다. 그러나 우리의 주의집중 지속시간은 30분 정도이다. 계속해서 주의집중을 하여 1~2시간을 이끈다면 머리가 깨질 듯이 아픈 것을 느낄 수 있다. 휴식 없는 학습시간은 학습자의 주의력을 약화시키는 원인이 된다. 따라서 집중적인 학습을 위하여 다음과 같은 학습시간계획이 필요하다.

첫째, 무턱대고 많은 시간을 공부하도록 시키지 말고, 짧은 시간에 집중적으로 학습하는 태도를 길러 준다.

둘째, 학습계획을 잘 세워 내용과 시간을 모두 작은 단위로 나누어 학습시간에 대한 중압감을 감소시켜 준다. 이는 공부내용을 미루어서 쌓아두지 말고, 제때 시키는 것과 관련된다.

셋째, 토막시간을 최대한 활용한다. 작은 단위의 시간은 학습자에게 부담을 주지 않을 뿐만 아니라 주의집중을 가능하게 한다.

넷째, 학습방법을 개선하여 학습에 소요되는 시간을 단축한다.

다섯째, 50분 정도의 학습에 10분 정도의 휴식시간을 가지도록 한다. 이때 유의할 것은 휴식시간 중에는 가능한 한 아무 생각을 하지 않는 것이 좋다.

여섯째, 일주일 중 휴식일을 정해 둔다. 즉 토요일과 일요일은 마음 놓고 휴식을 취하는 날로 정해 둔다. 이는 다른 요일에는 집중적 학습을 할 수 있는 기반이 된다.

학습동기를 유발하는 환경 조성

강제로 공부하는 경우, 설득되어 공부하는 경우, 자발적으로 공부하는 경우를 비교해 볼 때 자발적으로 공부하는 경우가 가장 효과적이라는 사실은 누구나 알고 있다.

동기화되어 공부한 경우와 그렇지 않은 경우를 그림으로 나타내 보면 〈그림 8-2〉와 같다. 이 그림에서 경희와 미영이를 비교해 볼 때 경희는 미영이보다 능력은 낮으나 동기화되어 공부하였기 때문에(가의 지점) 동기 없이 억지로 공부한 미영(라의 지점)이 보다 더 높은 성취를 보인다.

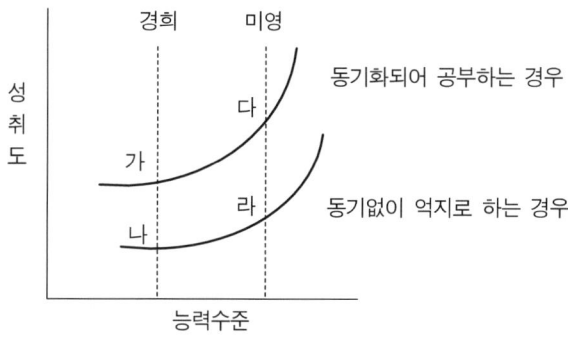

〈그림 8-2〉 동기화와 성취도

학생들은 공부하기보다는 뛰어놀기를 더 좋아하므로 자발적으로 공부하기는 너무나 어렵다. 이에 따라 대부분의 학생들은 강제로 또는 설득 당하여 공부를 하고 있다. 그 결과 공부란 자신을 위한 것이라는 생각보다는 부모를 위한 것 또는 자신에게 고통만 안겨 주는 것으로 생각하고 가능하면 도피하려고 하고 있다.

따라서 우리 부모들은 자녀들로 하여금 자발적으로 공부하도록 유도하는 것이 무엇보다 중요하다. 자발적으로 공부한다는 것은 외부의 압력에 따른 것이 아니라 자신의 욕구에 따라, 즉 스스로의 동기에 따라 공부하는 것을 의미한다.

동기는 행동을 촉발하고 지속하게 하므로,[3] 동기화된 유기체는 동기화되지 않은 유기체보다도 더 정력적으로 그리고 더 효율적으로 활동하게 된다.[4]

실제 수업상황에서 동기화된 학생은 동기화되지 않은 학생에 비하여 학업수행에 많은 시간을 투입하고 있다. 학생이 학업수행에 투입하는 시간량은 학업성취도의 중요한 예언인자 중의 하나이므로 동기화된 학생은 보다 많은 시간을 학업수행에 투입함으로써 보다 높은 학업성취도를 달성하고 있다고 볼 수 있다.

동기에는 내발적 동기와 외발적 동기가 있으며 학습자의 자발적 학습을 위해서는 외발적 동기보다는 내발적 동기가 더 중요하다.

내발적 동기는 내생적 행동(endogenous activity)과 밀접하게 관련된다. 내생적 행동은 보상을 받고 실패를 피하는 것과 같이 목적을 위한 수단으로서가 아니라 그 자체 목적으로서 시도된다. 내생적 행동은 재미있고, 만족스럽고, 성취되기 때문에 실행된다.[5] 그러므로 행동이 내적으로 동기화되었을 때는 활동 그 자체가 보상이므로 어떤 외적 보상을 필요로 하지 않는다. 내적으로 동기화된 학습자는 좀더 어려운 문제를 시도하고, 결과보다도 문제를 해결하는 방법에 관해 더 관심을 기울인다. 이에 비해 외적으로 동기화된 학습자들은 보다 쉬운 일을 선택하는 경향이 있고, 새로운 문제를 해결하는 데 정보를 보다 효율적으로 활용하지 못하며, 문제해결의 전략수립에 있어서 논리적이지 못하다.[6] 높은 수준의 내발적 동기를 가진 학습자는 외적 보상이 보장된 상황에서는 그 행동에 대한 흥미나 기쁨, 과제수행의 지속성 및 행동의 질이 저하된다. 학생들은 그렇게 하라는 외적 압력이 없이 내적으로 동기화

되어 학습활동에 참여할 때 지속적 동기를 보여 준다.[7]

킨지(Kinzie)[8]는 내적 동기로 능력(competence) 또는 자기효능감(self-efficacy), 자기통제(personal control), 관련성(relevance), 호기심(curiosity)을 제시하고 있고, 켈러는 ARCS모형에서 학습동기의 4요소로 주의력(A : Attention), 관련성(R : Relevance), 자신감(C : Confidence), 만족감(S : Satisfaction)을 들고 있다.[9] 크리스텐센(Christensen)은 내적 동기로 흥미(interest), 호기심(curiosity), 자아실현(self-actualization)을 들고 있다.[10] 이러한 내발적 동기요소를 간추려 재정리해 보면 〈그림 8-3〉과 같다.

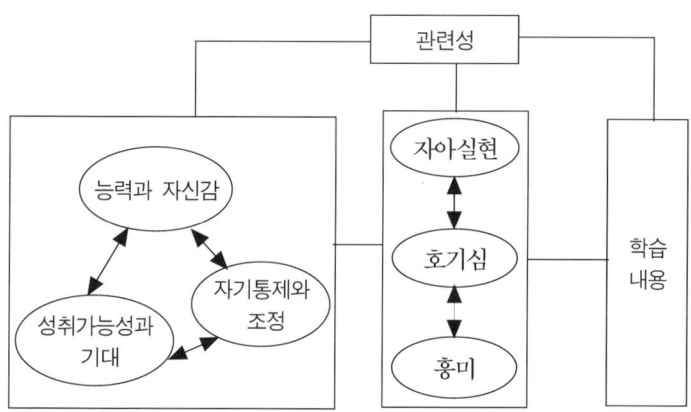

〈그림 8-3〉 내발적 동기요소

〈그림 8-3〉에서 내발적 동기요소를 보면 크게 세 부분으로 구분해 볼 수 있다. 하나는 개인의 능력적 요소로 능력과 자신감, 성취가능성과 기대, 자기통제와 조정 등이 있고, 다른 하나는 관련성 요소로 학습내용과 개인의 능력적 요소와의 관련이다. 또 다른 한 요소는 표현적 느낌 요소로 자아실현, 호기심, 흥미 등이 있다. 이 3요소들 간의 관계를 보면 일반적으로 능력적 요소와 학습내용 간의 관련성으로 인해 자아실현, 호기심, 흥미 등이 유발되고 이에 따른 수행의 증가가 개인의 능력

적 요소를 강화시켜 준다. 개인의 능력적 요소가 증가되면 학습내용과
의 관련성은 더욱 증대된다. 또 이 관련성의 증대는 더 많은 호기심과
흥미를 불러일으킨다. 이러한 내적 동기의 변화는 나선형으로 증대된다.
내발적 동기를 설명하면 다음과 같다.

능력적 요소

능력적 요소란 개인의 존재가치, 즉 개인의 모습 그 자체를 말한다.
개인의 모습은 과거의 나, 현재의 나, 미래의 나 등 시간적으로 3유형
의 모습으로 나누어 볼 수 있다. '과거의 나'란 과거에 학습된 현재의
능력을 말하고, '현재의 나'란 자기에게 주어지는 자극에 대처하는 방법
으로서 자기통제와 조정을 말하고, '미래의 나'란 변화될 자기 모습, 즉
기대를 말한다.

능력은 개인이 문제를 해결할 수 있는 힘으로서 자신감의 원천이 된다.
학습내용을 자신의 능력과 연결시켜 준다. 그러면 능력이 있는 사람
은 성취가능성을 의식적 또는 무의식적으로 인식하여 성취에서 오는
만족감을 예상하여 학습에 자신감을 가지고 적극적으로 참여하게 된다.
능력은 학습행위를 성공으로 이끎으로써 자신감을 더욱 고취시킨다. 능
력과 자신감은 상호 밀접한 관계를 가지고 있으나 때로는 그러하지 않
은 경우도 있다.

능력이 있더라도 자신감이 없거나 능력이 없더라도 자신감이 있는
경우가 있다. 이러한 경우 지나치지만 않는다면 능력이 없더라도 자신
감을 가지고 있는 경우가 능력이 있음에도 자신감이 없는 경우보다 더
바람직하다. 왜냐하면 학습자들은 과제를 성공적으로 수행할 수 있다고
믿을 때, 즉 자신감이 있을 때 더욱 높은 성공률을 얻을 수 있도록 노
력을 기울이는 경향이 있다.[11] 데시(Deci)에 의하면 개인은 자신의 환

경을 다룸에 있어 자신의 유능함을 느끼길 원하고, 스스로 자신 있고 자기결정적이라고 느낄 수 있는 상황을 능동적으로 추구한다.[12] 이러한 노력은 실제적으로 더 높은 성공으로 이끈다. 결국 객관적으로는 사실이 아닌 믿음을 가지고 있을지라도, 믿음 자체는 성공이 사실로 판명될 수 있도록 행동을 유도한다.[13]

학습자들은 자신의 선택과 노력의 정도가 행동의 결과에 직접적인 영향을 미친다고 믿을 때, 자신의 행동에 대해 더욱 자신감을 갖는 경향이 있다. 무기력한 태도나 감정, 혹은 행운이나 통제불가능한 외재적인 힘이 자신의 인생에 결정적인 영향을 미친다는 믿음은 의기소침과 인내의 결여를 초래하는 경향이 있다. 그러므로 부모는 자녀의 능력을 길러 주는 것은 물론 자신감을 길러 주도록 노력하여야 할 것이다. 그러기 위하여 다음과 같은 행동이 필요하다.

- 학습이 시작되기 전에 이전의 학습결과에 대한 피드백을 제시해 줌으로써 학습자로 하여금 적절한 도전 의욕을 갖도록 한다.
- 학습자의 자발적 통제를 통하여 자기의 능력수준에 부합되는 학습 상황을 설정하도록 하고, 이를 통하여 성취감을 느끼도록 한다.
- 학습이 시작되기 전에 학습자가 스스로 학습소요시간, 과제성취도 등을 예상하도록 하고, 학습 종료 시에 예상과 실제 수행 간의 구체적 비교를 피드백으로 제공함으로써 학습자가 자신과의 경쟁을 통하여 지속적인 도전 의욕을 가지게 한다.
- 자녀가 실패하는 경우에 자녀에게 능력이 없다는 표현을 삼가고 노력부족이나 운으로 돌려주고 다음에는 운도 정복하자는 격려를 해 준다.
- 때로는 부모가 자녀와 함께 하나하나 짚어 가면서 공부하여 반강제적(?)으로 능력을 길러 준다.

성취가능한 일이나 기대는 자녀로 하여금 도전적이게 만든다.

학습내용을 미래의 자신과 관련지우기 위해서 성취가능성이나 기대를 활용한다. 성취가능한 일이나 기대는 자녀로 하여금 도전적이게 만든다. 도전의 고통 뒤에는 정복의 쾌감이 수반되기 때문에 사람들은 도전하려고 하는 도전욕구가 있다. 그러나 도전해 본들 정복할 수 없다는 판단이 서면 결코 도전하지 않는다. 그러므로 부모는 자녀에게 학습을 요구할 때 성취 가능한 것을 요구하여야 한다. 무리한 요구를 하지 말아야 한다. 학업성적은 물론이고 학습시간도 무리하게 요구하지 말아야 한다.

성취가능성이란 학업성취도만을 말하는 것은 아니다. 자녀가 시도하는 모든 일이 여기에 해당된다. 국어 성적을 90점 받겠다고 하는 것도, 오늘 저녁 11시까지 공부하겠다고 하는 것도, 일주일 내에 영어문제집 50페이지를 공부하겠다고 하는 것도 모두 성취가능해야 한다.

자녀의 학습계획, 부모가 자녀에게 바라는 모든 것들이 자녀의 현재 수준에서 성취할 수 있도록 구성되어야 한다. 만일 자녀가 과도한 목적을 설정하였을 경우에는 아동의 능력 이외에 외적요인이 작용하여 성취할 수 있도록 해 주어야 한다.

기대는 자녀가 미래에 그렇게 되고 싶은 모습을 말한다. 학습내용을 자녀가 이미 가지고 있는 기대에 관련시키거나 학습내용과 관련하여 기대를 새롭게 만드는 것이 내발적 동기유발에 도움이 된다.

자기통제 및 조정은 동기유발에 긍정적인 효과를 가져온다.

학습내용을 개인의 자기통제 및 조정에 연결하면 동기유발에 효과적이다. 킨지는 학습자 통제는 학생들에게 자신의 욕구와 흥미에 적합하도록 수업을 조성할 뿐만 아니라 수업전략들을 발견하고 정교화하는 기회를 학습자에게 제공함으로써 자기조정의 발달을 도울 수 있다고 했다. 이러한 학습자 통제와 자기조정은 지속적 동기를 고양하고 지속적 동기는 학습자 통제와 자기조정의 활용에 긍정적으로 영향을 준다고 보았다.14)

학습자의 통제는 역동적인 상호작용을 가능하게 할 뿐만 아니라 다음과 같은 긍정적 기능을 가지고 있다.

첫째, 자신의 행동이 스스로의 선택에서 연유한다고 지각하는 개인들은 자신의 행동을 외적 힘의 지배를 받는 결과라고 느끼는 개인들보다 그들 스스로의 행동을 좀더 가치 있는 것으로 보고 더 동기화되는 경향이 있으므로 학습자는 더욱 동기화되고,

둘째, 학습자에게 스스로 수업을 통제하고 있다는 느낌을 줌으로써 수업에 더욱 참여하도록 하고,

셋째, 학습자로 하여금 자신에게 가장 적합한 것을 선택하도록 함으로써 그에 따라 행동하도록 하고,

넷째, 학습자의 불안을 감소시켜 주고,

다섯째, 학습자 스스로 상이한 수업상황에서 가장 좋은 책략을 발견할 수 있게 되고 그 결과 자기조정의 발달을 기할 수 있다.

학습자 통제를 통하여 학습자는 자기지시적이고 자기조정적이게 된다. 자기조정학습은 학습에 대한 개인적 책임과 관련있으므로 학생의 학습동기를 더 지속적으로 유발할 수 있다. 학습자의 자기조정은 학습자 통제(learner control)의 연습에서 발생되나 역으로 학습자 통제를 더 효과적으로 할 수 있도록 해 준다. 그러므로 학습자 조정능력이 낮은 학습자는 효과적으로 학습을 통제할 수 없음을 알 수 있다. 학습자 통제와 학습자 조정, 그리고 동기유발 간의 관계를 킨지는 〈그림 8-5〉와 같이 나타내고 있다.15)

학습자 조정은 학습자의 자기관리로서 최근에 중요시되고 있는 초인지(超認知)와 그 의미를 같이 하고 있다.

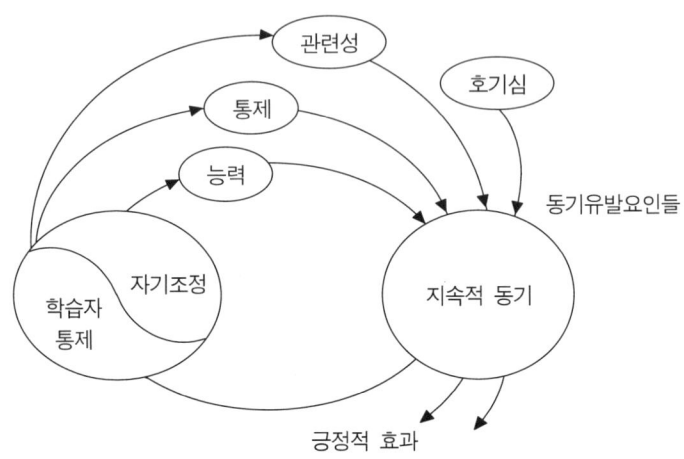

〈그림 8-5〉 동기 유발요인들과 긍정적 효과

표현적 느낌 요소

표현적 느낌 요소는 내발적 동기 그 자체를 말한다. 관련성과 개인의 능력적 요소는 내발적 동기 그 자체라기보다 동기를 불러일으키는 관련 요소라고 볼 수 있다. 표현적 느낌 요소에는 자아실현, 호기심, 흥미가 있다.

자아실현의 욕구는 자기통제와 조정에서 더 나타난다.

자아실현의 욕구는 인간이 태어날 때부터 가지고 있는 생래적 욕구이다(5장의 자아실현 욕구 참조). 자아실현의 욕구는 두 가지 측면에서 생각해 볼 수 있다.

첫째, 자아실현의 욕구는 항상 분출되는 것이 아니라 보다 하위의 욕구들인 생리적 욕구, 안전의 욕구, 소속과 사랑의 욕구, 인정의 욕구 등 다른 욕구들이 충족되어야 나타난다. 이러한 욕구들은 결국 개인이 가지고 있는 기본 욕구들이므로 자아실현의 욕구는 자신을 인정해 주는 데서 나타난다.

둘째, 자아실현의 욕구는 이른바 세계설계를 통해 충족된다. 빈스반거(Binswanger)는 개인의 세계 내 존재양식의 전반적인 패턴을 나타내기 위해 세계설계(world-design)란 용어를 사용했다. 개인의 세계설계는 그가 특수한 사태에서 어떻게 행동할 것인지, 그리고 어떤 종류의 성격 특질과 증상을 발전시킬 것인지를 결정한다.16) 자아실현은 바로 한 개인의 세계설계를 통해 이루어진다. 실존심리학에서 실존은 결코 정적인 것이 아니고, 그것은 항상 새로운 것으로 되어 가는 과정 속에 있고, 자신을 초월하는 과정에 있다고 강조한다. 목표는 완전히 인간적으로 되어 가는, 다시 말해서 현존재의 모든 가능성을 실현하는 것이다. 하나의 가능성을 선택한다는 것은 항상 그 외의 모든 가능성들을 거부하는 것을 의미한다.17) 이러한 가능성의 선택여부에 따라 개인의 자아실현의 욕구는 충족된다. 자기통제와 조정은 바로 세계설계를 하는 자아실현의 욕구에 크게 영향을 준다.

호기심은 처음에는 위기의식에서 시작한다.

호기심(curiosity)은 자신의 이해에 대한 도전(challenge to one's understanding)으로,18) 외적 보상 또는 강화의 기대 없이 탐구적 활동에 활력을 주는 내적인 힘이다.19) 다시 말하면 호기심은 새로운 자극으로 인하여 발생된 지적 도전이다. 강아지에게 가벼운 공을 던지면 처음에는 강아지가 몇 걸음 도망가나 이내 돌아서서 무엇인가 모험을 시도한다. 이것이 호기심이다. 호기심은 처음에는 위기에서 시작한다. 자신이 알고 있는 정보와는 상이하여 두려움이 앞선다. 그러나 그 위기가 극복 가능한 것으로 보이면 이내 도전적 자세로 변한다. 이 도전적 자세가 호기심이다. 이와 같이 호기심은 도전을 내포하고 있기에 도전 뒤에 오는 정복의 쾌감이 있다. 호기심은 이 쾌감으로 학습자의 주의를 끈다.

호기심을 불러일으키기 위해서는 두 가지 방법이 있다. 하나는 아동의 생래적 호기심을 약화시키지 않는 것이고, 다른 하나는 아동의 호기심을 자극하는 것이다.

첫째, 부모는 아동의 호기심을 위하여 어릴 때 그들의 호기심을 죽이지 않는 것이 좋다. 원래 호기심은 상당한 쾌감을 동반한다. 피아제의 빨기반사, 프로이트의 리비도(libido), 에릭슨의 희망이라는 덕목, 매슬로우의 자아실현의 욕구를 중심으로 호기심의 성격을 생각해 볼 수 있다. 피아제에 의하면 빨기반사는 태어날 때부터 지니고 나오는 반사행동이다. 자기 주변에 있는 모든 것을 흡수하여 자기 것으로 만드는 강한 힘이라고 볼 수 있다. 프로이트에 의하면 인간의 성장은 리비도의 집결장소에 따른 쾌감을 느끼는 장소의 변화로 이루어진다. 생애초기에 리비도는 입에 집결되어 입에 자극을 가하면 쾌감을 느낀다. 에릭슨의 희망이라는 덕목은 생애초기에 신뢰감과 불신감이라는 위기를 잘 극복하면 형성된다. 매슬로우의 자아실현 욕구는 생래적 욕구로서 다른 욕구의 충족에 따라 표출되는, 시기는 늦으나 본성의 깊숙한 곳에 존재하는 가장 근원적인 욕구이다. 이를 종합해 보면 아동은 쾌감을 느끼면서 자발적으로 모든 것을 흡수하려는 행동을 가지고 있다. 이러한 복합적인 행동이 호기심이다. 따라서 호기심이란 고통스러운 것이 아니라 원래 즐거운 것이다. 그러나 이 즐거움이 동반되는 호기심도 호기심 표출의 결과 나타나는 부모의 반응에 따라 표출의 정도가 달라진다. 호기심의 발현으로 나타나는 쾌감과 호기심의 표현에 대한 부모의 고통주기를 비교하여 부모의 고통주기가 더 크면 아동의 호기심은 감소된다.

〈그림 8-6〉에서 보면 '가'의 경우는 호기심에 의한 기쁨보다 부모의 반응에 의한 고통이 더 크므로 호기심은 사라지게 된다. 이에 비해 '나'의 경우는 호기심 그 자체에 의한 기쁨과 부모의 반응에 의한 기쁨이 가중되어 호기심은 더 강화된다. '다'의 경우는 호기심 그 자체의 즐거

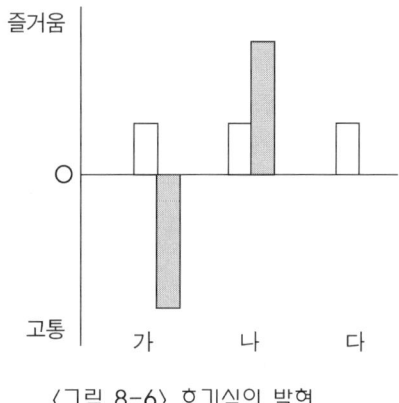

〈그림 8-6〉 호기심의 발현

움은 남아 있다.

피아제는 자신의 아이들이 어렸을 때 새로 사 온 책상을 치거나 물장난을 하는 것을 보고 아동의 인지발달과정을 발견하며 미소를 짓고 있었다. 반면에 우리 부모들은 책상을 치면 시끄럽다고, 물장난을 하면 옷을 버린다고 꾸중하기가 일쑤다. 이러한 와중에서 자녀의 호기심은 감소되기 마련이다.

흔히 우리 부모들은 대답하기 거북스러운 것은 곧잘 "그런 것은 애들은 몰라도 돼!"라는 말로 그들의 호기심을 잔인하게 꺾어 버리기도 한다. 또 자신이 잘 모르는 것은 "너는 별 것을 다 알려고 하니? 말도 안 되는 소리 하지도 마!"라는 식으로 무시해 버린다. 이러한 와중에 아동의 호기심이 지속되기를 기대하는 것은 무리이다.

다음에 우리 아이들이 어렸을 때 필자가 무척 당황하며 응답한 예를 들어 본다.

다섯 살 된 딸아이가 하루는 답하기 매우 어려운 질문을 했다.
"아빠, 나 어디서 났는데?"
이 질문에 나는 당혹해 하면서도 자못 진지하게

"너는 아빠 뱃속에 있다가 엄마 뱃속에서 컸단다."
라고 답했다. 이에 딸아이는 뭔가 알아들은 것처럼 고개를 끄덕이고 "으응 그렇구나……." 하면서 돌아가려고 했다.

이때 이 대화를 듣고 있던 그 애보다 두 살 더 많은 아들아이가 말했다.

"경아야, 아빠 말 순 거짓말이다. 책보니까 엄마 뱃속에만 있더라."
이에 더 곤란해진 내가

"아니야. 처음에는 아빠 뱃속에 있었다. 정말이다."
라고 하자, 딸아이는 알았다는 듯이 고개를 끄덕이며 돌아섰다. 나는 어려운 질문을 무사히 넘겼다는 안도감에 한숨을 쉬려고 하는 찰나에 어린 딸이 갑자기 돌아서면서 형사 콜롬보처럼 또 질문을 던졌다.

"그러면 아빠? 내가 어떻게 엄마 뱃속으로 들어갔어?"
이에 나는 말문이 막혀 버리고 얼굴이 붉게 변했다. 뭐라고 할 말이 없어 "그건……, 그건……" 하다가

"야, 그건 아빠도 잘 모르겠네?"
하고 얼버무리고 말았다. 이 당혹스러운 상황에서 애 엄마가

"별걸 다 알려고 하는구나."
하며 딸아이를 윽박지르려고 하는 순간에 그 애 오빠가 진지하게 답해 주었다.

"그것도 모르니? 악수하면 넘어가는 거야."

둘째, 아동의 호기심을 자극하기 위해서는 감각적 방법과 인지적 방법이 있다. 감각적 방법은 감각기관을 이용하여 호기심을 촉발하는 것으로 그래픽, 애니메이션, 음악, 비디오 등을 통하여 학습자료를 제시하는 것이다. 인지적 방법은 아동이 이미 알고 있는 지식과 관련하여 호기심을 촉발하는 것으로 놀라게 함, 불일치, 적절한 복잡성, 신기함, 다양성, 알맞은 불확실성 등의 방법을 통해 학습자료를 제시하는 것이다.

흥미는 만족감을 가지는 것이다.

흥미란 어떤 사물이나 사건 혹은 견해를 선택하여 주의를 기울이는 것이며, 행위를 통하여 기쁨을 느끼면 흥미를 가지게 된다. 호기심이 처음에는 위기를 느끼는 것과는 달리 흥미는 처음부터 만족을 느끼는 것이다. 여기에는 자신의 욕구충족, 행위 그 자체가 목적인 경우, 지속적인 피드백을 통한 보상이 주어지는 경우, 모든 것이 자기통제하에 있는 경우, 자기의 능력이 발휘되는 경우 등을 생각해 볼 수 있다. 이러한 경우에 만족감을 느끼게 된다. 만족감의 주된 효과는 동기를 계속 유지시켜 주는 것이다.

만족감이란 결국 욕구의 충족에서 나타나는 것이므로 흥미를 유발시키기 위해서 아동의 기본적 욕구를 이용하는 것이 좋다. 기본적 욕구는 어떤 특정한 활동의 결과가 제공해 줄 수 있는 무엇인가가 결핍된 상태로서 행동촉발을 위한 시한폭탄이다.

자녀의 욕구를 조정한다는 것은 어려운 문제이나 다음과 같은 세 방향을 생각해 볼 수 있다.

첫째, 환경조성을 통하여 학습욕구를 발생시키는 것이다. 욕구는 스스로의 생각이나 신체적 충동, 발달상의 필요에 의해서 발생하기도 하지만 환경의 자극에 의해서도 발생되므로 부모는 환경의 조성에 관심을 가져야 한다. 부모가 늦도록 독서를 한다든지, 조그마한 지적 향상에도 관심을 보여 준다든지, 자녀를 서점이나 도서관으로 데리고 다닌다든지, 능력을 요구하는 사회현장을 견학시킨다든지 …… 하는 등등은 자녀로 하여금 공부하고 싶은 욕구를 불러일으키게 할 것이다.

둘째, 자녀에게 발생된 공부 이외의 다른 욕구를 충족시켜 주는 것이다. 흔히 공부하고 난 뒤 놀 것인가 놀고 난 뒤 공부할 것인가를 말할 때 사람들은 공부하고 난 뒤 놀아야 된다고 말한다. 이는 강화이론의 입장에서 볼 때는 타당하나 반드시 옳다고 볼 수는 없다. 무엇이든 처음 배울 때는 그것을 하고 싶은 욕구가 아주 강렬하게 나타남을 잘 알고 있다. 욕구는 언제까지나 같은 강도로 지속되는 것은 아니다. 충족 여부에 따라 그 강도가 강화되거나 약화된다. 욕구가 최하단에서 점차 증대되는 순간에는 그 욕구를 억제한다는 것은 무리이다. 고무풍선을 물 속에 넣어 두고 막대로 누르면 풍선은 막대에 의해 억압되었을 뿐 튀어 오르려는 힘은 여전히 존재한다. 그러다 옆으로 삐져나가거나, 억압된 힘이 강해져 막대의 힘을 물리치기도 한다. 그러므로 강렬한 욕구는 충족시켜 줌으로써 약화시켜야 한다. 그렇지 않으면 그 욕구의 충족 기대감으로 인해 다른 욕구는 형성되지 않거나 변형된 형태로 반항적으로 표출되기도 한다. 〈그림 8-7〉에서 공부하고 싶은 욕구와 놀고 싶은 욕구를 비교해 보면 '가'의 경우에는 놀게 해 주고 난 뒤 공부시키는 것이 효과적이고, '나'의 경우에는 공부하고 난 뒤 놀게 해 준다고 해도 효과가 있을 것이다.

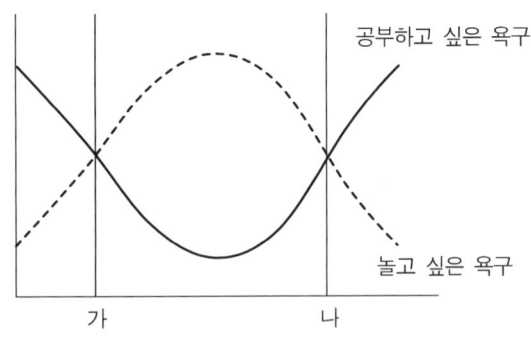

〈그림 8-7〉 욕구의 분출

셋째, 욕구를 충족시키는 보상의 방법을 통하여 자녀의 행동을 조정하는 것이다. 욕구가 발생했을 때 자녀는 그 욕구를 충족시키기 위해서 어떠한 도구적 행동을 하게 된다. 이때 한 욕구를 충족시키는 도구적 행동은 다양하므로 여러 도구적 행동 중 공부와 관련된 도구적 행동에 그 욕구를 충족시키는 보상을 줌으로써 공부행동을 통하여 그 욕구를 충족시키도록 유도하는 것이다. 헐(Hull)의 욕구감소이론에 의하면 욕구를 충족시켜 주지 못하는 도구적 행동은 약화되고, 욕구를 충족시켜 주는 도구적 행동은 더욱 학습된다.

자녀가 농구공을 가지고 싶은 욕구가 있는 경우를 예로 들어보자. 우선 자녀는 농구공을 갖고 싶어 다음과 같은 여러 가지 도구적 행동을 나타낼 것이다.

- 농구공을 사 달라고 부모에게 강하게 조른다.
- 농구공을 갖고 싶다고 부모에게 간곡히 부탁한다.
- 방안에서 간이 농구대를 만들어 놓고 풍선공을 던져 넣어 농구공을 갖고 싶은 것을 간접적으로 표현한다.
- 평소에 열심히 공부하는 모습을 보여 부모에게 신임을 얻고 소원을 들어 달라고 한다.

이상과 같은 도구적 행동 중에서 자녀는 지금까지 성장하면서 욕구 충족이 가장 쉬웠던 행동을 먼저 나타낸다. 평소에 떼를 써서 자기 소원대로 잘 되었다면 1번 행동을 가장 먼저 할 것이다. 그러므로 부모는 농구공을 사 주되 4번 행동을 나타낼 때 들어 주는 것이 좋다. 그러면 자녀는 자신의 욕구를 충족시키기 위해서 다른 행동보다 공부행동을 먼저 할 것이고 그러다 공부행동은 습관화될 것이다. 그러나 자녀가 중학교 이상으로 성장하였을 경우에는 사춘기의 특성을 고려하여 2번 행동을 나타낼 때 기꺼이 들어 주고 부모의 소원도 들어 달라고 하는 것이 좋을 것이다.

넷째, 학습행위 그 자체를 목적으로 변화시킨다. 다시 말하면 학습행위 그 자체를 통하여 기쁨을 느끼도록 유도한다. 공부는 1등을 위하여하는 것이 아니고, 즐거우니까 공부하는 것으로 만들어 주어야 한다. 평범한 사람은 탁구를 하고, 야구를 하고, 볼링을 치는 데서 즐거움을 느끼지만 탁구선수, 야구선수, 볼링선수들에게는 즐거움이기보다는 고역이 될 수 있다. 그들은 스포츠 그 자체가 목적이 아니라 남보다 우월하여 금메달을 따야 한다는 다른 목적이 있는 것이다. 이 다른 목적이 개인으로 하여금 중압감을 주게 되고 그 중압감이 불안을 형성하여 학습을 방해하고 동기를 방해한다. 학습 그 자체를 목적으로 하기 위해서는 부모가 자녀에게 학업성취에 대한 요구를 하지 말아야 한다. 단지 학습자로 하여금 미래의 목적을 설정시켜 주고 학습을 통하여 그러한 목적으로 점차 가까워지고 있다는 느낌을 주는 것이 필요하다.

관련성

관련성은 주의집중과 강하게 관련되어 있는 동시에 또한 동기유발요소로서도 중요하다. 주의집중 역시 동기유발적 요소가 되므로 주의집중에서의 관련성이나 동기유발요소로서의 관련성이나 같은 성격을 가지고 있다. 여기서는 학습을 하도록 만드는 동기적 측면에서 간단히 기술해 본다.

관련성(relevance)에는 학습자의 현재 능력수준과 학습내용과의 관련성, 학습자의 미래의 기대와 학습내용과의 관련성, 학습자의 학습내용에 대한 자기통제와 자기조정과의 관련성 등 세 가지 측면을 생각해 볼 수 있다. 만일 이러한 관련성이 긍정적이라면 학습자는 학습내용에 대하여 자아실현, 호기심, 흥미 등이 유발될 것이다. 따라서 부모나 교사는 아동에게 제시되는 학습내용이 아동의 능력수준에 부합되고, 미래의 기대를 충족시켜 주며, 나아가 스스로 통제할 수 있는 것인지를 살펴보아야 한다.

학습에 필요한 시간을 줄여 주는 환경 조성

지금까지는 아동을 보다 많이 공부하도록 만드는 방법을 알아보았다. 그러나 더 바람직한 것은 아동의 공부시간을 줄여 주는 것이므로 보다 적은 시간에 많은 내용을 공부하는 방법을 알아보자.

캐롤에 의하면 학습에 필요한 시간은 개인의 적성, 수업이해력(여기서는 학습자를 중심으로 하므로 학습이해력이라고 본다.), 수업의 질(여기서는 학습의 질로 본다.) 등 3가지를 들고 있다. 이러한 적성, 학습이해력, 학습의 질은 상호작용하여 학습시간을 단축시켜 준다. 다음에 이러한 요인을 중심으로 학습에 필요한 시간을 줄여 주는 학습환경 조성을 살펴보자.

적성을 높여 주는 환경 조성

미리 공부해 두면 다음에 다시 공부할 때 공부시간을 단축시켜 준다.

개인의 적성이란 최적 학습조건 하에서 학습과제를 성취하는 데 소요되는 시간을 말한다. 그러므로 어떤 교과에 적성이 높다는 것은 그 교과를 학습하는 데 소요되는 시간이 적다는 말이 된다. 이러한 적성은 개인이 그 교과를 학습하는 데 투여한 과거의 경험과 깊은 관련이 있다. 에빙하우스(Ebbinghaus)가 말한 절약률도 바로 여기에 적용이 된다. 에빙하우스에 의하면 한번 학습한 내용은 다음에 다시 학습할 때 학습에 소요되는 시간이 단축된다. 이 단축되는 시간의 비율이 절약률이다 (〈그림 8-8〉 참조).

영숙이의 재학습에서 단축된 7시간이 절약률에 해당된다. 이 단축된 시간으로 인해 영숙이는 시험전 짧은 시간으로 모든 교과의 학습내용을 완전 숙지할 수 있으나 미진이는 불가능해진다. 예로서 교과목의 수

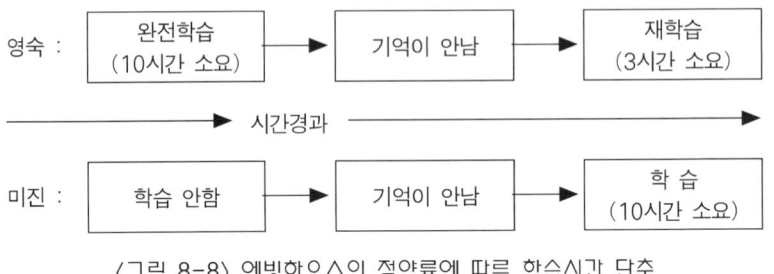

〈그림 8-8〉 에빙하우스의 절약률에 따른 학습시간 단축

가 10개라고 하면 영숙이는 30시간만 투자하면 되나, 미진이는 100시간을 하여야 한다. 게다가 미진이는 학습한 지가 오래된 것은 또 망각하게 될 것이기 때문에 완전학습하여 시험에 응하는 것이 불가능하다.

그러므로 결국 적성이라고 하는 것은 개인이 과거에 학습한 정도에 따라 결정된다. 따라서 적성을 높여 주기 위해서는 필요한 교과내용에 많은 시간을 투자하도록 만들어 주어야 한다.

언젠가 길에서 마주친 한 어머니께서 이런 질문을 하신 적이 있다.

"우리 아들은 영어, 수학 과목은 다 잘 하는데, 국어, 사회, 기술, 한문, 도덕 등의 과목은 성적이 나쁩니다. 왜 그렇습니까?"

그 어머니는 이어서,

"우리 아이는 영 · 수 · 국 과목 이외에는 적성이 없는 것 아닙니까?" 하고 결론까지 내리셨다. 그 말을 듣고 나는,

"댁의 아드님은 하루의 시간을 어떻게 보내고 있습니까?" 하고 물어보았다. 그랬더니 그 답은 나의 예상과 그대로 일치하였다.

"우리 아들은 학교수업을 마치고 난 후 학원에 가서 영어, 수학을 듣고 밤 11시쯤 집에 들어옵니다."

이렇게 되면 아이가 영어, 수학만 잘하고 다른 과목을 못하는 것은 당연할 수밖에 없다. 평소에 투자한 시간이 없는 것이다. 그 어머니는 시험치르기 일주일 전부터는 그러한 과목을 열심히 공부한다고 하고

있지만 이미 평소에 무관심했던 과목이 시험치를 때 적은 시간으로 완전히 학습되기가 어려운 것이다. 즉 적성이 없으므로 많은 시간을 요구하고 있는 것이다. 그렇다고 하여 일주일 전에 그 과목들에 많은 시간을 투자할 수도 없을 것이다. 그러니 어머니들은 자녀의 적성을 높여 주기 위해서 평소에 공부하도록 유도하여야 할 것이고, 또 공부시간의 배분을 교과에 따라 어떻게 투자할 것인가에 대한 관심과 지도가 있어야 할 것이다. 교과 중에는 중요 교과도 있으나 아이의 전인적 인간 형성을 위하여 모든 교과에 적절한 시간배분이 있어야 한다. 때때로 어떤 부모님들은 노래를 듣는 것은 공부가 아닌 것으로 간주하고, 가서 공부하라고 야단치신다. 노래도 음악공부의 하나라는 것을 인식하여야 한다. 다음에 내가 들은 얘기 중 두 개의 일화를 소개하고자 한다.

　　연합고사를 앞둔 한 여중생이 마지막 정리를 하면서 도덕책을 펼쳐 놓고 공부하고 있었다. 이를 본 어머니가 무엇인가 못마땅한 표정을 지으면서 그냥 지나쳤다. 그 이튿날 또 여중생은 도덕책을 읽고 있었다. 이를 본 어머니가
　　"또 도덕책이야?"
　　하고 기분이 안 좋음을 표현했다. 그 다음날 여중생은 마지막 마무리를 위해 또 도덕책을 보았다. 이를 본 어머니는 결국 화를 폭발시켰다.
　　"너는 하라는 공부는 안하고 맨날 도덕책이냐? 그것도 공부야?"
　　이 말을 들은 소녀가 어안이 벙벙했음은 물론이다.
　　"도덕공부는 공부도 아니다?"
　　다음날 그 소녀가 눈물을 흘리며 선생님에게 무엇이 공부입니까 라고 물었다.

　　내가 자동차 수리점에 갔을 때 경험한 일이다.
　　엔진소리만 들어도 어디에 이상이 있는지를 파악하고 즉각적으로 이상이 있는 부분을 찾아 수리를 하는 기술자인 친구의 능력에 감

탄하여 나는 한마디하였다.

"야! 참 대단하다. 나는 아무리 알려고 해도 되지 않는데, 너는 잠깐 소리만 들어보고도 원인을 팍팍 찾아내서 고치다니, 놀랍다."

그러자 그 친구는 한마디로 나의 말을 무색하게 만들어 버렸다.

"너는 자동차에 대해서 알려고 몇 시간을 소비했어? 나는 20년 간을 자동차에 바쳤다."

학습이해력을 길러 주는 환경

학습이해력이란 학습내용을 이해하는 학습자의 능력으로써 학습자가 가지고 있는 일반지능과 언어능력 그리고 매체 이해능력에 의해 영향을 받는다. 일반지능이란 학습내용을 스스로 인지하고 추리하는 데 요구되는 능력이다. 언어능력은 학습내용에서 나타나는 언어의 이해 정도를 말한다. 학습내용은 거의 언어로 제시되고 있으므로 학습자의 언어능력은 학습내용을 이해하는 전제가 된다. 언어는 일종의 의미를 담고 있는 상징이므로 언어를 이해한다는 것은 그 상징 속에 담겨 있는 의미를 안다는 것이다. 오늘날 매체 특히 컴퓨터의 발달은 정보표상을 멀티미디어에 의해서 가능하도록 해 주고 있다. 따라서 멀티미디어를 이해한다는 것은 그 속에 담겨 있는 의미를 안다는 것이다. 이제 매체 이해능력은 학습이해력의 중요한 부분을 차지한다. 학습이해력은 적성과는 달리 모든 내용과 관련되는 학습자의 일반적 능력이다.

따라서 아동의 학습이해력을 높여 주기 위해서는 지능을 높여 주거나 언어능력을 길러 주고, 나아가 매체 이해능력을 길러 주는 것이 필요하다.

지능을 발달시켜 주는 환경조성

학습에 가장 큰 영향을 주고 있는 지능의 발달을 보면 유전보다 환경의 중요성이 더 크다.

지능은 일반적으로 유전과 환경의 영향을 받는다고 한다. 때로 유전의 요소가 80%를 차지하고 환경의 요소는 20%라고 보는 사람도 있으나 다음과 같은 이유로 인해 유전보다 환경의 요인을 더 강조하고 싶다.

첫째, 유전은 부모나 자녀의 의사에 의해 통제할 수 없는 요인이므로 지능이 유전에 영향 받는다고 보는 관점은 이미 출생한 자녀의 지능발달에 조금도 도움이 되지 않는다.

둘째, 유전자는 지능에 대해서 상한과 하한, 즉 지적 능력의 발달가능성의 범위를 확립시켜 주고 환경은 그 반응범위 내에서 활용할 수 있는 능력을 확립시켜 준다. 여기서 우리는 자신의 능력을 최고도로 발휘하는 사람은 없다고 하는 점을 고려해 보아야 한다. 아인슈타인 같은 사람도 자신의 능력 중 극히 적은 부분을 활용하였을 뿐이라고 한다. 이를 보면 우리가 유전적으로 가지고 태어나는 발전가능성의 능력범위는 무한하나, 이것을 우리는 제대로 활용하지 못하고 있는 것이다. 결

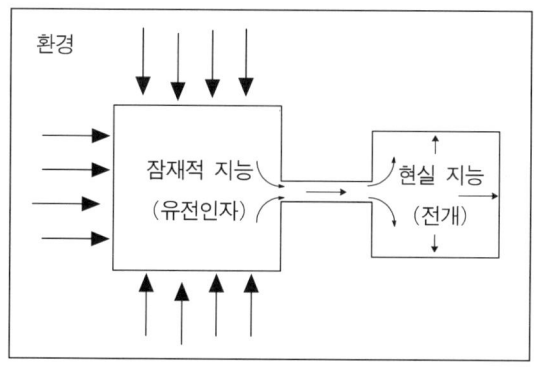

〈그림 8-9〉 환경에 의한 지능의 발달

국 지능은 유전적 가능성을 100% 활용하지 못하고 있다는 점에서 유전은 고려할 필요가 없다. 〈그림 8-9〉, 〈그림 8-10〉을 보면 현실적 지능의 형성에 있어 환경의 중요성을 잘 보여 주고 있다.

　지능이 유전에 크게 영향을 받건 환경에 크게 영향을 받건 간에 유전과 환경은 모두 부모가 만들어 주는 것이므로 결국 아동의 지능은 부모의 손에 좌우되는 것임은 앞에서도 말하였다.

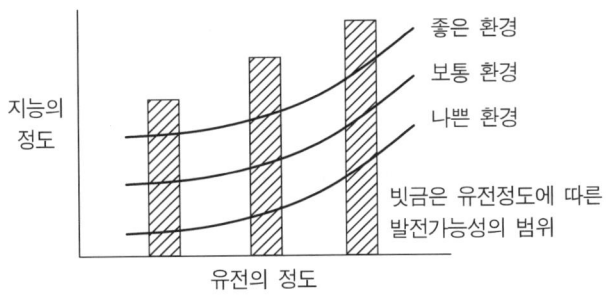

〈그림 8-10〉 지능의 형성에 영향을 주는 환경과 유전

　지능은 뇌의 발달과 관련이 있으므로 뇌에 관하여 먼저 설명하고자 한다.

　정상 성인의 뇌세포는 약 130억 개 정도이다. 뇌의 세포수는 신생아기 때가 가장 많고 갈수록 세포는 파괴되어 가고 대신에 신경망은 정교화된다. 뇌세포는 생후 5개월이 되면 완성되고, 그 후 뇌세포의 발달은 없고 단지 뇌세포를 이어주는 수상돌기와 조직이 발달한다. 지능은 뇌세포의 수에 의하여 결정되는 것이 아니고 이러한 수상돌기의 발달에 의해 더 영향을 받는다. 두뇌의 수상섬유 발달은 출생초기 외부자극에 의해 이루어진다. 돌기는 출생직후 수주일 동안 발생하고 일정기간이 지나면 돌기 발달이 줄어든다. 출생초 돌기 발생기에 외부자극을 받지 못한 뇌세포는 제 아무리 좋은 환경자극을 받더라도 수상섬유는 제대로 발달이 안 된다.

이와 같이 주요한 뇌세포의 구성은 생애초기에 완성된다. 그러므로 지능을 발달시키려면 초기의 환경이 매우 중요하다. 실제로 태어나자마자 암실에서 키운 고양이는 이후 빛에 내놓아도 시력을 찾지 못했다고 한다.

아동의 지능을 발달시키기 위해서 부모는 다음과 같은 환경을 조성하는 것이 좋다.

밝고 자유롭고 풍부한 자극이 있는 환경을 조성하여야 한다.

12쌍의 쌍둥이 쥐를 두 그룹으로 나누어, 한 집단은 활동적이고 자극이 많은 환경에서 기르고, 다른 집단은 어둡고 자극이 없는 환경에서 길러 가며 지능의 변화를 본 데이비드 그래치의 실험결과를 보면, 밝은 곳에서 자유로운 시간을 가진 쥐가 자극이 없고 어두운 곳에서 식사만 준 쥐에 비해 훨씬 영리하다고 나타났다. 피아제는 생후 반년 사이에 받는 감각적인 자극 정도와 운동량이 그 후의 학습태도에 많은 영향을 끼친다고 했다. 또 뇌에 축적된 자극량이 많고, 주위에 새로운 사물의 접촉기회가 많을수록 의욕적으로 탐구하게 되고 새로운 경험을 쌓아 가게 된다고 했다. 따라서 부모는 오늘날 발달된 각종 매체를 이용하여 자녀에게 풍부하고 다양한 환경을 조성해 주는 동시에 자연으로 돌아가라고 주장한 루소와 같이 자연의 풍부한 환경 속으로 자주 나들이를 하는 것이 좋다.

풍부하고 영양가 있는 음식을 먹어야 한다.

뇌 성장시기 초기의 영양이 중요하다. 특히 임신 말기에서 출생 후 첫 한달 동안의 영양은 매우 중요하며, 이 시기의 영양결핍은 후에 치명적으로 영향을 줄 수 있다. 생후 2년째부터 청년기까지 영양부족은 이후 수정이 가능하다고 한다.

지능은 생애 동안 계속적으로 발달한다고 믿고 지능발달을 위하여 노력하여야 한다.

지적 성장속도는 모든 사람에 있어 비교적 안정적이다. 일반적으로 아동기에 급속하고, 24세까지 증가하고, 그 후 35세까지 불변하고, 40세 이후 천천히 감소하고, 60세 이후 급격히 감소한다. 이는 대체로 뇌의 발달과 비례하고 있다. 인간의 뇌는 신생아 때까지 25% 발달하고, 6개월이 되면 50%, 1년이 되면 60%, 2년 6개월이 되면 75%, 10세가 되면 90%가 발달한다. 19~20세가 되면 발달의 정점을 이룬다. 그리고 나이가 들어도 뇌세포의 감소는 극히 적다. 80세가 되어도 불과 3% 정도밖에 감소하지 않는다고 한다. 또한 뇌세포는 사용하면 할수록 그 감소의 정도가 적다고 한다. 이러한 뇌세포의 발달을 고려해 볼 때 지능은 계속적으로 발달한다는 믿음을 가지고 환경조성에 유의해야 할 것이다.

자녀의 지능이 낮다고 하더라도 그렇게 바라보아서는 안 된다.

피그말리온 효과에 의하면 지능이 낮다고 생각하면 자연적으로 부모의 행동도 그러한 방향으로 흘러가면서 자녀의 지능을 향상시켜 주는 환경을 조성하지 않게 된다(8장 머릿글).

언어능력을 길러 주는 환경

언어능력은 학습시간을 단축시켜 주는 데 매우 중요한 요인이다. 흔히들 책을 읽다 모르는 단어가 나오면 그곳에서 멈추어져 버린다. 지능을 길러 주는 환경은 언어능력도 향상시켜 줄 것이다. 지능을 구성하는 요소 중에 언어유창성이 내포되어 있기 때문이다. 언어능력을 길러 주기 위해 부모는 다음과 같은 행동을 할 필요가 있다.

자녀와 자주 대화를 나눈다.

잦은 대화는 어머니의 생각을 자녀에게 전달하는 수단도 되지만 자녀에게 새로운 언어를 가르쳐 주는 방안도 된다. 대화를 통하여 부모는 자녀의 능력수준에 부합되는 어휘를 택하게 되고, 필요한 경우에는 자녀에게 적절한 용어로 설명을 해 준다. 부모와 자녀 간의 대화는 이른바 훌륭한 개별화 수업이 된다.

자녀의 질문에 기꺼이 응답해 준다.

자녀의 질문은 새로운 내용을 아는 것이기도 하나 그것은 바로 새로운 용어의 의미를 파악하는 것이기도 하다. 그러므로 부모는 자녀의 질문에 기꺼이 답해 주는 자세가 필요하다.

자녀에게 많은 책을 읽어 주거나 스스로 읽도록 유도한다.

어린 자녀가 이해하든지 않든지 간에 책을 읽어 주는 것은 어휘력 향상과 사고력 향상에 크게 도움이 된다. 과장된 것이기는 하나, '베이비즈 데이 아웃'이라는 영화를 보면 두 살짜리 아이가 보모가 읽어 준 그림책의 내용을 실물과 비교하며 생각하는 장면이 나온다.

또 필자가 서울 가는 기차 속에서 본 4살쯤 된 아이도 책에서 본 내용을 생각하면서 말하고 있었다. 그 아이는 창밖으로 강이 보이자 "와! 강이다. 엄마, 저기 하마 있어?" 하고 자기 어머니에게 물었다. 그러자 어머니는 "그럼, 하마 있지."라고 응답했다. 그러자 그 아이는 손을 머리 위로 들어올리며 "이렇게 큰 하마 있어? 와! 보고 싶다." 하면서 소리쳤다.

혼자서 책을 읽을 줄 아는 아동은 책을 많이 읽도록 유도하는 것이 좋다. 설령 그 책이 만화라고 하더라도 많이 읽도록 하는 것이 좋다. 책을 많이 읽으면 그 의미가 깊이 부각될 것이고 이것은 독서의 속도를 높여 준다. 눈의 움직임으로 속독을 하는 것보다 더 중요한 것은 어휘의 내용을 알고 있음으로써 속독을 하는 것이다. 이른바 실제적인 눈으로 읽는 독서가 아니라 마음의 눈으로 읽는 독서가 더 중요한 것이다. 우리가 책을 읽는 것은 눈이 아니라 그 글자의 의미가 담겨 있는 두뇌인 것이다.

자녀와 단어찾기 게임을 한다.

신문이라든지 책을 이용하여 자녀와 함께 단어찾기를 하는 것은 자녀로 하여금 흥미롭게 어휘력을 길러 주는 방법이 된다. 아동은 단어만 찾는 것이 아니라 단어를 찾으면서 자연스럽게 내용을 읽어볼 것이다. 그러므로 단어찾기가 끝난 후에 읽은 내용 중에서 기억나는 내용을 서로 이야기해 보는 것도 좋다. 이를 통하여 자녀는 새로운 단어와 내용을 모두 학습할 수 있는 계기가 될 것이다.

자녀에게 적절한 비디오나 영화를 보여 준다.

비디오나 영화는 다양한 자극효과를 내포하고 있으므로 아동의 지능발달은 물론 어휘력 향상에도 도움을 준다. 오늘날은 문자를 통해서만 대화를 하는 것은 아니다. 다양한 시각적 자료를 통해서 대화를 한다. 그러므로 비디오나 영화는 시각적 어휘력을 증대시켜 준다.

어휘력은 사람과의 대화에 사용하는 언어에만 국한되는 것은 아니다.

어휘란 한 개인이 자신 이외의 다른 대상과 대화를 하도록 해 주는 도구이다. 어휘력이 풍부하면 그 만큼 다른 대상과 대화를 자유로이 할 수 있다는 말이다. 아이들이 대화를 나누는 대상은 사람만이 아니다.

강아지와 대화를 할 수 있고, 식물과 대화를 할 수 있고, 장난감과 대화를 할 수 있다. 그러므로 아이들이 어릴수록 사람 이외의 대상과 대화를 할 수 있도록 그 대상들과 접하는 기회를 많이 제공해 주어야 한다. 자연 속에서 생활하면서 자연의 소리에 귀를 기울이고 그들과 대화함으로써 자연에 대한 어휘력을 길러 줄 필요가 있다.

매체 이해능력을 길러주는 환경

매체 이해능력이란 매체를 통하여 정보를 습득하는 능력이다.

컴퓨터가 발달하기 이전까지는 정보는 주로 텍스트(text)로 표현되었다. 이에 따라 글자를 모르면 정보를 습득하기 어렵다고 하여 문맹 해소에 큰 중점을 두었다. 그러나 컴퓨터의 발달은 정보를 텍스트뿐 아니라 그림, 소리, 애니메이션, 동화상 등으로 표현할 수 있게 하였다. 이른바 멀티미디어로 표현 가능하게 하였다. 이에 따라 매체를 이해할 수 없으면 정보를 습득하기 어려워지게 되었다. 매체 문맹(media-literaly)의 해소는 교육의 큰 중심이 되고 있다.

이에 따라 아이가 컴퓨터와 가까이 할 수 있도록 해 주어야 한다. 컴퓨터로 인해 아이들이 부적절한 게임이나 인터넷 사이트에 빠지는 위험이 있지만 이는 부모의 관심과 지도로 해결해야 한다. 우리 속담에 '구더기가 무서워 장을 못담그나' 하는 말이 있다. 컴퓨터의 부정적 측면이 두렵다면 컴퓨터를 거실에 설치해서 모든 사람이 함께 사용하도록 하는 것이 좋다.

학습의 질을 높여 주는 환경

1) 학습요령의 필요성 및 전반적 내용

학습의 질이란 학습자의 학습효율성을 높이기 위하여 학습내용이 효과적으로 제시되고 또 그 내용을 효과적으로 학습하는 방법을 의미한다.

하루종일 앉아 있더라도 공부방법이 나쁘면 공부의 효과가 나타나지 않는다는 것은 누구나 다 알고 있다. 방법에 따라 결과가 달라지기 때문이다. 자녀와 같이 공부하다 보면 그들의 공부방법이 얼마나 비효과적이고 잘못되었는지를 알게 된다. 조금만 달리하면 쉽게 기억할 수 있음에도 불구하고 어렵게 하고 있는 모습을 발견하게 된다. 이때 던져 주는 부모의 좋은 조언은 열 번 공부하라는 말보다 자녀에게 더 효과적으로 영향을 미칠 것이다. 자녀들은 공부하라는 말만 들었지 어떻게 공부하라는 얘기는 제대로 듣고 있지 못하기 때문이다.

그러나 대부분의 부모들은 공부방법에 대해서는 별 관심을 두고 있지 않다. 오로지 책을 잡고 있거나 공부하는 장소에만 있으면 학습은 저절로 이루어지는 것처럼 생각하고, 학교수업을 마치고 오면 바로 공부방으로 몰아붙이거나 학원으로 보내기 일쑤다. 서당 개 삼 년이면 풍월을 읊는다는 식이다. 이런 와중에서 자녀의 공부방법을 살펴보기는 어렵다. 자녀가 공부할 때 옆에서 같이 책을 본다든지 또는 때때로 어떻게 공부하고 있는지 같이 공부하면서 얘기를 나누어 보는 것이 필요하다.

부모들은 자녀에게 학습요령을 가르쳐 주지 않고 노력만 강조하고 있다.

흔히 요령은 나쁜 것으로 생각하고 있다. 노력은 하지 않고 요령만 피우고 있다고 우리는 곧잘 면박을 준다. 일반적으로 요령이라고 하면 '요령을 피운다'는 말에서 그 의미가 풍기듯이 부정적인 것으로 생각하고, 노력이라고 하면 '부지런한 개미'를 연상하듯이 긍정적인 것으로 생각한다. 요령은 게으른 사람의 자기도피적인 얄팍한 꾀로 간주되거나 사람의 능력계발을 가로막는 크나큰 장애물로 인식되어 학습에 있어서 최대의 적(?)으로 경계의 대상이 되고 있다. 실제로 공부가 하기 싫은 사람은 열심히 노력을 하여 당당하게 대처하기보다는 요령을 피워 적당하게 대처하려는 경향을 보이고 있다. 이런 학생들에게는 요령만 피운다고 힐책을 할 만하다.

그러나 요령 그 자체는 나쁜 것이 아니다. 요령을 사용하는 학습자의 마음 상태에 따라 요령의 가치가 결정된다. 마치 돈 그 자체는 나쁜 것이 아니나 돈을 사용하는 사람에 따라 그 가치가 결정되는 것과 같다. 요령(要領)이란 국어사전에서 보면 '일과 물건의 요긴하고 으뜸되는 큰 줄거리'라고 정의되어 있다. 이를 유추해 보면 요령이란 '어떠한 일을 처리할 때 재치껏 일을 처리하는 하나의 방법'으로서 그 일을 처리하는 데 소요되는 시간과 노력을 단축시켜 주는 기능을 한다. 다시 말하면 요령이란 공부의 효율성을 높여 주는 기능을 한다. 요령을 피운다는 말 대신에 학습요령, 공부요령이라고 표현을 해 보면 그 긍정적 측면을 느낄 수 있다. 따라서 요령은 목적달성에 있어서 반드시 바람직하지 않은 것이고, 노력은 목적달성에 있어 반드시 바람직한 것이라고 볼 수는 없다. 둘은 목적달성에 있어 상호보완적인 것이다. 그럼에도 불구하고 많은 학생들이 오로지 요령은 제쳐 두고 노력에만 치중하고 있으므로 시간과 에너지의 손실을 야기하고 있는지도 모를 일이다. 그러므로 공부에서 요령은 배척될 것이 아니라 부정적으로 사용되는 측면을 배제하고 긍정적으로 사용되도록 권장하여야 할 것이다.

요령의 긍정적 사용을 위해 우선 바람직한 공부가 무엇인지를 살펴보자. 우리는 공부를 하고 난 뒤 많은 양을 공부했으면 공부를 열심히 한 것으로 만족한다. 또 많은 양이 아니더라도 많은 시간을 공부하고 나면 공부를 많이 한 것으로 여기고 만족한다. 그러나 잘 이루어진 공부는 무조건 많은 공부량, 많은 시간량 등으로 결정되지 않는다. 잘 이루어진 공부는 효과성, 효율성, 매력성의 3조건이 충족되어야 한다. 효과성이란 학습자가 주어진 공부내용을 실제로 습득한 정도, 즉 가능한 교재내용의 많은 양을 알게 된 것을 말하고, 효율성이란 공부내용에 적절한 방법을 적용하여 공부의 시간과 노력이 감소된 정도, 즉 같은 양의 공부내용을 보다 적은 시간으로 알게 되는 것을 말한다. 매력성이란 그 공부내용을 또 공부하고 싶은 욕구의 발생정도, 즉 자발적으로 흥미롭게 공부를 함으로써 다음에 또 그 교과를 공부하고 싶어지는 정도를 말한다.

이러한 효과성, 효율성, 매력성을 제고하는 학습을 하기 위해서는 학습요령에 관심을 가져야 한다.

첫째, 올바른 학습요령을 습득하도록 도와주어야 한다. 요령이란 일과 물건의 요긴하고 으뜸되는 큰 줄거리이므로 단기적인 안목이나 부분적인 공부로는 습득하기 어렵다. 물의 온도가 계속 상승하다 보면 저절로 수증기가 나타나듯이 공부를 지속적으로 하다 보면 저절로 학습요령이 습득된다. 그러므로 지속적인 학습경험 없이 요령만 알려고 하면 얕은 꾀에 의해 끝내는 크나큰 학습상의 손실을 입게 된다. 그러므로 요령은 지속적 공부를 통해가거나 전문가인 선생님 또는 부모님을 통해서 습득되어야 한다.

둘째, 요령에 의해 절약된 시간과 에너지를 주어진 목적을 위해 효과적으로 활용하여야 한다. 요령을 피우는 자는 요령을 통해 절약된 시간과 에너지를 자신의 목적달성과 관련된 학습에 투자하지 않고, 목적과는 관계 없는 비생산적인 일에 낭비하고 있다. 이는 차라리 요령 없이 꾸준히 공부하고 있는 학습자보다 못한 것이다. 왜냐하면 목적과 관계 없는 일에 관심을 기울이게 됨으로써 자기의 목적보다는 다른 일에서 삶의 의미를 찾도록 만들 위험이 있기 때문이다.

일반적인 학습요령을 제시하면 〈그림 8-11〉과 같다.

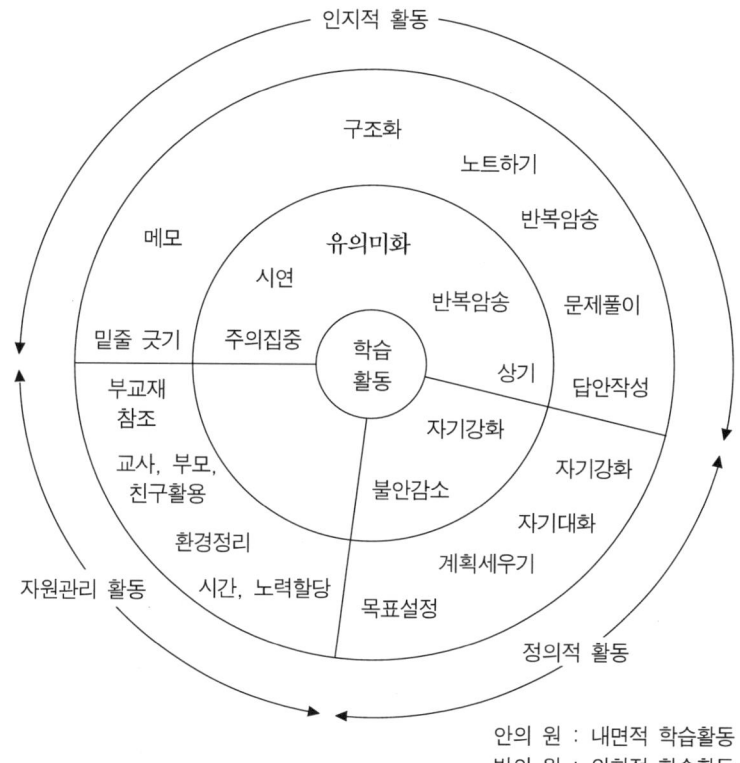

〈그림 8-11〉 학습요령

2) 정의적 활동을 통한 학습요령

학습불안을 없애 주자.

적절한 불안이 있는 경우에 학업성취도가 가장 높다는 연구결과로
인해 일반적으로 효과적인 학습을 위해서는 알맞은 불안을 형성해 주
는 것이 좋은 것으로 생각되고 있다. 그러나 불안은 학습을 하도록 유
도하는 동기적 요인으로 작용하는 데는 도움이 되나 실제적으로 학습
이 이루어지는 학습상황에서는 방해가 된다. 불안은 한정된 작동기억의

용량을 차지하여 실제적으로 학습되어야 할 내용의 수용량을 감소시킴
으로써 효율적인 학습을 방해한다.

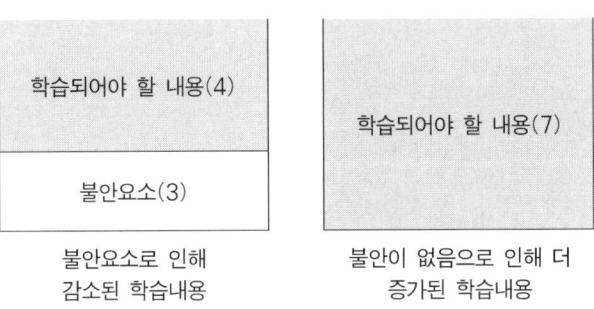

〈그림 8-12〉 한정된 작동기억 용량과 불안, 학습량

그러므로 학습상황에서는 불안이 없는 무아지경으로 학습하는 것이
바람직하다. 이를 위해 부모는 자녀에게 다음과 같은 학습요령을 가르
쳐 주는 것이 바람직하다.

(1) 삶의 목적, 희망을 갖도록 도와주어야 한다.

삶의 목적은 바로 개인의 희망이다. 희망은 개인의 삶에 의미를 부여
해 준다. 의미 있는 삶은 개인으로 하여금 허무와 고통, 그리고 불안에
빠져들지 않도록 해 준다. 나아가 삶의 의미는 개인으로 하여금 영적
에너지를 발생하여 그 의미를 추구하도록 만드는 힘을 부여해 준다. 그
러나 의미가 상실된 삶은 방황과 좌절과 허무를 심어 준다. 그러므로
부모는 자녀에게 삶의 의미, 희망, 목적을 가지도록 도와주어야 한다.
확고한 목적, 희망, 삶의 의미는 자녀로 하여금 그들의 공부가 남을 위
한 것이 아니라 자신을 위한 것임을 강하게 심어 줄 것이다. 희망조성
을 위해 다음을 고려하여야 할 것이다.

첫째, 희망은 자발성이 수반될 때만이 그 달성을 위한 노력에서 나

타나는 여러 어려움을 기쁨으로 승화시키고 극복할 수 있으므로 희망
은 자녀 스스로 심도록 하여야지 부모가 심어 주어서는 안 된다. 부모
는 자녀가 바람직한 희망을 마음속에 심도록 도와줄 수 있을 뿐이다.
부모가 심어 준 한 알의 씨앗과 자녀 스스로 심은 한 알의 씨앗을 비
교할 때, 자녀가 어디에 더 애착을 가지고 키워 나갈 것인가는 명약관
화하다.

둘째, 부모는 자녀가 바람직한 희망을 마음속에 심도록 주변환경을
바람직하게 창조하여야 한다. 희망은 자녀의 행동방향을 결정하는 것이
다. 무슨 씨앗을 심는가에 따라 생명의 활기와 결실의 열매가 달라진
다. 채송화 씨앗을 심느냐 해바라기 씨앗을 심느냐에 따라 자녀의 행동
과 성장한 모습은 달라진다.

셋째, 부모는 자녀에게 참된 희망이 무엇인지를 일깨워 주어야 한다.
프롬은 희망에는 능동적 희망과 수동적 희망이 있다고 했다. 능동적 희
망은 목적달성을 위해 꾸준히 노력하면서 시간을 활용하고 있는 생활
이고, 수동적 희망은 목적달성을 위한 노력은 없이 그렇게 되었으면 좋
겠다는 막연한 생각으로 시간을 낭비하고 있는 생활이다. 따라서 능동
적 희망은 참된 희망으로 생명에 활기를 주지만 수동적 희망은 참된 희
망이 아닌 절망의 위장된 표현으로 생명을 썩게 만든다. 능동적 희망은
미래의 모습을 위해 노력하는 현재의 모습을 남에게 보여 주고 긍지를
가지고 있으나, 수동적 희망은 자신의 현재 모습이 보잘것없어 타인에
게 무시당하는 것이 싫어서 아직 도래하지 않은 미래의 이름으로 자신
의 모습을 포장하여 남에게 보여 주는 것이므로 포장된 속이 썩어 들어
가도 모르게 된다. 그러므로 부모는 자녀의 희망이 참된 희망이 될 수
있도록 도와주고 자극을 주어야 한다.

(2) 학습계획을 작성하도록 도와준다.

목적을 달성하기 위해서는 관련된 내용을 하나씩 점진적으로 학습해야 한다. 목적 그 자체와 학습내용은 동일한 것이 아니다. 목적이란 관련된 학습내용을 학습함으로써 나타나는 결과이며, 학습내용은 목적에 도달하기 위하여 거쳐야 될(학습되어야 할) 통로(내용)이다. 그러므로 학습할 내용을 어떻게 학습할 것인가를 계획하는 것이 바람직하다. 산을 정복하기 위해서 순간적으로 산을 오를 수가 없고 시간별로 계획을 세워 오르듯이 학습내용도 시간별로 계획을 세우는 것이 좋다.

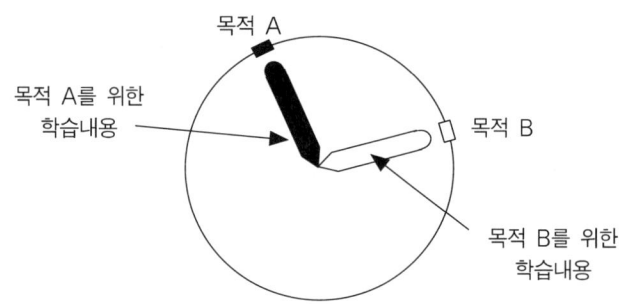

〈그림 8-13〉 목적과 학습내용의 관계

학습내용의 계획은 자신의 능력수준 및 환경조건을 고려하여 세우도록 지도하여야 한다. 자신의 능력이 미치지 못하는 계획은 그림의 떡으로 자녀에게 좌절감과 불안만 심어 준다. 그러므로 계획은 자녀의 능력수준의 범주 내에서 세우도록 하여야 한다. 즉 자녀가 한 시간에 10페이지를 공부할 수 있다고 하면 계획도 한 시간에 10페이지를 넘어서는 안 되는 것이다. 그보다 더 바람직한 것은 자녀에게 성취감을 경험하도록 해 주기 위해 한 시간에 8페이지를 계획하는 것이다. 설사 정해진 기간 내에 목표달성이 어렵다고 하더라도 계획은 실행가능하여야 한다. 때로는 예측하지 못한 일이 발생하여 학습계획의 수행에 차질을 빚게

만들 수도 있을 것이기 때문이다. 또 주말과 공휴일에는 학습계획이 없
이 비워 두는 것이 좋다. 이는 두 가지 효과를 가지고 있다. 하나는 계
획이 제대로 실천되지 못하였을 경우에 보완할 수 있는 기회를 주는 것
이고, 다른 하나는 계획이 제대로 실천되었을 경우에 마음껏 쉴 수 있
는 기회를 주는 것이다.

계획의 수립과 이행의 확인은 자녀 스스로 하는 것이 가장 바람직하
나 때로 자녀가 아직 미숙한 경우에는 부모가 함께 의논하며 도와주는
것도 좋다. 그러나 유념할 것은 절대 강요해서는 안 되는 것이다.

이행된 계획은 X표를 하여 지워 나가면 자녀에게 큰 성취감을 주고
동시에 학습에 흥미를 심어 주는 계기가 된다.

(3) 학습도중 자기대화를 통한 자기강화를 방해하지 않는다.

자녀들의 공부하는 모습을 보면 여러 가지가 있다. 말없이 공부하는
모습, 중얼거리면서 하는 모습, 몸을 비틀면서 하는 모습, 연필이나 볼
펜을 손가락으로 돌리면서 하는 모습 등등이 있다. 이때 이러한 학습습
관이 공부에 전념되어 있는 상태라면 부모가 관여할 필요가 없다. 책상
에 앉아서 공부하는 자세는 여간 힘든 작업이 아니다. 그러므로 자녀는
자신도 모르게 공부하면서 몸의 피로를 풀고 있는 것이다. 우리 아이가
공부하는 모습을 모른 척하고 몰래 관찰한 적이 있었다. 그 내용을 적
어 보면 다음과 같다.

한마디 말도 없이 정말 쥐죽은듯이 꼼짝도 하지 않고 공부한다.
갑자기 뭐라고 중얼거린다.
"나폴레옹, 히야 대단한 놈이다. 키도 나보다 작은데 세계를 휩
쓸었구나!"
"어라!! 빠삐용도 아닌데 섬을 탈출했구나……."
한참 중얼거리더니 또 조용해진다.
얼마후 손을 목 뒤로 돌려 몸을 뒤로 젖히면서 뭐라고 중얼거린

다. 무슨 소린지 알아들을 수는 없었다. 그러다 갑자기 연필을 공중으로 던지면서 다소 큰 소리로 말한다.

"와! 다 외웠다. 역시 내가 보통놈이 아니다. 이 골치 아픈 내용이 머릿속에 다 들어갔다."

"나폴레옹아, 너는 유럽을 정복했지만 나는 너를 정복했노라."

그러다 연필을 손가락으로 빙빙 돌리면서 무엇인가 보더니 또 잠잠해지면서 공부를 한다. 제법 긴 시간동안 꼼짝도 하지 않더니 드디어 책을 바닥으로 던지면서 환희에 찬 표정을 지으며 부시시 일어나고 있었다.

아이의 이러한 공부태도를 보고 감탄을 하였다. 그는 공부내용을 자신과는 다른 별도의 것으로 생각하지 않고, 스스로 내용 속에 빠져들어 함께 참여하고 있었다. 그러다 자기가 잘하면 스스로 칭찬하면서 자기강화를 주고 있었다. 그는 공부를 하고 있는 것이 아니라 하나의 즐거운 게임에 빠져 있는 것 같다. 이러한 와중에 불안이 형성될 겨를이 없다. 그 아이는 공부를 재미있게 하고 있었다.

다시 한 번 더 강조하면 부모들은 자녀들의 공부습관에 크게 관여하지 말아야 한다. 자녀가 공부에 주의집중해 있다고 여겨지면 중얼거리든, 큰 소리를 내든, 몸을 비틀든, 연필을 돌리든 내버려두어야 한다. 오히려 그러한 행동을 하면서 공부하도록 권장하여야 한다. 중얼거리는 것은 학습내용에 자신이 참여하고 있다는 것을 보여 주고, 몸을 비틀거나 연필을 돌리면 신체의 긴장과 주의집중에서 오는 정신적 긴장이 풀어지고 있는 것이다.

언젠가 기(氣)를 하시는 분의 말씀이 몸을 흔들어 주면 이것을 통하여 몸의 나쁜 기가 빠져나가므로 틈만 나면 몸을 자꾸 흔들어 주는 것이 좋다고 하였다. 자녀가 몸을 비틀고 있는 것은 나쁜 기를 발산하는 행동이라고 보아주어야 한다.

더 나아가 자녀는 하나의 내용이 학습되고 난 후 스스로 자기 자신을 칭찬하도록 하는 습관을 갖도록 만들어 주는 것이 좋다.

3) 인지적 활동을 통한 학습요령

인지적 활동은 머리 속에서 이루어지는 내면적 활동과 관찰할 수 있는 행동으로 이루어지는 외현적 활동이 있다. 내면적 활동을 보면 다음과 같다.

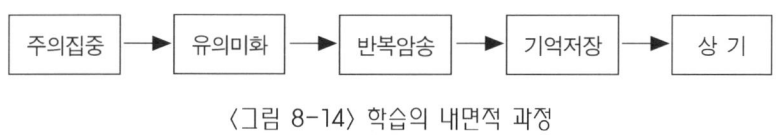

〈그림 8-14〉 학습의 내면적 과정

(1) 우선 학습자는 학습내용에 주의집중을 하여야 한다.

주의집중이 되지 않은 정보는 학습이 되지 않는다. 주의집중이란 마치 여러 가지 음식 중에서 몇 가지 음식을 선택하여 입안에 넣는 것과도 같다.

(2) 주의집중된 정보를 유의미화시켜야 한다.

유의미화란 새로운 정보들이 어떠한 의미성을 가지게 되는 것을 말한다. 이에는 두 가지 방법이 있다. 하나는 기존 정보에 새로운 정보를 연결하는 정교화의 방법이다. 자기가 이미 알고 있는 지식과 새로운 지식을 관련시킴으로써 새로운 정보가 의미를 가지게 만든다. 다른 하나는 선행조직자를 중심으로 정보를 위계적으로 구성하는 조직화이다. 자신에게 새로운 정보와 관련된 기존 정보가 없는 경우에는 정교화를 시키기가 어렵다. 이러한 경우에는 정보 속에 내포된 논리성에 따라 정보를 조직하는 것이다. 그러면 선행조직자를 통하여 모든 학습 내용이 의미를 가지게 된다. 마인드 맵이나, 나무 트리를 이용하여 내용을 구성하는 것도 조직화의 방법들이다. 유의미화는 위장에 들어간 음식에 위액을 분비하고, 또 반죽하여 영양분이 쉽게 섭취될 수 있도록 하는 과정과 유사하다.

(3) 유의미화된 정보를 반복적으로 암송하여 기억으로 저장하여야 한다. 정보가 영원히 기억되기 위해서는 일정 시간 동안 반복학습이 중요하다. 단기기억에서 장기기억으로 정보가 이동하기 위해서는 시간을 요구한다. 반복암송을 통하여 지속된 새로운 정보는 두뇌 속에 영구히 저장된다. 이는 소화된 음식이 상당히 긴 작은창자를 거치는 과정에서 흡수되는 것과 같다.

(4) 다음에는 두뇌 속에 정보가 저장되어 있는지를 확인해 보아야 한다. 다음에 학습된 정보를 이용하기 위해서는 장기기억 속에 저장된 정보의 저장위치를 확인해 두는 과정이 필요하다. 이 저장위치의 확인과정이 상기이다. 상기의 결과 기억이 나면, 새로운 정보는 학습이 이루어진 것이다.

이러한 내면적 학습활동과 관련하여 외현적 활동이 이루어진다. 외현적 활동은 다음과 같다.

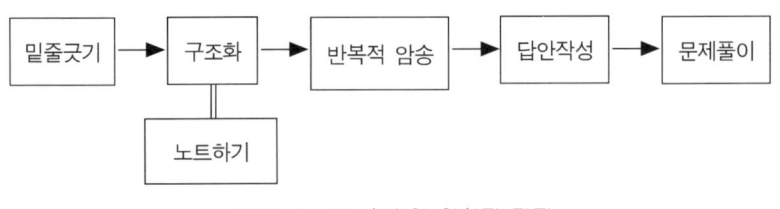

〈그림 8-15〉 학습의 외현적 과정

(1) 우선 책을 읽거나 공부하면서 중요한 부분에 밑줄을 긋는다. 밑줄을 긋는 것은 그 부분에 주의를 집중한다는 말이 된다. 앞에서

말한 바와 같이 사람의 두뇌는 한정되어 있으므로 동시에 많은 정보를 처리할 수 없다. 그러므로 중요한 내용을 중심으로 전체적 내용을 생각할 수밖에 없다. 따라서 밑줄은 내용 중에서 중요한 부분에 그어져야 한다. 그러나 새로운 내용을 공부할 때에는 무엇이 중요한지를 파악하기가 어렵다. 그 결과 모든 부분에 모두 밑줄을 긋는 경우가 많이 생긴다. 이러한 경우에 밑줄은 학습에 조금도 도움이 되지 않는다. 주의집중에 도움을 주기는커녕 사고에 복잡함을 안겨 줄 위험이 있다. 따라서 처음에는 가능하면 밑줄을 연필로 조금씩 긋는 것이 좋다. 그러다 중요한 내용이 파악되면 형광펜이나 볼펜으로 부각시키는 것이 바람직하다.

(2) **밑줄을 그은 내용을 중심으로 전체 내용을 구조화시킨다.**

다시 말하면 전체 내용의 관계를 파악하면서 도표의 형태로 조직화시키는 것이다. 이는 바로 유의미화의 단계이다. 토니 부잔[20]의 마인드맵은 바로 내용의 구조화를 보여 주고 있다. 노트를 한다는 것은 바로 학습자가 학습하기 용이하도록 전체 내용을 구조화하여 기록하는 것이다. 책에 적혀 있는 내용이 구슬이라고 한다면 노트는 그 구슬을 자기 것으로 꿰어 나가는 행위이다. 구슬이 서 말이라도 꿰어야 보물이라고 하는 것처럼 책에 있는 내용을 구조화하여야 귀중한 자기 지식이 될 수 있는 것이다. 구조화의 예를 제시하면 다음과 같다(이것은 지금 설명하고 있는 학습활동을 구조화한 것이다.).

(3) **구조화된 내용을 반복·연습하여 암송한다.**

이는 우리가 영어단어를 학습할 때 반복적으로 쓰면서 학습하는 것과 같다. 이 반복적 연습을 통하여 구조화된 내용은 두뇌 속으로 옮겨진다.

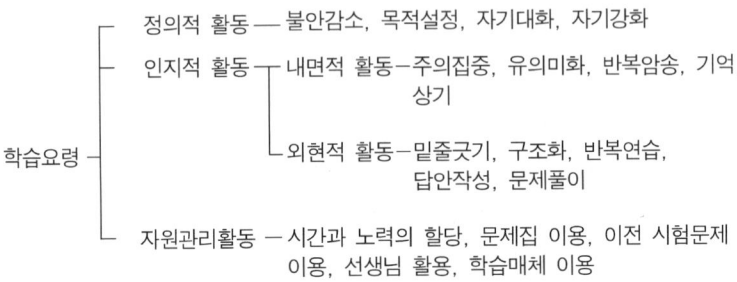

학습자의 학습활동

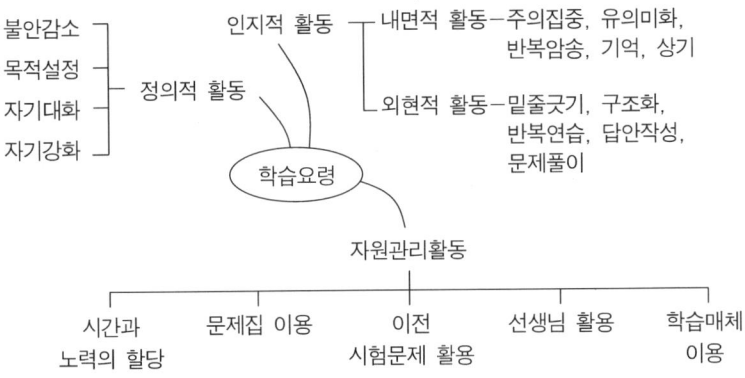

(4) **다음으로 학습된 내용을 확인하는 과정으로 답안을 작성해 본다.**

이는 구조화하여 기억한 내용을 한번 정리해 보는 것이다. 이때 생각이 나지 않는 부분은 다시 한 번 학습하여 보완시켜야 한다.

(5) **학습이 끝났다고 생각되면 문제집을 풀어 본다.**

문제집을 풀어 보는 과정은 학습한 내용을 적용해 보는 과정이다. 다시 말하면 두뇌 속에 저장된 지식을 실제로 활용해 보는 과정으로 완전학습에 큰 도움을 준다.

이러한 모든 과정이 끝나면 학습은 종결된다.

4) 자원관리 활동을 통한 학습요령

이는 인지적 활동이 보다 효율적으로 이루어지도록 하기 위하여 학습자의 주변에 있는 환경조건을 활용하는 방법이다. 이에는 다음과 같은 내용이 있다.

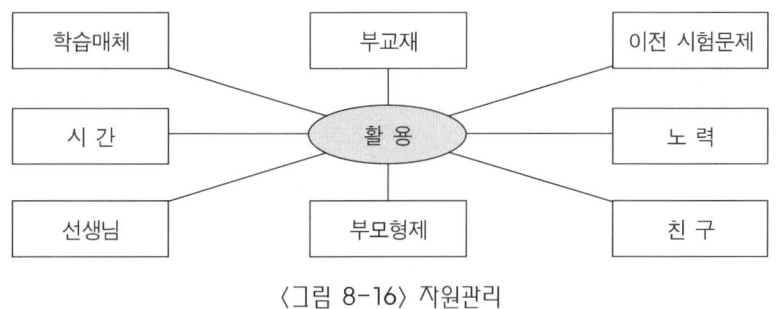

〈그림 8-16〉 자원관리

(1) 자녀가 가지고 있는 시간과 노력을 잘 활용하여야 한다.

어른들이 할 일이 많은 것과 마찬가지로 자녀들도 할 일이 많다. 공부도 해야 하고 친구들과도 놀아야 하고 레크리에이션도 해야 한다. 그런데 모든 시간을 공부에 투자하도록 만드는 것은 도피처가 없는 막다른 길로 아이를 몰아붙이는 것과 같다. 피할 곳이 없으면 아무리 약한 짐승이라도 자기보호본능으로 공격을 한다.

마찬가지로 자녀들도 도망갈 곳이 없으면 부모와 사회에 공격을 할 수밖에 없다. 그러므로 자녀들이 최후로 마음껏 자기 일을 할 수 있는 시간을 그들에게 남겨 주고 공부를 시키는 것이 바람직하다.

토요일과 일요일, 그리고 공휴일은 자유시간을 주어 공부에서 완전히 해방시켜 주어야 한다. 자녀가 공부하려고 해도 부모가 막아 주는 태도가 필요하다. 공부 이외에 또 다른 그들의 세계를 느끼고 즐길 수 있는 시간을 제공해 주어야 한다. 월요일의 시험을 위해서 토요일과 일요일에 공부를 해야 된다는 인습적 사고도 버리는 것이 좋다. 공부는 장기

전이다. 일요일에 꼭 공부해야만 월요일에 잘 받는 성적이라면 그것은
필요 없다. 참을성도 해방이 있을 때 존재할 수 있는 것이지 너무나 긴
세월 동안 인내를 강요한다면 이미 인내는 사라지고 만다. 스프링을 끝
없이 누르면 끝내는 튕겨버리고 마는 것처럼 모든 것은 한계가 있다.
학습시간과 관련하여 필자가 자녀에게 적용한 예를 들어보겠다.

  아들이 이제 중학생이 되어 초등학교 때와 같은 방법으로 공부할
수 없다는 것을 느꼈다. 무엇인가 다르게 공부를 시켜야 한다는 생
각을 하게 되었다. 우선 가장 먼저 떠오른 생각이 공부는 장기전이
라는 것이다. 그 긴 세월 동안 자녀를 공부에 혹사시킬 수는 없다
는 생각도 들었다. 그렇다고 하여 마냥 놀릴 수도 없다. 그래서 생
각한 것이 토·일요일은 열심히 놀고 평일에는 열심히 공부하도록
만들자는 것이다. 그래서 아들에게 다음과 같이 말하였다.

  "앞으로 토요일과 일요일에는 절대로 공부해서는 안 된다. 만일
공부하는 모습이 눈에 띄면 아버지는 화를 낼 것이다."

  이 말에 아들은 어안이 벙벙한 모습을 보였다. 이제 중학생이 되
었으니 열심히 공부하겠다고 비장한 결심을 굳히고 있는데 느닷없
이 토요일과 일요일은 공부하지 말라고 하니 몹시 이상하게 생각하
였다.

  "그 대신 평일에는 열심히 해라. 그때는 공부해도 아무 말 안 할
게."

  아들은 "그래도 되요?" 하면서 나의 의도를 이상하게 여기면서
그렇게 하겠다고 약속했다. 아이 엄마도 별 뜻 없이 이에 동의하였
다. 그 후 무의식적으로 또는 숙제로 인해 토요일과 일요일에 책을
펴면 약속위반이라는 말과 함께 나는 무조건 못하게 했다. 그 대신
평일에는 열심히 하도록 유도하였다.

  그러다 문제에 봉착하였다. 중학교 들어와서 첫 시험을 화요일과
수요일에 치르게 된 것이다. 아들은 "시험 기간이니까 그때는 공부
해야 되지요?" 하고 물었다. 그 말에 나는 갈등이 생겼다. "예외 없
는 규칙이 없으니 그때는 공부하도록 하자."라고 말해야 할지 아니

면 "그래도 약속대로 하자."라고 말해야 할지 마음의 결정을 내릴 수가 없었다. 이때 아이 엄마는 "시험 때는 해야지."라고 말을 거들었다. 이때 갑자기 머릿속에 '시험 전날 공부해야만이 잘 치르는 시험이라면 장기전에 소용이 없다. 공부는 평소에 하고 시험은 단지 평소의 공부 정도를 확인하는 것으로 생각하도록 하자. 그래야 만이 시험지옥에서 벗어날 수 있을 것이다.'라는 생각이 스쳤다. 이에 나는 단호하게 아들에게 말해 주었다.

"아니다. 시험 때라도 토요일과 일요일에는 놀아야 한다. 단지 평일에만 공부해라. 약속은 약속이다."

그래도 아들은 불안한지 "그래도 시험 땐데……"라고 하면서 나의 말을 수용하려고 하지 않았다. 아이 엄마도 "말도 안 돼. 시험 땐데. 그것도 중학교 들어와서 첫 시험인데……공부하도록 해라." 고 말했다.

토요일이 되자 아이는 학교에 다녀와서 나의 눈치를 보면서 공부를 하려고 했다. 이때 나는 아이들을 데리고 야외로 놀러 나가 밤 중에 들어왔다. 저녁에 아이 엄마의 표정이 일그러져 있었던 것은 말할 것도 없다. 다음날 일요일이 되자 아이 엄마와 다투기가 싫어 아침 일찍 운동하러 간다면서 아이를 데리고 놀러 가 버렸다. 아이는 놀러 가서도 즐겁기는커녕 불안한 기색을 감추지 못하고 있었다. 그 결과 첫 시험은 학급에서 14등을 차지하였다. 보통 초등학교에서는 모두들 자기 자녀가 가장 공부를 잘하는 것으로 생각하고 있다. 우리도 예외가 아니어서 공부 잘하는 줄 알고 있었으므로 14등이라는 석차는 충격적이었다. 아이 엄마는 이러한 성적을 보고 "선 무당이 사람잡는다고 하더니만 서투른 교육학자가 아이 잡는다."고 비방하였다. 그러면서 "다음에 또 주말에 공부 안 하기만 해 봐라."고 아이에게 말하면서 실제로는 나에게 위협을 가하였다. 나는 사실 아이의 첫 시험 성적이 그 정도밖에 안 나온 데는 무척 실망이 되었지만 주말에 공부를 못하게 한 죄(?)로 아무 말도 못하고 아이와 아이 엄마에게 죄인이 된 듯한 기분이 들었다. 아이는 그 나쁜 성적(?)을 가지고도 전연 미안해하지 않고 오히려 아버지가 미안해하는 진기한 모습을 연출한 것이다.

그래도 이왕 내친걸음이라고 여기고 주말엔 여전히 놀렸다. 두 번째 시험이 닥쳐왔다. 이제는 밉다고 시험날짜가 월요일과 화요일이었다. 나는 속으로 그 학교 선생님들을 무척 원망했다.

'자기들은 주말에 안 노나? 왜 아이들을 주말에 놀지도 못하게 잡아 놓고 야단이야……? 빌어먹을……' 하는 욕설까지 입밖으로 나오려고 하였다. 아이 엄마는 전번 실패도 있고 하니 이번에는 주말에도 반드시 공부해야 한다고 강조했다. 아이도 역시 엄마 말에 동감을 표하고 공부하겠다고 했다. 그래도 나는 "다 너를 위한 거야." 하는 말을 던지면서 끝까지 주말에 공부를 못하게 하였다. 그 결과 성적은 학급에서 8등이었다. 비록 원하는 성적은 아니었지만(?) 성적 향상은 나를 무척 기쁘게 했다. "거 봐라. 성적이 오르지 않냐. 다음 번에는 더 오를 거다. 두고봐라."고 큰 소리를 쳤다. 아이 엄마는 빈정대면서도 성적이 다소 올랐다는 데서 기대를 갖는 눈치를 보였다. 그러다 세 번째 시험이 닥쳐왔다. 시험날짜는 여전히 주초였다. 이번에는 나는 제법 큰 목소리로 강조하였다.

"이번에도 주말에는 어떠한 일이 있어도 공부 못한다."

나는 점차 아이의 태도가 달라지는 것을 느낄 수가 있었다. 시험 공부계획이 점차 빨라지고 주말은 계획에서 완전히 빠지고 있다는 것을 알았다. 처음에는 아버지의 말을 긴가민가하여 어성성한 태도를 보이다가 나중에 자신도 그러한 소신을 가지게 되자 계획에서 주말은 아예 빼 버리기 시작했다. 그리고 주말에는 내일 시험이 있더라도 점차 편안히 즐기는 태도를 보이기 시작했다. 그 결과 학급에서 4등으로 올라갔다. 성적은 점차 향상되어 갔고 그에 비례해서 나의 표정과 아이의 표정은 밝아지기 시작했다. 이후 아이 엄마의 걱정스러운 짜증도 줄어들기 시작했다.

그러다 네 번째 시험이 닥쳐왔다. 이제 아이는 주말을 제외한 평소의 공부는 시험 때든 아니든 열심히 하는 것이 터가 잡히고 있었다. 시험 때는 단지 시험계획대로 공부하는 것뿐이었다. 그 결과 성적은 학급에서 1등으로 올라섰다. 이때의 기쁨은 이루 말할 수

없었다. 물론 1등한 아이의 기쁨은 더 컸으나 주말에 계속 놀리면
서 이룩한 1등이란 소신의 결실을 얻은 것 같아 더 기뻤다. 그 이
후 아이는 학급에서 꾸준히 1등의 성적을 유지했고 나아가 전교 1
등도 차지하곤 했었다. 때로 석차는 떨어져도 평균은 항상 그 정도
를 유지했다. 더구나 그 밑에 여동생도 중학생이 되자 오빠와 같이
주말에는 열심히 놀고 주중에는 열심히 공부하였다. 그 결과 딸아
이도 자기 학급에서 계속 1등의 성적을 유지하였다. 완전한 나의
소신의 승리였다. 그 이후 아이 엄마의 태도가 완전히 달라졌다.
자기 친구들로부터 아이의 성적이 오르지 않아서 큰일이라는 고민
을 들으면 이내 하는 말이,
　"아이들을 주말에도 공부시키니?"
하는 질문이고 그 다음 말이
　"주말에도 공부시키면 아이는 언제 노니? 좀 노는 시간을 만들어
주어라. 특히 주말에는 공부시키지 말고 놀려라."
　하는 말을 자랑스럽게 하고 있다.

이상의 성적을 유지하고 있는 것은 주말에 놀렸기 때문에 얻어지는
결실만은 아니다. 그 외에도 많은 요인들이 관련되어 있을 것이다.
　그러나 놀 기회를 만들어 줌으로써 평소에 집중적으로 공부하도록
만들었다는 데에 의미가 있다. 아마도 주중에 집중적으로 공부한 아이
들은 일요일에 놀러 가서 '일요일에도 놀지 못하고 공부하는 애들 참
불쌍하다'는 농담을 할 것이다. 시험이란 평소에 공부한 정도를 확인해
주는 것에 불과하다는 신념을 가져야 할 것이다. 그러므로 시험은 특정
시기에 일률적으로 시행하는 것이 아니라 언제라도 본인이 원하는 시
기에 칠 수 있도록 만들어 주는 것이 필요하다. 컴퓨터와 웹의 발달은
이를 가능하게 해 줄 것이다.

(2) 부교재를 바르게 활용하여야 한다.
부교재는 학습내용을 보다 풍부하게 만들어 주는 동시에 학습한 내

용을 실제로 적용할 수 있도록 만들어 주는 긍정적 측면이 있으므로 자녀에게 반드시 마련해 주어야 한다. 그렇다고 하여 부교재가 많을수록 좋은 것은 아니다.

일전에 우리 아이가 자기 삼촌으로부터 수학 부교재를 다양한 종류로 무려 다섯 권이나 선물로 받았었다. 모든 교과 중에 수학이 가장 어려운 것 같다고 하자 삼촌이 수학을 열심히 공부하라고 하면서 특별히 사 준 것이었다. 그 책들은 다양한 색상과 디자인으로 아이의 관심을 끌었고 또 큰 기쁨을 아이에게 안겨 주었다. 아이는 수학문제집이 일곱 권이나 된다고 좋아하며 이제는 수학을 쉽게 공부해서 좋은 성적을 받을 수 있을 것이라고 장담했다. 그러나 결과는 반드시 그렇게 되지 않았다. 수학 성적은 뜻대로 오른 것 없이 답보상태였고, 아이는 공부할 때마다 혼란 속에 빠지고 있었다. 그러다 시험칠 때는 결국 나에게 구원을 요청해 왔다.

"아버지, 이 책을 다 볼 수도 없고 안 보자니 그렇고, 어쩌면 좋아요?"

우리는 공부할 책이 많으면 절로 성적이 오를 것이라는 착각 속에 빠져 있다. 공부하는 학생 자신은 물론이거니와 이를 지켜보는 부모도 마찬가지다. 책이 없어 공부를 못하는 것으로 생각하고 있는 것 같다. 그러나 실제로는 책이 없어 공부를 못하는 것이 아니라 시간이 없어 공부를 못하는 것이다. 시간은 한정되어 있는데 공부해야 하는 교과는 많고, 게다가 학교수업, 과외수업, 방송수업 등등 받아야 할 수업도 많다. 그뿐인가. 학생도 기계가 아니기에 휴식 없이 계속해서 공부할 수도 없다. 적당한 휴식을 취해야 한다. 그러나 한정된 시간을 고려해 볼 때, 한 교과에 부교재가 많으면 다음과 같은 부작용이 나타날 수 있다.

첫째, 한계효용체감의 법칙이 나타난다. 빵집아이는 빵을 잘 먹지 않는다고 한다. 워낙 많이 있어서 그 자체에 대한 가치가 약화되기 때문이다. 이와 마찬가지로 한 교과에 대한 지나친 양의 부교재는 부교재 자체에 대한 가치를 약화시켜 어느 교재를 가지고 공부할지 망설이게 만든다.

둘째, 철저한 공부를 방해한다. 부교재의 가치가 약화된 당연한 결과로써 어느 책도 철저하게 공부하지 않고 대충 공부하게 된다. 이로 인해 한 교과의 전체적 체계가 제대로 잡히지 않아 항상 어정쩡한 상태가 된다.

셋째, 자녀를 불안하게 만든다. 시간은 한정되어 있는데 공부해야 될 것은 많다는 사실은 공부하기도 전에 자녀에게 크나큰 짐을 부과하여 불안을 가중하게 한다. 지나친 불안은 효과적인 학습을 방해하는 최대 요인이므로 공부하기 위한 부교재로 인해 불안이 야기될 필요는 없다.

다시 한 번 부모와 학생 모두에게 부탁하고 싶다. 한꺼번에 많은 부교재를 구입하지 말자. 한 교과에 하나씩 선정하여 철저히 학습한 후에 다른 부교재를 구입하자. 어떠한 부교재든 그 책 나름대로 전체적 체계 속에 이루어져 있기에 한 권의 책을 철저히 하면 다른 책도 쉽게 공부할 수 있다. 특히 명심할 것은 학생의 공부시간이 고무줄처럼 얼마든지 늘일 수 있는 것이 아니라는 것이다.

(3) 이전에 나왔던 시험문제를 잘 활용하여야 한다.

시험문제는 한 번 나왔다고 하여 다음에 나오지 않는 것은 아니다. 시험문제는 중요하니까 문제로서 출제된 것이므로 다음에도 역시 중요한 것은 틀림없다.

따라서 부모는 이전의 시험문제를 구하여 그 경향을 파악하여 자녀에게 조언을 해 주는 것이 바람직하다.

(4) 선생님, 부모, 친구, 과외교사들을 적극 활용하여야 한다.

학교는 효과적 학습을 위한 장소이다. 학교 선생님들은 해당분야에

관한 깊은 지식을 가지고 있을 뿐만 아니라 그 내용을 효과적으로 학습
할 수 있는 방법을 알고 있는 전문가들이다. 그러므로 학교공부를 등한
시한다는 것은 깊은 지식과 학습요령을 모두 놓치는 결과가 된다. 그럼
에도 불구하고 많은 학생들이 자기도 모르게 학교공부를 등한시하고
있다. 학원 공부, 밤늦은 공부 등으로 인하여 수업시간에 졸고 있다든
지, 단어 하나라도 더 외우겠다고 쉬는 시간도 없이 공부를 함으로써
정작 수업시간에는 주의가 산만해지는 것은 좋은 예이다. 이러한 현상
은 각 분야의 전문가인 선생님들을 제대로 활용하지 못하고 있음을 보
여 준다. 이외에도 모르는 문제가 있으면 선생님에게 질문하는 것도 선
생님을 활용하는 좋은 방법이다. 선생님에게 질문함으로써 모르는 것도
알게 되지만 그것보다 더 중요한 것은 선생님과의 인간관계가 더 원만
해지고, 그로 인해 학습효과가 높아지는 것이다. 나는 자녀가 모르는
것을 물어 올 때 같이 해답을 알아보기도 하지만 '나는 전연 모르겠으
니 선생님에게 여쭤 보고 그 결과를 나에게 다시 가르쳐 달라'고 요구
하기도 한다.

선생님뿐 아니라 친구를 활용하는 것도 중요하다. 같이 공부계획을
세운다든지, 모르는 것을 질문한다든지, 자기가 새롭게 알게 된 것을
친구에게 가르쳐 주는 것 등은 친구를 활용하는 좋은 방법이다.

교사의 입장에서는 부모를 활용하는 것도 중요하다. 학교의 일일교사
제도를 확대하여 평상시에도 부모들을 자원인사로 활용하든지, 부모와
함께 해결할 수 있는 과제를 가끔 내어 주는 것이 좋다.

이러한 활용을 통하여 각자가 가지고 있는 능력의 도움을 받을 뿐만
아니라 상호간의 인간관계도 가까워질 수 있다. 그러나 유념할 것은 지
나친 활용(?)으로 상대방에게 성가심을 주어 인간관계에 손상을 가져와
서는 안 된다.

(5) 학습매체를 적극 활용하여야 한다.

학습내용은 학습매체에 담겨서 전달된다. 앞에서 말한 바와 같이 학습내용은 그 내용의 특성상 가장 효과적으로 전달해 주는 매체가 있다. 또 학습자의 능력수준에 따라 학습내용의 표현양식도 다른 것이 좋다. 학습내용을 다양하게 표현할 수 있도록 해 주는 것이 매체이다. 그러므로 부모는 학습내용, 학습방법뿐만 아니라 학습매체에도 관심을 가져야 한다. 아동의 능력수준과 학습내용에 따라 적절한 학습매체를 활용하도록 도와주는 것이 좋다.

(6) 컴퓨터와 인터넷의 바른 사용을 도와주어야 한다.

오늘날 컴퓨터와 인터넷은 새로운 학습매체로서 등장하였다. 종전 어떠한 매체도 흉내낼 수 없는 교육적 기능을 가지고 있다. 그럼에도 불구하고 많은 학부모들이 자녀들이 컴퓨터에 가까이 하는 것을 두려워하고 있다. 컴퓨터의 교육적 기능보다 컴퓨터를 통한 부정적 요인에 더 민감한 것이다. 이른바 게임에 몰두하여 시간을 뺏기거나, 인터넷을 통해 비교육적인 사이트에 들어가거나, 채팅을 통해 많은 시간을 뺏기거나, 채팅이나 이-메일을 통해 좋지 않은 사람을 만날까 봐 두려운 것이다.

그러나 이제 컴퓨터의 이용은 우리 주변의 일상생활이 되어 버렸다. 컴퓨터를 통하여 공부하는 활동보다 이웃과 대화를 하고, 자료를 찾고, 물건을 구입하는 등 생활 그 자체의 활동을 하게 되었다. 따라서 컴퓨터를 멀리 하는 것은 생활의 일부를 상실하는 것이다. 특히 21세기 정보사회의 중요부분을 상실하는 것이다. 그러므로 자녀로 하여금 컴퓨터에서 멀리하도록 하기 보다 컴퓨터의 바람직한 활용을 도와주는 것이 필요하다. 자녀들은 컴퓨터를 바람직하게 사용하는 방법을 모르기 때문에 불필요한 게임에 빠져 있는 경우가 많다. 이를 위해 부모는 컴퓨터

활용에 대한 기본 소양을 기르고 특히 다음 사항에 관심을 기울이는 것
이 필요하다.

- 인터넷에서 찾아갈 사이트 주소를 적는 곳에 바람직하지 못한 사
  이트가 기록되어 있는지 수시로 확인한다.
- 임시로 저장되는 파일폴더(../windows/temp 또는 ../ windows /
  temporary internet files)에 좋지 않은 내용이 저장되어 있는지
  수시로 확인한다.
- 바람직하지 않은 CD가 있는지 CD 모아 둔 곳이나 컴퓨터의 CD
  드라이브를 수시로 확인한다.
- 아이가 장시간 컴퓨터 앞에 앉아 있으면 채팅이나 게임을 하는지
  컴퓨터 화면의 하단을 확인해 본다. 화면의 하단에는 방금 활용했
  던 프로그램이 내려져 있다.
- 아이에게 건전한 컴퓨터 프로그램을 구입해 주거나 건전한 사이트
  를 소개해 준다.
- 아이에게 자료탐색하는 방법을 가르쳐 주어 학습에 필요한 자료를
  찾는 데 컴퓨터를 이용하도록 한다.
- 컴퓨터의 교육적 활용을 가르쳐 준다. 예를 들면 흔글 등 워드프
  로세서 이용하는 방법을 가르쳐 주어 일기나 숙제 등을 컴퓨터를
  이용하여 작성하도록 유도하거나, 컴퓨터를 통해 건전한 음악을
  듣도록 유도한다.
- 컴퓨터를 사용할 때 사용 습관이 중요하다는 것을 인식시키고 장
  시간 이용하지 않도록 한다. 또 컴퓨터를 사용하는 자세에 유념한
  다. 특히 화면에서 30~40cm 정도 눈이 떨어지도록 한다.

주)

1) 이형득 외 공역, 부모교육, 서울: 형설출판사, 1987.

2) Fromm, E., op. cit,. 1975.

3) Korman, A. K., The Psychology of Motivation, Englewood Cliffs, New Jersey: Prentice Hall, Inc., 1974.

4) 홍대식 역, 전게서, 1984.

5) Marchionini, G., Hypermedia and Learning: Freedom and Chaos, Educational Technology, Vol. 18, No. 11, 1988.

6) Rosenberg, R., A Critical Analysis of Research on Intelligent Tutoring systems, Educational Technology, Novemer, 1987.

7) Kinzie, M. B., Requirements and Benefits of Effective Interactive Instruction: Learner Control, Self-Regulation, and Continuing Motivation, Educational Technology Research and Development, Vol. 38., No. 1, 1990.

8) Ibid.

9) 정인성 · 나일주, 전게서, 1989.

10) Christensen, D. L., An Intelligent Learning System Using Cognitive Science Theory and Artificial Intelligence Methods, for the Degree of Doctor of Philosophy, Minesota University, 1986.

11) Hueyching, J. J. & Reeves, T. C., Mental Models: A Research for Interactive Learning Systems, ETRD. Vol., 40, No. 3, 1992.

12) Kinzie, M. B., op. cit., 1990.

13) Hueyching, J. J. & Reeves T. C., op. cit., 1992.

14) Kinzie, M. B., op. cit., 1990.

15) Ibid.

16) 이상로 · 이관용 역, 성격의 이론(Hall, C. S. & Lindzey, G., Theories of Personality), 서울: 중앙적성출판부, 1984.

17) 상게서.

18) Kinzie, M. B., op. cit., 1990.

19) Marchionini, G., op. cit., 1988.

20) 라명화 옮김, 마인드 맵 북, 서울: 평범사.

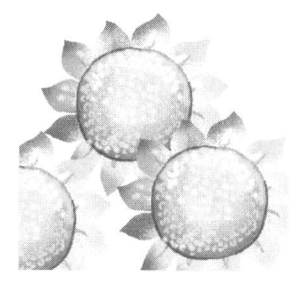

9

자녀의 모습을 비추어 주는 마법의 거울

성적표를 받는 날!

그 날은 새로운 도전을 위한 작전을 짜는 날!

"오늘은 성적표 받는 날! 내가 공부한 결과가 어떻게 나왔을까 궁금하다. 어떤 과목을 제일 잘 했고, 어떤 과목이 부족할까? 그리고 석차는 몇 등일까? 어서 보고 싶다."

성적표를 받는 날 모든 학생들이 이렇게 생각하면 얼마나 좋을까? 그러나 소수의 몇 학생들에게는 이 얘기가 그대로 적용될 수 있으나 대부분의 학생들에게는 성적표를 받는 날은 고통의 날이다 못해 공포의 날이다. 성적이 내려간 아이는 또 혼나지나 않을까 싶어서 걱정이 태산이고, 성적이 적게 오른 아이는 적게 올랐다고 혼나지는 않을까 싶어 걱정이다. 학교에서는 선생님으로부터 성적이 떨어졌다고 혼나고, 가정에서는 부모님으로부터도 혼이 난다. 이른바 성적표를 받는 날은 기쁨보다 슬픔이 교차하는 날이다. 교육평가의 관점에서 보면 성적표는 학습 결과에 대한 구체적인 피드백을 제공하는 것으로서 다음 학습을 위한 기초자료가 되어 스스로 인지적 만족감(?)을 주어야 함에도 불구하고 현실은 전혀 그렇지 못하다.

아동은 한정된 범위에서 친구와 치열한 경쟁을 하고 있다. 웃는 아이가 있는 것만큼 슬픈 아이가 있는 것이다. 특히 담임 선생님의 질타는 친구 간의 경쟁을 더욱 조장하는 결과를 초래한다.

선생님이 학생에게 더 공부하도록 자극하기 위하여 무심결에 던진 한 마디가 두 아이에게 상처를 준 일화를 보자.

어느 여자 중학교에서 일어난 일이다. 한 소녀는 계속 1등을 하였고 다른 한 소녀는 계속 2등만 하였다. 2등만 하는 소녀는 1등만 하는 소녀에게 "네가 있는 이상 나는 한 번도 1등을 못 해 보겠다."는 농담을 하곤 하였다. 그 후 한 학년을 마감하는 학기말 시험에서도 석차 변동은 없고 여전히 1등 하는 소녀가 1등을, 2등 하는 소녀는 2등을 하였다.

이때 성적표를 내주시는 선생님이 2등 한 소녀에게 다소 화난 목소리로 "너는 매번 2등 밖에 못하니?"라고 면박을 주었다. 이 말을 들은 소녀는 1등 한 소녀에게 와서 "너 때문에 선생님에게 또 혼났단 말이야." 하면서 그만 눈물을 흘리며 소리내어 울었다.

1등 한 소녀는 난감하여 그 친구를 어떻게 달래야 할지 몰라서 당황하였다. 집에 돌아오면서 이유 없이 눈물이 나오려고 해서 억지로 참았다. 집에 돌아온 1등 한 소녀는 엄마에게 성적표도 보이지 않고 "엄마, 나 이제 1등 안 할래."라고 하였다.

이 일화에서 보듯 극단적으로 말하면 어른들은 아이들을 경쟁시키고 게임 구경하듯이 보고 있는 것이다. 위 일화에서 2등한 아이를 탓하면 1등한 아이는 2등으로 내려가라는 얘기가 된다. 아이의 성적은 마치 아이 스스로의 책임일 뿐 어른들과는 전혀 관계없는 것으로 간주하고 아이들만 닥달하고 있다. 성적이 떨어진 아이들과 함께 고통을 나눌 생각은 전혀 하지 않는 것이다.

참다운 사랑은 자녀(학생)의 잠재능력을 최대한 계발해 주는 것이다. 그러나 자녀가 처해 있는 상황과 한정된 시간으로 인해 개인마다 계발되는 잠재능력에 차이가 있을 수밖에 없고 나아가 사랑의 효과도 다를 수밖에 없다. 궁극적으로 말해 자녀가 성적이 오르지 않은 것은 자녀의 탓 이전에 부모의 사랑이 효율적이지 못했다는 것이다. 그러므로 성적표 받는 날에 부모는 자녀를 탓하지 말고, 자녀와 함께 그 원인을 생각해 보며 다음 발전을 위한 작전을 짜자. 그렇게 하여 성적표를 받는 날이 슬픈 날이 아니라 부모와 자녀가 다시 손잡고 파이팅을 외치며 새로운 마음가짐을 가지는 즐거운 날로 만들자.

"저번에는 평균 83점이었는데 이번에는 평균 80점이라……, 너 괴롭겠구나? 엄마도 매우 괴롭다. 그러나 너 괴로운 데 비하면 아무엇도 아니겠지?"

"자, 이번 시험을 위한 우리의 노력이 평균 80점 밖에 안 되었는데 다음 시험에서는 우리도 새로이 작전을 짜서 평균 85점을 만들어 보자. 그러기 위해서는 전번과는 뭘 좀 다르게 해야 되지 않겠니?"

"시험문제는 산과 같다고 생각하자. 우리가 실력을 쌓으면 정상까지도 충분히 오를 수 있을 꺼다. 다음에는 더 정상 가까이 가보자."

"자, 새로운 방법을 강구했으니 오늘 저녁은 우리가 새로이 태어난다고 생각하고 맛있는 음식을 먹자."

"우리 귀중한 아이의 다음 도전이 성공리에 달성되기를 바라면서 건배!!"

자녀를 성적으로부터 해방시켜 주는 부모! 자녀와 함께 기뻐하고 함께 안타까워하는 부모! 그러한 부모가 진정 자녀를 사랑하는 부모이다.

미운 오리 부모(교사)

우리는 『미운 오리새끼』라는 동화를 아주 잘 알고 있다. 자신은 백조의 새끼이면서도 오리들 틈새에 끼어 형제는 물론 부모에게도 이상하게 생겼다면서 미움을 받고 나아가 길에서 만난 고양이, 닭과 같은 친구들에게도 형편없다고 구박을 받는다. 이러한 미움과 구박 속에서 미운 오리새끼는 자신의 존재가치에 대해 절망을 느끼고 방황을 한다. 방황을 하던 미운 오리새끼는 어느 맑은 날 푸른 호수 위에 떠 있는 하얀 백조를 보고 탄성을 지른다. "야! 저들은 저렇게 아름다운 용모를 가지고 있으니 얼마나 좋을까?" 그러면서 그 아름다운 백조를 더 가까이서 보기 위해 호수로 들어가다가 물 위에 비친 자신의 참 모습을 보게 된다. 자기는 미운 오리새끼가 아닌 아름다운 백조임을…….

이 동화를 부모나 교사는 다시 한 번 새겨서 생각해 볼 필요가 있다.

내가 양육하고 있는 나의 자녀가, 내가 가르치고 있는 나의 학생들이 눈부신 백조임에도 불구하고 미운 오리새끼 취급을 하고 있는 것은 아닌지? 그들은 백조이고 내가 오리임에도 불구하고 구박을 하고 있는 것은 아닌지? 백조의 마음은 백조만이 알 수 있다. 그들이 백조로 보이지 않는다면 그들을 탓하기 전에 우선 나 자신부터 살펴보아야 한다. 내가 미운 오리 부모가 아닌지를……

부모(교사)는 자녀의 모습을 비춰 주는 마법의 거울

미운 오리새끼는 호수의 물에서 자신의 참모습을 발견하였다. 자기와 가까운 부모 형제 친구들로부터는 자신의 참모습을 발견할 수가 없었다. 오히려 그들로부터 발견한 자신의 모습은 보잘것없는 미운 오리새끼였다. 그로 인해 불행해진 미운 오리새끼의 삶은 말할 것도 없고, 미운 오리새끼를 안고 있어야 하는 어미의 삶도 고통이 컸다.

부모나 교사는 자녀와 학생의 참된 모습을 비추어 줄 수 있는 거울이 되어야 한다. 자녀나 학생의 현재의 모습뿐 아니라 과거의 모습, 미래의 모습도 비추어 주는 마법의 거울이 되어야 한다. 자녀나 학생의 모습을 왜곡시켜 현혹시키는 찌그러진 거울이 아니라 올바른 모습을 비추어 주는 깨끗한 거울이 되어야 한다. 자녀나 학생은 부모나 교사를 통하여 자신의 현재의 모습, 미래의 모습을 바르게 인식하고 이를 토대로 삶의 방향을 바르게 설정하고, 또 삶의 방법도 결정할 수 있다.

부모가 자녀에게 던지는 한마디의 말, 하나의 행동은 모두 부모에게 비친 자녀의 모습이 된다.

"너는 참으로 스스로 알아서 잘 하는구나."라는 부모 말에서 자녀는 자율적 존재로서의 자기 모습을 볼 것이고, 자녀를 존중해 주는 부모의 행동에서 자녀는 가치로운 자신의 모습을 보게 된다. 그러나 "너는 왜 그리 멍청하니?"라는 부모의 말에서 자녀는 바보스런 존재로서의 자기 모습을 볼 것이고, 자녀를 인정해 주지 않는 부모의 행동에서 자녀는 가치 없는 자신의 모습을 보게 된다.

그러므로 부모는 사랑으로 가득 찬 행동으로 자녀의 모습을 바르게 비춰 주는 것이 자녀를 바르게 지도하는 것이다. 사랑을 지닌 마법의 거울로서의 부모가 되기 위해 다음과 같은 사항의 행동을 할 필요가 있다.

첫째, 자녀를 존중해 주어야 한다.

- 항상 자녀의 눈을 바라보며 말한다.
- 자녀에게 항상 환한 미소를 보내고 따스함이 깃든 목소리로 말한다.
- 자녀도 자존심을 가진 하나의 인격체임을 생각한다.
- 항상 자녀가 선택의 기회를 가지도록 단정적인 말을 하지 않는다.

둘째, 자녀에게 열정적으로 관심을 가진다.

- 틈이 날 때마다 자녀의 모습을 떠올린다.
- 자녀가 무엇을 하고 있으며, 무엇을 희망하고 있는지 항상 생각해 본다.
- 자녀에 관한 판단을 하기 전에 관련된 모든 요소를 먼저 탐색한다.
- 자녀에게 자신의 생각을 강요하지 않는다.

셋째, 자녀를 위해 올바른 판단을 한다.

- 자녀가 부모를 위해 존재하는 것이 아니라 자녀를 위해 부모가 존재하는 것이라는 생각을 가진다.
- 항상 자녀의 입장에서 생각을 한다.
- 항상 최종 판단하기 전에 관련된 다른 요소들을 고려하여 최선의 방안이 무엇인지 생각한다.
- 화를 내기 전에 화를 내는 것이 최선의 방법인지 자신의 판단을 다시 생각해 본다.

넷째, 자녀를 위해 판단한 것을 의지적으로 실천한다.

- 자녀를 위한 실천을 할 수 있도록 평소 능력을 쌓기 위해 노력한다.
- 자녀를 위한 행동은 뒤로 미루지 않고 우선적으로 실시한다.
- 자녀와의 약속을 지키지 못한 경우 변명을 하지 않고 솔직하게 그 이유를 말해 준다.

사랑!
그것은 나와 너를 묶어 주는 사슬이기에
나와 너의 자유를 빼앗아 가고

사랑!
그것은 나와 너를 발전시켜 주는 힘이기에
나와 너에게 자유를 부여한다.

사랑!
그것은 자녀로 하여금 자신의 내면적 세계를
바라볼 수 있게 해 주는
마법의 거울이다.

저자소개

지은이 박영태 교수는
서울대학교 사범대학 교육학과를 졸업하고
동아대학교 대학원에서 교육학 석사과정과 박사과정을 졸업하고
교육학 박사 학위를 받았다.
현재 동아대학교 교육학과 교수로 재직중이다.

〈개정판〉
사랑의 학습지도법

1995년 3월 10일 1판 1쇄 발행
2001년 9월 5일 1판 10쇄 발행
2004년 2월 28일 2판 1쇄 발행
2009년 6월 10일 2판 5쇄 발행

지은이 • 박 영 태
펴낸이 • 김 진 환
펴낸곳 • **학지사**

121-837 서울시 마포구 서교동 352-29 마인드월드빌딩 5층
전   화 • 330-5114(대) / 팩스 324-2345
등   록 • 제313-2006-000265호
http://www.hakjisa.co.kr
ISBN 978-89-7548-989-1 03370

정가 **9,900원**